流水不腐

青藏高原牧区生态与发展的深层逻辑

赵国栋 ◎ 著

中山大学出版社

·广州·

版权所有　翻印必究

图书在版编目（CIP）数据

流水不腐：青藏高原牧区生态与发展的深层逻辑/赵国栋著．—广州：中山大学出版社，2022.1

ISBN 978-7-306-07233-7

Ⅰ．①流… Ⅱ．①赵… Ⅲ．①青藏高原—牧区—生态环境保护—关系—区域经济发展—研究 Ⅳ．①F127.7

中国版本图书馆 CIP 数据核字（2021）第 114510 号

出　版　人：	王天琪
策划编辑：	嵇春霞　曹丽云
责任编辑：	曹丽云
封面设计：	林绵华
责任校对：	卢思敏
责任技编：	靳晓虹
出版发行：	中山大学出版社
电　　话：	编辑部 020 - 84110776，84113349，84111997，84110779
	发行部 020 - 84111998，84111981，84111160
地　　址：	广州市新港西路 135 号
邮　　编：	510275　　　传　真：020 - 84036565
网　　址：	http://www.zsup.com.cn　E-mail:zdcbs@mail.sysu.edu.cn
印　刷　者：	广东虎彩云印刷有限公司
规　　格：	787mm×1092mm　1/16　17 印张　300 千字
版次印次：	2022 年 1 月第 1 版　2022 年 1 月第 1 次印刷
定　　价：	68.00 元

如发现本书因印装质量影响阅读，请与出版社发行部联系调换

目录

导言 / I

第一编 文化本质

第一章 知识与实践：
西藏高原牧区的"牛粪文化" / 3

第二章 地方性知识与地方福祉：
西藏牧区"放生羊现象"研究 / 18

第三章 "神鱼现象"：
藏族原生态文化解释的一种机制隐喻 / 29

第四章 地方水生态：
牧区水文化的价值、风险及其化解 / 50

第五章 农牧区文化认同机制 / 66

第二编 流动与安居

第六章 流动性的重要性与复杂性 / 83

第七章 "流动性再造"：
西藏高原牧区空间之变与发展之型 / 97

第八章 重识"游牧"：
基于流动性视角的牧区发展深层逻辑 / 111

第三编　实践问题

第九章	牧区之发展： 从"牧区均衡模型"说起	/ 135
第十章	知识与实践： 青藏高原农牧区的植物文化	/ 148
第十一章	栅栏生态文化学： 基于栅栏与野生动物关系的一种研究视角	/ 165
第十二章	西藏农牧区的茶叶消费： 一种身心生态的微观视角	/ 179
第十三章	西藏农牧区生态文化的二重性	/ 190
第十四章	一种深化实践研究的视角	/ 206

第四编　研究方法

第十五章	科学与艺术： 测量在社会科学研究中的应用	/ 215
第十六章	重识"盲人摸象"： 社会科学研究中的"共同知识"	/ 242

后记　　　　　　　　　　　　　　　　　　　　　/ 257

导言

一、本书关注的主要问题与篇章结构

本书以西藏阿里地区普兰县牧区为田野场，探讨青藏高原牧区的生态与发展问题。本书所说的牧区既包括纯牧区，也包括那些农牧业并存的地区，可认为是半牧半农区，笔者称之为"农牧区"。这样的区域保留了一定的牧业特色，具有牧区社会的多种特征，譬如外出放牧时，注重草场与牲畜的比例，以及野生动物与草场之间的关系等诸多问题。概言之，本书的研究不包括纯农业区，探讨的主要对象为纯牧区社会。

本书关注的问题是牧区社会的本质到底是什么。对此有各种各样的讨论。譬如，一是牧区整体有别于城市社会，也有别于一般的乡村社会，它的基础在于围绕着牲畜和草场的放牧行为；二是牧区文化整体封闭，与外部世界有较大隔阂，所以存在大量的异文化；三是牧区整体经济落后，产业以牧业为主甚至完全是牧业，牧民生计单一、生活艰苦。但这些似乎并没有真正触及牧区社会的本质。笔者在本书中提出16个问题并围绕这些问题回应牧区社会的本质问题。

本书的基本写作进路为：首先，分析农牧区的文化本质，这是一种重要的基础，在搞清楚它是什么之前就去做其他任何研究意义都是不大的，或者风险很高。其次，探讨牧区非常关键的一个问题，即在研究中长期存在的关于游牧的问题以及游牧与安居之间关系的问题。

I

再次，探讨农牧区生态与发展中的核心问题，即实践问题。关于牧区实践，主要有两种声音：一是强调牧区建设必须依靠政府，政府是主导；二是认为要以农牧民群众为主导，尊重他们的选择。二者似乎都没有抓到问题的本质。如何看清牧区的本质，如何理解农牧区实践，如何找到协调农牧区文化、生态与发展关系的突破口，本书将对此做进一步的分析，并提出一种分析思路和实践进路。最后，本书提出包括牧区社会研究在内的研究方法中的两个重要维度：测量与共同知识的问题。这在研究中很少被明确提出，甚至被一些研究者直接忽视。

本书分为四编。第一编探讨农牧区的文化本质。在本部分提出和探讨的主要问题如下：

问题1：青藏高原有丰富的关于牛粪的传统地方性知识，但这些地方性知识目前的状态是怎样的？它原来具备的社会功能在实践中发生了怎样的变化？其存在与转型的直接原因在于什么？牛粪知识的转型本质上是什么？这种实践转型可以给我们怎样的启示？

问题2：青藏高原"放生羊"的类型有哪些？这种现象的本质、发生机制、维持机制各是什么？如何引导"放生羊现象"向着提升人民群众福祉的方向发展？

问题3：如何看待藏族原生态文化？它背后的机制是什么？宗教因素、地理环境因素等在这种机制中产生怎样的作用？这种机制对人们的生活产生了何种影响？

问题4：牧区人民日常生活与水形成了一种怎样的文化状态？水文化的价值何在？它是如何受到潮流化生活方式和文化的影响的？水文化面临着怎样的风险？如何化解这些风险？

问题5：青藏高原偏远农牧区牧民为什么对在建设、旅游以及其他各类活动中出现的"外来者"持有较好的认同感？是怎样的机制在发挥着重要的作用？又存在着怎样的风险？应如何看待和处理这些风险？

第二编探讨牧区的流动和安居问题。在本部分提出和探讨的主要问题如下：

问题6：牧区研究范式主要有流动性范式和现代化范式，二者在流动性的重要性方面具有一致性。流动性的重要性是基于牧区和牧业的重要性。那么，对牧区生态与生活而言，流动性的重要性体现在哪些方面？流动性中又存在着哪些风险或关键问题？化解风险、解决问题的思路是怎样的？

问题7：牧区的流动与安居之间是矛盾的吗？二者之间是否可以协调从

而达到一种二者兼顾的效果?"流动性再造"是否可能实现?通过它是否可以避免定居产生的消极影响?

问题 8:"游牧"一词的真正内涵是什么,在使用中存在何种误区?游牧与安居的关系是什么?牧区生态与发展的关键和深层逻辑是什么?

第三编探讨牧区生态与发展的实践问题,也是基于第一、第二两编研究的进一步分析。在本部分提出和探讨的主要问题如下:

问题 9:"牧区是一个贫困的共同体",这是一种长期存在的误解。"人口-草场-牲畜均衡"对牧区发展具有重要意义,但该模式也存在困境。那么,其困境是什么?如何走出"牧区均衡说"的困境?如何构建牧区整体良性发展的有效途径?

问题 10:青藏高原有丰富的植物资源,并表现出很高的生态脆弱性。青藏高原牧区植物的状况怎样?人与植物、植物与增收的关系是怎样的?人们在处理这些关系时的主要实践是什么?这样的实践中存在怎样的风险?何种视角更有助于分析和解决这种风险?

问题 11:畜牧业与野生动物的关系是怎样的?牧区的栅栏在其中扮演了什么角色?从一种广义的栅栏生态学的视角分析,有哪些范畴是重要的?其中隐含着哪些实践需求?

问题 12:西藏的茶叶消费量呈现怎样的变化趋势?茶馆中和家庭中茶叶消费又呈现怎样的变化趋势?这种趋势对农牧民身体、心理等方面会产生怎样的影响?又隐含着怎样的风险?

问题 13:如何界定西藏农牧区生态文化?它有怎样的特点?怎样分析这种文化的本质更为有效?在实践方面可能存在怎样新的探索路径?

问题 14:实践研究及现实面临着怎样的困境?突破困境需要关注研究视角的切入,那么,如何通过这种研究视角增加分析的针对性和有效性?

第四编主要探讨对社会科学研究方法的认识,其中涉及对西藏牧区生态与发展的反思。在本部分提出和探讨的主要问题如下:

问题 15:在社会科学研究中,如何界定"测量"?如何实现有效的测量?在对西藏牧区生态与发展的研究中,如何更好地运用参与式观察推进测量?

问题 16:社会科学研究中的范式的优势与缺陷是什么?从人类社会的长远发展以及社会科学研究的长远发展来看,如何认识范式和共同知识?它们给我们的启示是什么?

全书以农牧民群众的实践为基本出发点,围绕农牧区"人-自然-发展"之间的关系进行讨论,并通过全面解读农牧区生态与发展之间的关系进一步讨论农牧区发展的深层逻辑到底是什么,如何认识这些逻辑,如何利用好这些逻辑,如何通过这些逻辑看到深化实践研究的重要性,并提出研究的可能方向和重点。

二、本书的主要田野场介绍

本书研究的田野材料主要来自西藏阿里地区普兰县。普兰县平均海拔超过4500米,全境面积13179平方千米,人口密度约每平方千米0.6人。共辖3个乡镇:普兰镇、巴嘎乡、霍尔乡,共10个村(社区)。其中普兰镇下辖吉让社区和5个村子,这些村子为半农半牧村,除仁贡村外,其他4个村农业占比更大,以牧业为辅,牲畜主要为山羊和绵羊。其他两乡各有两村,全部为纯牧业村,乡政府所在地距离县城较远,车程约1.5个小时。

(一) 生态环境

普兰县位于东经80°35′~82°32′、北纬30°1′~30°14′之间,喜马拉雅山脉的峡谷地带,地处西藏自治区西南部阿里地区的南部。距离西藏自治区首府拉萨1206千米,距离阿里地区行政公署所在地噶尔县狮泉河镇395千米。

普兰县东邻西藏自治区日喀则市仲巴县,西接阿里地区札达县和噶尔县,北邻阿里地区革吉县,南与尼泊尔和印度接壤,属于三国交界县。县境内边境线长300多千米,其中,中尼边界线长200多千米,中印边界线长100多千米。

普兰县全境平均海拔超过4500米,县城所在地平均海拔近4000米。纳木那尼雪峰海拔7694米,终年积雪,是普兰县境内的最高峰。县境内的最低点位于中尼边境的铁索桥,海拔3320米。

普兰县地貌以高山—峡谷和高山—宽谷两种类型为主。中部高原湖盆连绵,草原广阔,是牧业集中区域;南部是典型的深山地貌,落差达1千米以上,气候、土壤、植被均呈明显的垂直变化。普兰县气候具有高原气候特征:日照充足,年温差相对较大;冬季干燥、漫长而寒冷,夏季湿润、凉爽。全境年平均气温3.5 ℃,最低气温可达到零下29.2 ℃。年平均降水量

172.8 毫米，是阿里地区降水量较丰富的区域。雨季一般出现在 6—9 月，降雪一般出现在 11 月至次年 3 月。

普兰县水利资源较为丰富。主要河流有马甲藏布河（孔雀河）、朗钦藏布（象泉河）的河源部分和达却藏布（马泉河）的河源部分。马甲藏布河是普兰县境内最大的外流水系，发源于喜马拉雅山海拔约 5995 米的一处山峰。在普兰县境内全长 110 千米，流域面积 3020 平方千米。主要支流有章杰河、多油河、赤德曲、加兴曲、科迦纳瓦隆巴曲等，大多是季节性河流。

普兰县境内有玛旁雍错、拉昂错和公珠错 3 个湖泊，均为内陆湖。玛旁雍错位于普兰县东北约 35 千米处，湖面面积 412 平方千米，在地质构造上属于冈底斯山与喜马拉雅山之间的断陷盆地。拉昂错紧临玛旁雍错的西侧，湖面面积为 269 平方千米。公珠错面积最小，为咸水湖。

普兰县野生动物种类丰富，有野驴、野牛、盘羊、雪豹、藏羚羊等 20 多种。每年春季有大量的候鸟成群在玛旁雍错旁筑巢产卵。鱼类主要为高原裸鲤。

普兰县有丰富的旅游资源，"神山"冈仁波齐、"圣湖"玛旁雍错闻名世界，另外还有科迦寺、贤柏林寺、古宫寺等众多人文景观。

（二）人口状况

普兰县目前的区划建制是从 1999 年撤区并乡后形成的，共包括 3 个乡镇。巴嘎乡包括 2 个村：岗莎村和雄巴村；普兰镇包括 6 个村（社区）：吉让社区、科迦村、多油村、仁贡村、赤德村、西德村；霍尔乡包括 2 个村：帮仁村和贡珠村。

人口分布与变动方面。1959 年西藏民主改革时，普兰县总人口为 6318 人。1968 年全县总人口为 5632 人，其中，农区（含城区）4188 人、牧区 1444 人。1974 年全县总人口为 5550 人。1982 年第 3 次全国人口普查时，全县有 1226 户，共 6531 人。1990 年第 4 次全国人口普查时，全县有 1367 户，共 7187 人。2000 年第 5 次全国人口普查时，全县有 1836 户，共 7919 人。可以发现，在民主改革之后的一段时间内，普兰县出现了人口流失的情况，直至 1982 年，这种情况才有所缓和。表明当地经历了一次人口的波动，这主要与经济社会发展以及国家的人口政策有关。历史上，普兰县人口迁入较少。后来，由于就业、工作调动、参军、升学等原因，迁入、迁出的人数均相应增多。1980 年后，大中专院校毕业生分配工作、调动迁入的人数比较多,1995年迁入23人,2000年迁入19人。1960—1980年,由于升学、工作调动、参军、嫁娶等原因,共迁出了187人。

民族构成方面。普兰县居民以藏族为主体,其他少数民族人口较少。1958年2月的统计表明,全县藏族人口占全县总人口的99.85%。1990年第4次全国人口普查时,藏族人口占全县人口的99%;另有汉族61人、回族6人、维吾尔族5人。2000年第5次全国人口普查时,藏族人口占全县人口的99.26%;汉族有195人,占总人口的2.5%;另有维吾尔族12人、回族3人、哈萨克族5人。

文化构成方面。1982年第3次全国人口普查时,普兰县人口小学文化程度的占总人口的25.3%;初中文化程度的有209人,占总人口的3.2%;高中文化程度的有45人,占总人口的0.64%;大学文化程度的有4人,占总人口的0.06%;大学肄业或大学在校生有11人,占总人口的0.17%;文盲、半文盲有3844人,占总人口的59.04%。2000年第5次全国人口普查时,全县小学文化程度的有3088人,占总人口的38.9%;初中文化程度的有1243人,占总人口的15.7%;高中文化程度96人,占总人口的1.21%;中专文化程度的有364人,占总人口的4.6%;文盲、半文盲为3128人,占总人口的39.59%。

(三) 产业概况

普兰县的农业区主要集中在普兰镇,位于孔雀河两岸海拔3600~4200米之间的地带,东西长约55千米,南北宽1~3千米。生长的作物主要有青稞、小麦、豌豆、土豆等农作物和油菜籽等经济作物。播种季节一般从藏历的三月中旬开始,先播种春小麦,紧接着播种豌豆、油菜、青稞等。整个播种期为一个月左右。所有农作物至成熟一般需要灌溉4~5次。

牧业是普兰县的重要基础产业。1986年,普兰县根据地形、草场分布、牧草产量、牧草品质等因素,把全县的牧区划分为两个主要牧业区:①巴嘎—霍尔乡高寒草原,主要是牦牛、山羊和绵羊发展区;②普兰镇高寒草原,主要是牦牛、山羊和绵羊及河谷山地黄牛、犏牛发展区。第一个区域包括巴嘎乡和霍尔乡共4个行政村,海拔为4200~5100米。共有草场8852235亩[①],占全县草场面积的78%,人均占有面积约为3175亩,适宜发展牦牛、

---

① 1亩≈666.67平方米。

山羊、绵羊养殖业。寒冷干燥是那里气候的主要特点。第二个区域位于普兰县中部和南部地带，区域内总面积为3251平方千米，海拔为3600～4200米，气候相对温和干燥，水源和日照较为充足。

2018年，全县牲畜总出栏24403头（只、匹）、存栏89227头（只、匹），牲畜年增长率约为30%。全县人均年收入为12007.94元。

普兰县共有草场1136万亩，占全县总面积的61%。其中，可利用草场约946万亩，占全县草场总面积的83%。2018年，该县牧民以家庭为单位共承包草场4071737.22亩，其中禁牧999999.72亩。在当地，可利用草场又细分为夏季草场和冬季草场，前者共约604万亩，后者约342万亩。冬季草场的放牧时间一般为11月底至次年5月中旬，夏季草场的放牧时间一般为5月底至11月中旬。在区域草场之间和不同季节的草场之间进行轮牧、转场，是当地最主要的放牧形式。

商业贸易方面。在较长期的历史进程中，普兰县的商业贸易形式以直接交换为主，以货币为媒介开展的商品流通贸易很少。"以物易物"形式主要存在于1959年西藏民主改革之前。在民主改革时期，普兰县的个体私营商业得到了一定发展。1960年年底，普兰县当时的4个农业乡中有铁匠14户18人、木匠4户4人、缝纫7户7人。1986年以后，个体私营经济在普兰县得到进一步发展。当时个体工商户有13户，共有资金9.75万元。到了1991年，全县个体工商户总数为253个，其中，来自外省区的有77户、本地的有38户、尼泊尔和印度商户共138户；经营品种多达790多种，其中民族特需商品70种。

集贸市场方面。普兰县曾先后设有普兰桥头市场、加尼玛市场、柏林唐嘎市场、布尔热巴市场、塔尔钦市场、凤多雄市场、楚谷寺市场等。寺院举行转经法会或其他重大佛事活动时，各地商贩携货前往相聚，逐步成市。20世纪90年代，普兰县城曾举行多次商品交易活动，主要是针对中印、中尼之间的贸易需求开展的。1999年8月15日，"普兰口岸边境贸易物交会"在普兰县城举行，历时57天，参加的国外商户有428户。目前，普兰县边贸市场依然充满活力，发展势头良好。大量来自尼泊尔、印度的商户聚集在那里，而来自西藏本地的商家和全国各地的旅游爱好者成为该市场的主要顾客，边贸市场也成为当地旅游的一个重要景观。

2016—2019年，笔者在西藏普兰县进行了8个多月的田野调查。除特别说明外，文中涉及的当地数据等资料均来自笔者的调查。

第一编 | 文化本质

第一章 知识与实践：西藏高原牧区的"牛粪文化"

在青藏高原，牛粪是一种常见的物品，在牧区中更是如此。牛粪的藏语为"久瓦"，意为燃料，没有动物粪便的含义，这种称谓可能隐含着牛粪特殊的意义。笔者在西藏阿里高原牧区工作和调查期间，深刻感受到牛粪对于当地的极端重要性，这种重要性源自日常生活。但是"牛粪文化"是否可以直观地用外在的观察进行语言描述呢？在西藏牧区生活方式快速转型的过程中，传统的牛粪地方性知识面临着怎样的境遇？人们在对待牛粪的态度上是否发生了分化？应如何看待这些问题并为牛粪找到一条更有前景的发展之路？本部分将围绕这些问题进行讨论。

本部分的主要田野场位于西藏阿里普兰县霍尔乡。霍尔乡平均海拔接近4700米，生活中心区位于219国道旁，是西藏阿里旅游的重要中转站，建有边防派出所、邮政局、农业银行、乡小学和乡卫生院，有多家饭店（多数提供住宿）、杂货店和藏式茶馆（餐馆）。

一、西藏"牛粪文化"研究综述

一些研究者主要从文化表现方面对作为日常生活文化的"牛粪文化"进行归纳。谢启晃、李双剑、丹珠昂奔将"牛粪"视作一种文化而收入他们主编的《藏族传统文化辞典》中。[①] 在看到牛粪作为燃料的同时，也有人强调其作为肥料的重要性，将其视为"高原之舟"的"产品"之一。[②] 对西藏

---

① 参见谢启晃、李双剑、丹珠昂奔《藏族传统文化辞典》，甘肃人民出版社1993年版，第164页。

② 参见杨年华《生命在世界屋脊之巅》，西藏人民出版社2001年版，第55页。

"牛粪文化"进行归纳的主要有《西藏的牛粪火俗》[①]、《西藏的牛粪文化》[②]、《走遍藏北无人区：羌塘变迁纪实》[③]、《藏地风俗》[④] 等著作和文章，它们归纳的内容和结论相符度非常高，其中以张宗显的《西藏的牛粪火俗》较为全面。《西藏的牛粪火俗》一文介绍了牛粪的四个具有代表性的特征：①西藏使用牛粪的普遍性。"有人的地方就有干牛粪码成的墙或牛粪垛……在西藏牧区人们生活燃料基本上全是干牛粪。"[⑤] ②以牛粪作为燃料，用以烧茶、保温、烙饼等。譬如，"人们的一日三餐中不可缺少的酥油茶是用牛粪火煮的"[⑥]。③以牛粪烧制家庭器具。譬如，"烧制他们日常生活中不可缺少的陶锅、烙饼锅、陶蒸笼、香炉、背水桶、青稞酒壶、酥油茶壶、牛粪火炉、香插、酥油灯、花盆等陶器"[⑦]。④在祭祀与法事中的用途。譬如，"在初一十五祭神时，用烧得半透的牛粪作火引，来煨桑，是为火种，以为吉祥"[⑧]；以牛粪为原料制作面具，作为"供奉的圣物悬挂"[⑨]；等等。

整体上，牛粪文化研究在一定程度突破了传统的"单向度的日常生活肯定性的描述"范畴，主要体现在三大方面：①作为能源消费结构的组成；②对高原高寒草地健康的影响；③对室内空气的污染。

有研究强调西藏以牛粪为主的生物质能消耗对森林和草地造成了严重的破坏。[⑩] 也有研究强调西藏炊事能源消费结构中牛粪仍然居首，但比重有所

[①] 张宗显：《西藏的牛粪火俗》，见闫振中《西藏胜迹探访记》，西藏人民出版社2006年版。

[②] 格尔丹：《西藏的牛粪文化》，见《〈读者·乡土人文版〉十年精华文丛》编委会《风俗民情B卷》，甘肃人民出版社2012年版。

[③] 唐召明：《走遍藏北无人区：羌塘变迁纪实》，五洲传播出版社2013年版。

[④] 廖东凡：《藏地风俗》，中国藏学出版社2014年版。

[⑤] 张宗显：《西藏的牛粪火俗》，见闫振中《西藏胜迹探访记》，西藏人民出版社2006年版，第206页。

[⑥] 张宗显：《西藏的牛粪火俗》，见闫振中《西藏胜迹探访记》，西藏人民出版社2006年版，第209页。

[⑦] 张宗显：《西藏的牛粪火俗》，见闫振中《西藏胜迹探访记》，西藏人民出版社2006年版，第210页。

[⑧] 张宗显：《西藏的牛粪火俗》，见闫振中《西藏胜迹探访记》，西藏人民出版社2006年版，第210~211页。

[⑨] 张宗显：《西藏的牛粪火俗》，见闫振中《西藏胜迹探访记》，西藏人民出版社2006年版，第211页。

[⑩] 参见刘刚《西藏能源消费格局及其环境效应》，中国科学院地理科学与资源研究所2007年硕士论文。

下降。① 燃烧牦牛粪对青藏高原高寒草地的复杂影响受到了研究人员的重视：一方面，使灌丛草地免于破坏；另一方面，也使高寒草地损失了养分和种子。有研究以量化数据为支撑对这两方面进行了探讨，并分析了牦牛和绵羊的消化率特性、牦牛和绵羊对高寒草地牧草种子的消化道传播机制与过程等方面。② 关于燃烧牛粪的不良后果，有研究指出，西藏农牧区群众在室内燃烧牛粪导致了室内空气污染，并且构成了当地主要的污染暴露源。③

西藏高原牧区牛粪的使用是一种在生活与历史中形成的"地方性知识"，这种知识从正向对牛粪给予了全方位的肯定，表现在牛粪的使用与意义渗透至生活的许多方面。但现代科学的进展对这些地方性知识提出了挑战，这也为如何进一步看待地方性知识，如何在生态文明建设中不断提升牧民群众的生活质量提出了需要深入探讨的问题。

孙立平教授提出应将社会事实看作动态的、流动的，而不是静态的，要关注过程下的实践。④ 其研究方式是"过程－事件"体系，通过动态的实践关注现象的变化。但笔者并不准备严格按照其"过程－事件"的研究方法进行分析，而是在这一研究理路的启发下更多地关注结构的变化及这种变化与实践的互构（主要是对实践的影响），集中于结构的变迁中地方性知识实践的状况，并突出这种知识转型的可能性、必然性与方向性，最终落到结构框架内知识的实践特征：为西藏经济社会发展和人民福祉服务。

二、客位视角："牛粪文化"和相关知识

地方性知识并未形成一个清晰明确的概念，反而形成了一个有多种理解的研究范畴。吉尔兹突出其"空间属性"，以把握其中的可理解取向；劳斯则突出其中的"实践性、文化性、多元性"，以把握其科学实践哲学的本

---

① 参见高利伟《西藏农村居民食物消费结构及其资源环境效应研究》，中国科学院大学2014年博士论文。
② 参见鱼小军《牦牛粪维系青藏高原高寒草地健康的作用机制》，甘肃农业大学2010年博士论文。
③ 参见高翔《西藏农牧区民害室内空气污染及其对策研究》，复旦大学2008年博士论文。
④ 参见孙立平《迈向实践的社会学》，载《江海学刊》2002年第3期。

质。① 笔者认为，在整体上运用地方性知识时应抓住其主要特征，空间性、实践性、文化性、多元性均应考虑在内，因为"由于民族地区特殊的生存环境，少数民族在成长和发展过程中，基于生活经验和日常体验，以及对外部世界不断地适应的基础上，形成了对生活世界独特理解的语意、文化成分和意义系统，并经过族群代与代之间的绵延传递，构成了一套具有少数民族特点的知识体系"②。这种知识体系"形成了针对少数民族成员特点的价值实践和认识反应"③，并主要体现在认知基础、知识构成和知识传承三个主要方面④。

从客位视角看待西藏的牛粪文化，多构建出积极的独具特色的日常生活感。以下描述具有一定的典型性：

> 西藏人用牛粪烧茶做饭，有许多好处。首先，牛粪燃点低，很容易生火，一张废报纸就能把火引燃。西藏地处高原，氧气缺乏，引火很不容易。主妇们用木柴引火，又是吹气，又是用皮风囊送风，弄得满脸脏黑满眼泪，火还是生不起来。牛粪的主要成分是青草和干草，烧起来没有臭气，没有黑烟，还有一种淡淡的清香，烤起来心舒气爽……⑤

日常生活形象的构建既来源于外部观察，也来自内部解释。吉尔兹重新阐释的"本文"（text）概念意在把握共同察知的符号而理解其背后的意义结构。⑥ 基于客位观察形成的认知需要与文化持有者进行对话并进行检验，这将有助于提升信度和效度。"牛粪文化"和相关知识可简要归纳如下：

其一，牛粪使用的普遍性。主要表现为牛粪的数量、覆盖度、使用频度三个方面。农牧业的主导性使牛羊成为西藏农牧区的主要牲畜。譬如，霍尔乡 2016 年年初共有牲畜 113000 头（匹、只），牛主要包括牦牛、犏牛和黄牛，它们成为"牛粪文化"的重要基础。以此支撑的牛粪的数量是巨大的，因而也产生了相应的交易市场。农牧区大多数人家使用牛粪生火取暖。2016 年

---

① 参见李宏伟、刘杨《基于"地方性知识"的科学文化反思》，载《贵州社会科学》2018 年第 12 期。
② 任勇：《公民教育与认同序列重构》，中央编译出版社 2015 年版，第 217 页。
③ 任勇：《公民教育与认同序列重构》，中央编译出版社 2015 年版，第 217 页。
④ 参见任勇《公民教育与认同序列重构》，中央编译出版社 2015 年版，第 217～220 页。
⑤ 廖东凡：《藏地风俗》，中国藏学出版社 2014 年版，第 166 页。
⑥ 参见［美］克利福德·吉尔兹《地方性知识：阐释人类学论文集》，王海龙、张家瑄译，中央编译出版社 2000 年版，前言第 9 页。

1月，笔者发现拉萨市还有一些人家以牛粪为燃料。高海拔以及长期低温状态使西藏许多地方一年四季都要使用燃料，高原牧区更是如此，这使得牛粪在当地的使用频度非常之高。

其二，牛粪的重要性。主要表现为牛粪可以作为重要燃料、筑墙材料和玩具材料。譬如，用加入牛粪后的泥土做成小牦牛玩具。牛粪也可以用来增加收入以及可入药医治疾病等。纪录片《牛粪》（2010年）基本展现了牛粪的这些重要用途。

其三，牛粪的正功能性。主要有两大类：维持家庭日常生活、促进村庄群体生活的整合。维持家庭日常生活的功能来自对西藏高寒低氧的高原环境的应对，或者说是牛粪的普遍性与重要性结合的必然产物。对村庄群体生活的整合来自牛粪的通用性，甚至它在某一时间内成为公认的"通货"；同时，对牛粪知识的共享促进了人们的互动，提升了人们的集体意识。

其四，女性的角色形象的塑造。主要体现于女性身份的符号意义，突出她们在家庭中的价值。拾牛粪的工作主要由家中的女性完成，甚至做牛粪墙也多由她们负责。由于牛粪对个体、家庭和村庄集体生活具有重要性和正功能性，因此，收集、归置牛粪被赋予了"打理家庭"的含义，与打酥油、做酥油茶共同勾勒出藏族女性在家庭中的生动形象。

以上四点显然说明牛粪在生活的维持与价值的界定中的重要性，但它们在西藏高原牧区是否不可替代呢？默顿指出，早期的功能主义中有一条重要原则是错误的：任何社会都具有某种普遍的功能先决条件，而且只有特定的文化事项或习俗才能实现这样的功能。他认为其错误之处就在于忽视了任何功能都存在可替代的选择，即某事项具备某种功能并不意味着与之相同或相似的功能不能由替代的事项来完成。① 要考虑替代事项，就必须面对现实生活，以衡量替代的可实现性。那么就需要考虑"以何替代"和"替代成本"的大小问题。而这两个问题与生活方式的变化以及对牛粪文化的再界定有关。

南文渊认为，藏族传统文化是对高原环境的反映和适应：西藏高峻的地势易使人产生"高原反应"，山形地貌易使人产生敬畏，水土资源的珍贵易使人产生珍惜的心态；同时，干旱而寒冷的气候限制了生物的生存生长②，

---

① 参见［英］帕特里克·贝尔特、［葡］菲利佩·卡雷拉·达·席尔瓦《二十世纪以来的社会理论》，瞿铁鹏译，商务印书馆2014年版，第90~91页。

② 参见南文渊《藏族传统文化与青藏高原环境保护和社会发展》，中国藏学出版社2008年版，第2~8页。

这就造成了"植物与动物互为依存"[①] 的局面。科学技术与经济的发展极大地减少了高原环境对人们生活方式的限制,那么,与高原环境相关联的传统"牛粪文化"是否也会发生相应的变化呢?这种变化又是如何与现代生活方式取向相关联的呢?

三、主位视角:霍尔乡"牛粪文化"调查

主位分析类似于语言学中的音位(phoneme)分析法,强调从特定文化的内部去看待和理解文化。它与客位分析相对,后者指从外部看特定文化,并通过与外部文化作对比来理解特定文化。[②] 二者各有优劣势,但如果无法用当地人的知识形成的"内部视野"去发现事件的地方特性以及当地人特有的想象,那么是无法真正形成客位分析所需要的对比视角的。

20世纪60年代,霍尔乡周边牧民全部以牛羊粪为主要燃料,那里曾流行着一句话:"儿不嫌母丑,人不嫌牛粪脏。"张宗显认为这种说法以前广泛流传于藏族牧区。[③] 到了2019年,这种知识表达是否还是"内部视野"呢?

2019年,笔者通过对霍尔乡牧民进行的结构式访谈发现,在霍尔乡,关于牛粪的知识已经发生了分化,人们对牛粪的态度也产生了分化,这些分化表象的背后隐藏着更多的信息。此次访谈主要由霍尔乡卫生院院长扎顿完成,共访谈了8人。扎顿在当地卫生院工作了十余年,在霍尔乡群众中有很高的威望,这对获取主位视角的知识的信度和效度提供了保障。访谈主要包括以下内容:

其一,对牛粪的依赖程度。主要从三个视角来展现:①当地仍全部使用传统式的火炉取暖、烧茶;②8位受访者中,家中以牛羊粪为主要燃料的有4人,以煤(焦炭)为主要燃料的有3人,以木材为主要燃料的有1人;③8位受访者中,倾向于用牛羊粪的有4人,倾向于用煤(焦炭)的有3人,倾向于用木材的有1人。

---

① 南文渊:《藏族传统文化与青藏高原环境保护和社会发展》,中国藏学出版社2008年版,第21页。
② 参见刘兵《科学编史学研究》,上海交通大学出版社2015年版,第34页。
③ 参见张宗显《西藏的牛粪火俗》,见冉振中《西藏胜迹探访记》,西藏人民出版社2006年版,第206页。

其二，对以牛粪作为燃料的喜好程度。主要通过两个角度来展现：①当在牧场或路上看到牛粪时，有6人表示会拾回家中，有1人说看情况，有1人明确表示不会拾回；②以牛羊粪为主要要燃料的4人中，有3人表示喜欢牛粪燃烧时的味道，有1人认为难闻，不喜欢。

其三，对牛粪与草场之间关系的认知。8位受访者一致认为牛粪在草地上堆积不会影响草场。

其四，对牛粪与污秽关系的认知。有6人明确表示不会在牛粪堆上晒衣物，有2人表示偶尔会有这样的行为。

受访者的牛粪知识和相关行为分化虽然程度不同，却是明显的。由于女性在传统的牛粪文化中占据重要地位，因此，首先选取3位女性进行个案分析：①LM（26岁）的家中以煤（焦炭）为主要燃料，她也认可煤（焦炭），不再拾草场或路上的牛粪；②SM（20岁）的家中以牛羊粪为主要燃料，而她更认可木材，路上看到牛粪时她偶尔会拾回家中；③QNSM（47岁）的家中以牛羊粪为主要燃料，她也更认可牛羊粪，并表示在路上看到牛粪时一定会拾回家中。

这三位女性之间为什么会发生这种分化呢？从年龄上看，似乎可以发现一些启示，即年龄大的人更倾向于认可传统中留存下来的牛粪知识。但是其中一个案例否定了这种传统知识的决定性。贡觉次仁66岁，虽然他家中仍然主要以牛羊粪为燃料，但他说更喜欢烧煤（焦炭）。可见，要了解牧民对这种传统知识的认可程度，需要进一步走入他们的生活之中。

LM家位于霍尔乡政府周边，家中共有5口人：奶奶、父亲、母亲、LM和她的妹妹。目前妹妹已经出嫁，父亲是霍尔乡的清洁工人，家庭收入稳定，家中饲养牛羊共40头（只），较为富裕。LM家中以传统的火炉取暖和烧茶，煤（焦炭）已经成为她家中的主要燃料。她说煤比牛粪要好，燃烧的时间长，更洁净，"符合趋势"，所以她喜欢用煤。家中偶尔也用牛粪，因为父母、奶奶仍然偏爱牛粪，但家中生产的牛羊粪根本不能满足需要，所以有时也会到熟识的朋友家去买。LM对牛粪有一种明显的疏离感，她并不愿意拾起路上遇到的牛粪，拒绝在牛粪墙或牛粪堆上晾晒衣服。

SM家中共有8人，她在卫生院做清洁工。她说喜欢用木材取暖和烧茶，因为卫生院里引火是用木材，看起来非常好用，火苗大，也更容易引燃。但是家里没有木材，而牛粪太多了，所以只能烧牛粪。她说自己是在牛粪火边长大的，路上看到牛粪时偶尔会拾回家中，偶尔也会在牛粪堆上晒些旧的衣服。

QNSM 家 2018 年时属于贫困户，家中共有三口人，全部是女性，完全以放牧为生。平时取暖和烧茶用的牛羊粪全部来自家中的牛羊。她说她喜欢房间中燃烧牛粪时产生的味道，但并不喜欢把东西放到牛粪堆上，因为卫生院里用的是晾衣架，而且商店里也有很多好看的晾衣架，把衣服挂着晒比放在牛粪堆上更易干，而且不会粘上别的东西。

可以发现，三位女性对牛粪的认识实际上是一种在传统与现代之间的纠缠的结果。在日常生活中，她们受到不同文化、不同生活方式的影响，这种影响的程度关系着她们在牛粪知识上的分化程度。

以下对两位男性牧民进行采访与分析。

SD 今年 40 岁，他的三个孩子都在读高中，他以打工收入和国家发放的多项补助来支付孩子们的学费。由于自家只养了一些羊，没有牛粪，所以他家里主要是烧煤（焦炭）；但 SD 认为牛粪更好烧，故也会到熟识的朋友家去购买一些。他说习惯了牛粪燃烧时的味道，但谈不上喜欢。由于家中没有牛粪堆，所以他没有在上面晒过衣物，但他说即使有牛粪也不会这么做，因为会把衣服弄脏。

ZXYG 今年 22 岁，家中共五口人，他平时在外地打工，开挖掘机。他说在外地他接触的燃料以煤和天然气为主，所以现在家里也主要是用煤（焦炭）取暖和烧茶，他也更喜欢用煤；但是因为家里有牛羊，产生很多牛羊粪，所以偶尔也会烧一些牛羊粪。出于习惯，他路上看到牛粪一般会拾回家里。他说不会在牛粪堆上晒衣服，因为觉得这样有点脏。

生活的经历在一定程度上可以说明他们对待牛粪的态度以及行为上的选择，外出打工的生活深刻影响了他们对燃料的偏好与选择；同时，这种影响与长期积淀下来的传统地方性的牛粪知识汇到一起，促使传统的知识体系逐步解体并吸纳新的元素进行重新组合，同时逐渐淘汰某些元素。这样，关于在牛粪堆上晒衣服"脏"的概念就产生了。

在人类学范畴，对"污秽"的理解更多是在一种文化的范畴，而不能简单地归于"卫生与否"，也不能简单地归于某一个统一的概念范畴。刘志扬通过对位于拉萨市的娘热乡的研究，认为"洁净"与"污秽"的观念受隐藏于社会结构深层的一整套文化逻辑的支持和限制，在藏族聚居区形成了内外有别的"污秽"观：①越是接近宗教，便越是洁净；距离宗教越远、越是世俗的，便越是污秽。②内部必须保持洁净；为保证内部的洁净，常会向外排出污秽。① 从对霍尔乡的调查可以发现，牛粪在人们的认知中已经由传统的洁净状态转化为具有污秽特征的状态，这可能意味着牛粪正在原有的意义上和当地的社会生活产生着某种距离。

8位受访者均明确表示，如果有更好用、更方便的燃料，并且数量足够多，就一定会使用。在他们看来，显然作为燃料的牛粪并不是不可取代的，在他们目前的知识体系中，牛粪的重要性已经大大降低，传统的仪式性、功能性的意义也逐渐消退。

霍尔乡卫生院院长扎顿长期在霍尔乡工作和生活，也成为当地人。他对牛粪在当地的意义给出了自己的理解。现在乡政府和乡卫生院全部使用煤（焦炭），不使用牛粪。从获得同样的燃烧效果来说，牛粪价格比煤和焦炭的价格要高，人们已经慢慢认识到这一点。但是牧区地广人稀，最方便的燃料就是牛粪，所以那里的大多数人仍在使用牛粪作为燃料。最主要的是，这些牛粪多出自他们自己家里养的牛，不用花钱购买，不烧的话也没有其他用处。

霍尔乡有较多的外地经商者，以经营饭店、旅馆、杂货店为主。他们长期生活在当地，与当地牧民产生了较多且较深刻的互动，他们对牛粪的理解和实践对当地牧民产生了一定的影响。2015年，小程和他的妻子来到霍尔乡做生意，开始时从当地牧民家里租了两间房开了一家小饭店，2016年又租下了另外几间房做旅馆。他们最初用牛粪取暖、烧水，厨房则使用焦炭，但他们很快发现使用牛粪成本太高，经过对比，他们最终选择全部使用焦炭。2018年8月，小程夫妇扩大了经营规模，并安装了锅炉，给饭店的每个房间都安装了暖气，此时他们又改烧煤，说焦炭烧锅炉"劲太大"②，烧煤更好。烧牛粪时他们每天的成本为150元左右，改烧焦炭后，每天成本为80元左右，而且更多房间可以采暖，效果更好。③ 小程夫妇的行为和选择对当地牧民产生了直接的影响。

---

① 参见刘志扬《乡土西藏文化传统的选择与重构》，民族出版社2006年版，第264～308页。

② 指焦炭发热量高，容易把锅炉烧坏。整体而言，焦炭与煤相比发热量更高，燃烧时间也更长，但其价格要高于煤。

③ 资料来源于2016年1—7月笔者对该饭店的调查，同时结合2019年2月笔者对饭店经营者的访谈。

四、牛粪作为燃料的危机：科学与实践

相关研究对牧民以牛粪作为燃料多持肯定态度，主要体现为：①"燃点低，很容易生火"①；②"没有臭气，没有黑烟，还有一种淡淡的清香"②；③使家庭有温馨感③；④数量多，易得；⑤方便保存火种；⑥牛粪灰可以再利用④。这些结论很大程度上代表了西藏农牧区传统的牛粪知识和外部对其的界定。

高翔对牛粪燃烧特性做了系统分析，他发现：①牛粪饼的灰分含量高，从而导致牛粪饼燃烧的热值低于一般秸秆类生物质燃料；②牛粪饼的总热值是其他各种常见生物质燃料和煤的50%左右，其原因在于"燃烧时其表面上的可燃物质燃尽后形成的灰分外壳隔绝了氧化介质（空气）与内层可燃物质的接触，使得牛粪饼难于燃烧完全，并且降低了热传递效率"⑤；③燃烧时需要相对更多的氧气供应；④燃烧牛粪饼污染了室内环境，牧区使用火塘的帐篷内的$PM_{2.5}$和PM_{10}严重超标，其中PM_{10}浓度是国家标准的20.1倍。⑥

结合该研究结论以及笔者的调查发现，在西藏高原牧区，牛粪作为炊事能源的弊端主要体现在以下方面：

其一，导致室内空气污染。截至2018年年底，作为西藏高原牧区的霍尔乡仍然以传统火塘和火炉为主要取暖设备，二者在牛粪燃烧时可以实现较好的热传导；但牛粪燃烧特性增加了污染暴露时间和强度，牛粪饼燃烧"排放的颗粒态PAHs具有较强的致癌风险"⑦。

---

① 廖东凡：《藏地风俗》，中国藏学出版社2014年版，第166页。
② 廖东凡：《藏地风俗》，中国藏学出版社2014年版，第166页。
③ 参见张宗显《西藏的牛粪火俗》，见闫振中《西藏胜迹探访记》，西藏人民出版社2006年版，第206页。
④ 参见张宗显《西藏的牛粪火俗》，见闫振中《西藏胜迹探访记》，西藏人民出版社2006年版，第209页。
⑤ 高翔：《西藏农牧区民害室内空气污染及其对策研究》，复旦大学2008年博士论文，第41页。
⑥ 参见高翔《西藏农牧区民害室内空气污染及其对策研究》，复旦大学2008年博士论文，第38~41页。
⑦ 高翔：《西藏农牧区民害室内空气污染及其对策研究》，复旦大学2008年博士论文，第82页。

其二，与替代能源相比牛粪燃烧弱点突出。牛粪燃烧需要更多的氧气，而且容易发生燃烧不充分现象，在燃烧过程中的热传导效率低，所以，"在假设炉具设施热传递效率相同的情况下，使用牛粪饼作为燃料的消费量将比其他固体燃料多"①。Ravindranath 和 Ramakrishna 的研究也支持这一结论。②

其三，牛粪灰使用存在着误区。由于牛粪燃烧产生的灰分大，并且"灰分组分在燃烧过程中并不像碳元素等被剧烈氧化而放热，同时这部分组分在燃烧中将储存一部分热量"③，因此，牛粪灰具备一定的保温性，可以用来保存火种、烙饼等。但是，如果为保持牛粪灰的热值而去闷烧，那么就会导致进一步的空气污染。④

其四，经济成本高于替代燃料。牛粪燃烧的特性决定了它与煤或其他燃料相比，达到相同的燃烧效果成本要高于其他燃料。同时，传统地方性知识中牛粪的重要性在很大程度上影响牛粪在当地的交易价格，霍尔乡所有商户和一些牧民因为成本原因并未选择以牛粪为主燃料。⑤

牛粪作为燃料被边缘化的根源在于知识的进步。科学揭开了传统地方性知识编织的"盖头"，也在一定程度上否定了传统地方性知识的某些内容，甚至威胁到其在集体整合中的权威性，将促使牛粪文化和相关知识的共享性被打破；同时，由其建构出的普遍性、重要性、正功能性、女性的角色定位形成的强大社会纽带也随之被削弱。

客位视角与主位视角相结合形成的分析表明，关于牛粪的地方性知识并未固化于某一模式，因为它是历史的，是应用于现实生活中的，并动态地处于这一时空结构之内。也正是在此基础上，牛粪作为燃料的地方性知识具备了转型的可能与取向。也就是说，作为炊事能源的牛粪的相关知识是否科学或正确并非其存在或转型的直接原因，直接原因在于这种知识在社会生活和结构之内的实践过程与取向。当然，知识的科学性和正确性与更长、更深的历史过程相关联，即科学的进步可能在更长的历史进程中对地方性知识产生

---

① 高翔：《西藏农牧区民害室内空气污染及其对策研究》，复旦大学 2008 年博士论文，第 41 页。
② 参见高翔《西藏农牧区民害室内空气污染及其对策研究》，复旦大学 2008 年博士论文，第 41 页。
③ 高翔：《西藏农牧区民害室内空气污染及其对策研究》，复旦大学 2008 年博士论文，第 41 页。
④ 参见高翔《西藏农牧区民害室内空气污染及其对策研究》，复旦大学 2008 年博士论文，第 56 页。
⑤ 见上文中对霍尔乡的调查分析和对小程夫妻选择燃料的分析。

根本的影响。

五、牛粪知识转型的实践取向:"三元一体福祉"

当作为燃料的牛粪及其文化受到冲击时,简单否定这种文化是极度危险的,因为知识及其研究是一个连续统,这在曼海姆和默顿的知识社会学研究中都得到了肯定。默顿这样定位知识社会学:"主要致力于探究知识与人类社会或人类文化中存在的其他各种要素之间的关系。"① 他承认知识与人类社会或文化存在着对应关系,那么时间序列在其中是基础性的。知识作为"一系列的事实或见解"② 是特定群体在特定条件下的集体智慧,以完全隔离的维度来看待时间的进程性显然有悖于知识作为精神产品与其存在基础关系的特定时空要求。

在生产力水平极低的情况下,人们对牛粪的定位是把它当作大自然的赐予;在高寒低氧的高原环境中,牛粪作为燃料是牛粪的普遍性与重要性结合的必然产物。有研究者这样总结那时的牛粪文化:"熔铸了藏民族独特的人文色彩、风俗民情,体现着民族心理和审美情趣等深层次的内涵。"③ 但随着科学技术和生产力的发展,纯粹的牧业生活模式被打破,人们与大自然的原初状态的一体性开始逐步解体。霍尔乡居民对牛粪态度的分化在一定程度上注解了这一情况。以此而言,霍尔乡居民关于牛粪知识的转型是一种必然。

从实践角度来看,积极引导牛粪知识转型可以主要从三个维度考虑:保护人民群众身体健康、保护生态环境和充分发挥牛粪的生态肥料特性。三者相互联系,构成以人民福祉为中心的一体结构。

其一,保护人民群众身体健康主要通过避免或消除以牛粪作为燃料而产生的室内空气污染危害。路径主要有两条:①用其他洁净高效的能源取代牛粪作为燃料;②用多种方法减少或消除污染的产生。前者的实现主要建立于

---

① [美]罗伯特·K.默顿:《社会理论和社会结构》,唐少杰、齐心译,译林出版社2008年版,第592页。
② [美]罗伯特·K.默顿:《社会理论和社会结构》,唐少杰、齐心译,译林出版社2008年版,第574页。
③ 格尔丹:《西藏的牛粪文化》,见《〈读者·乡土人文版〉十年精华文丛》编委会《风俗民情B卷》,甘肃人民出版社2012年版,第60页。

以西藏高原牧区为主的各个区域能源结构的变化，即适用的可持续的洁净高效替代能源的供给度。目前，霍尔乡已经实现了太阳能全覆盖，但太阳能在取暖、烧茶的使用上还非常有限，煤和焦炭仍然使用较多，二者仍会造成污染。因此，在替代能源的选择上仍需不断探索。后者可以从两个主要维度加以关注：改进炉具、把牛粪加工成合适尺寸并及时清灰。西藏牧区的许多炉具是自然通风型炉灶，在氧气供给方面可以进一步加以改进，同时改进传热率，以提升燃烧效果，并减少燃料的使用。研究表明，在32平方厘米的自然进风截面条件下，直径大于15厘米的燃料块无法充分燃烧，而小于5厘米的燃料块在炉膛中能与空气充分结合。[①]牛粪的直径一般超过15厘米，将其加工成小于5厘米的小块状将有助于其充分燃烧，减少污染。及时清除火塘中的牛粪灰也可减少污染的排放；用火结束后，及时离开用火区域，以减少暴露于高浓度的污染中。

其二，牛粪与保护生态环境之间的关系主要集中于两个方面：①堆积下的牛粪对草地的影响；②拾走牛粪对草地的影响。研究表明，不同月份中因牧草供给和自身营养差异，牦牛排粪量存在较大差异。不同年龄段的牦牛单次排粪量变化幅度为0.025~0.426千克；对整群牦牛而言，平均鲜粪排放量为每头每天7.99千克（干粪为每头每天2.00千克），每头每天平均排粪9.33次。[②]"牦牛单次排粪量和覆盖面积呈正相关关系，即单次排粪量越大，其覆盖草地的面积也越大。"[③]同时，研究发现，在草地上放牧7小时30分钟，出牧和归牧分别用12分钟和18分钟的情况下，牦牛在草地上排粪量占全天总量的35.65%，在归牧路径和出牧路径上的排粪量分别占6.83%和1.98%，畜圈排粪量占55.54%。[④]

基于排粪量与时空关系的特点，牛粪对草场的影响较大。堆积的牛粪会产生两种后果：①牛粪堆积会造成其覆盖的草地植物死亡。由于牛粪覆盖，前两年总体表现为草地受到破坏，草产量降低。②牛粪堆积当年可改善土壤

---

① 参见高翔《西藏农牧区民害室内空气污染及其对策研究》，复旦大学2008年博士论文，第82页。

② 参见鱼小军《牦牛粪维系青藏高原高寒草地健康的作用机制》，甘肃农业大学2010年博士论文，第38页。

③ 鱼小军：《牦牛粪维系青藏高原高寒草地健康的作用机制》，甘肃农业大学2010年博士论文，第41页。

④ 参见鱼小军《牦牛粪维系青藏高原高寒草地健康的作用机制》，甘肃农业大学2010年博士论文，第42页。

肥力，从堆积的第二年起，其肥效对粪堆周围的植被产生益处。① 因此，牛粪在草地上过多堆积既会在一定程度上提升草地土壤的肥力，同时又会破坏草地植被。与之对应，从草场上拾走牛粪虽然可以使植被免受破坏，但会造成草地养分的大量流失，同时也会使少量存留于牛粪中的种子流失。② 从保护草场植被、提升土壤肥力的生态视角来看，有以下重要启示：①直接将留存于草场上的牛粪进行碎化处理，或进行堆肥后再归还草地，二者可以减少甚至消除牛粪对草地植物的损害，同时有助于改良草场植被和提升土壤肥力；②羊和牛混牧，增加羊的数量的同时减少牛的数量，这样可以利用羊粪使高寒草地受益。③

其三，在充分发挥牛粪生态肥料特性方面，有研究表明，家畜的排泄物——粪、尿沉积可以改善土壤，"在草地营养元素循环中起关键作用"④。除了将其做适当处理后供给草场外，牛粪作为生态肥的应用还有许多可探索空间，这为西藏高原牧区经济社会发展提供了新的有益的实践路径。微电影《牛粪》（2017年）突出了在电能广泛应用后牛粪从传统燃料到重要肥料的转化。西藏阿里地区已经建成普兰县生态产业园、噶尔县生态产业园，初步实现了"生命禁区"内以棚栽业为主的现代设施农牧业，取得了较好的成效。目前这一模式正在阿里地区大力推广。⑤ 霍尔乡所生产的牛粪可以销售到产业园，作为产业园内蔬菜瓜果的主要肥料，这样不但可以提供优质的肥力，还能避免过度使用化肥对土壤造成的不良影响。

另外，牛粪是传统藏医药文化中的一种物质，至今很多农牧地区仍然保留着以牛粪入药的操作。譬如，一种用以安神镇定的称为"龙杜"的嗅烟疗法，其方法是把安神的藏药撒在牛粪灰上使其冒烟，患者吸入此烟治病。⑥ 还有一种用以治疗脚心和拇趾疼痛的冷罨敷法，只需以木藤蓼、牛粪配伍冷

---

① 参见鱼小军《牦牛粪维系青藏高原高寒草地健康的作用机制》，甘肃农业大学2010年博士论文，第33~34页。

② 参见鱼小军《牦牛粪维系青藏高原高寒草地健康的作用机制》，甘肃农业大学2010年博士论文，第35页。

③ 参见鱼小军《牦牛粪维系青藏高原高寒草地健康的作用机制》，甘肃农业大学2010年博士论文，第86页。

④ 鱼小军：《牦牛粪维系青藏高原高寒草地健康的作用机制》，甘肃农业大学2010年博士论文，第29页。

⑤ 参见《西藏阿里的"菜篮子"工程：普兰试点全区推广，三年节约千万》，见中国日报网站 http://baijiahao.baidu.com/s? id =1600854773905998378&wfr = spider&for = pc，2018 - 05 - 19。

⑥ 参见张宗显《西藏的牛粪火俗》，见闫振中《西藏胜迹探访记》，西藏人民出版社2006年版，第211页。

敷患处即可。① 另有一种主治热性肿胀的涂膏，黄牛粪是其原料之一。② 在治疗眼疾等疾病的配方中也多有牛粪成分。从保护、传承和创新藏医药文化角度看，可科学地适当地加大相关药物的研发力度，促进牛粪知识与价值的进一步转化。

六、结语

本部分对霍尔乡的"牛粪文化"及其实践的研究表明，在西藏高原牧区，地方性知识的产生是一种结构和文化语境下的知识生产，具备其特有的资源基础并发挥着较为显著的功能；但地方性知识并非固定不变的，相反，它随着社会结构和实践的变化而不断在其中实现着筛选、重组和再生产。我们在引导这种多维度的地方性知识转型时，要审慎地把握其实践取向，紧盯人民福祉这一目标。

（本部分原发表于《原生态民族文化学刊》2021年第1期。有改动）

---

① 参见雷菊芳、李富银、宗玉英等《藏药传统外治法与现代透皮给药技术》，见《首届全国新型给药技术与中药现代化学术研讨会论文集》，北京：清华，2002年，第127页。
② 参见雷菊芳、李富银、宗玉英等《藏药传统外治法与现代透皮给药技术》，见《首届全国新型给药技术与中药现代化学术研讨会论文集》，北京：清华，2002年，第127页。

第二章 地方性知识与地方福祉：西藏牧区"放生羊现象"研究

放生在中国有悠久的历史，作为一种文化和实践，《列子·说符》中即有"正旦放生，示有恩也"之说。在特定的文化背景和现实生活中，放生现象有其复杂的形成和维持机制，体现出人们特定的动物伦理观，也包含着丰富的文化内容。放生羊现象普遍存在于西藏高原牧区。本文将以西藏高原牧区的放生羊现象为主要研究对象，探讨与此有关的地方性知识以及如何引导、利用这些知识从而提升当地人民群众的福祉。

放生羊是放生的一类，其概念尚没有得到公认的界定或定义。它强调被放生的动物是羊，这些羊由此获得了一直活着的自由，即不再被宰杀；同时，它们也被赋予了强大的精神意义。在霍尔乡，对放生羊的称呼主要有："次让"，多指放生山羊；"次路"，多指放生绵羊；也有的叫作"次塔儿"，强调的是放生的行动。

一、放生羊的类型、特征与相关机制

可用四个主要指标对西藏的放生羊进行划分：与主人的物理距离、饮食来源、活动方式、活动范围。放生方式可划分为三种主要类型：半放生式（Ⅰ类）、全放生式（Ⅱ类）和精神伴侣式（Ⅲ类）。Ⅰ类放生羊仍主要与其他羊一起圈养，并用涂料标示出不同颜色加以区分；其饮食主要来自主人的供给，以常规饲料和牧草为主；活动方式以群体活动为主，可概括为牧民主导下的"群羊生活"；活动范围以群羊生活的范围为边界，集中于场圈和牧场。Ⅱ类放生羊不再受场圈和牧民的限制，可在特定的空间内自由活动；其饮食主要来自活动空间内人们的投食，如糌粑、酥油茶、蔬菜叶子及其他食物，同时，由于活动相对自由，所以它们也从自然界中自主获取食物；活动方式是一种单独的活动，不再进入群羊生活；活动范围主要以它们生活的特定地理空间为边界。Ⅲ类放生羊一般和它的主人生活在一起,甚至有单独的"住所";其饮食主要来自主人的供给;活动方式以紧密的"人-羊互动"为主,即一般人不离羊,羊不离人,仿佛伙伴一般;活动范围一般以主人的活动而定,无明确的边界。

在霍尔乡,每个牧民家庭都有Ⅰ类放生羊,它们多与具体的家庭成员相对应,甚至可以达到每人3只。根据笔者的调查,2018年年底,当地的Ⅰ类放生羊的数量约为3000只,在三类放生羊中数量最多。Ⅱ类放生羊数量很少,2016—2018年,霍尔乡里的此类放生羊只有1只,但与霍尔乡相邻的巴嘎乡有10只左右。而Ⅲ类放生羊,笔者在调查中只发现了2只。

调查发现,Ⅰ类放生羊可以进一步划分为两个亚类:半放生自养式(Ⅰ-ⅰ类)和半放生寄养式(Ⅰ-ⅱ类)。前者指的是把羊放生后由自己饲养和管理,拥有草场和牛羊的牧民多用此种类型;后者指的是把羊放生后由别人代为饲养和管理,没有草场和牛羊的人多用这种类型。霍尔乡政府和乡卫生院的工作人员中一些人有自己的半放生寄养式羊。他们从牧民手中购买后,请某一户牧民群众代为饲养照料,作为自己的放生羊。(见表2-1)

表2-1 放生羊的类型与特征

放生羊的类型		与主人的物理距离	饮食来源	活动方式	活动范围	相对数量
大类	亚类					
半放生式(Ⅰ类)	半放生自养式(Ⅰ-ⅰ类)	适中	主人供给与放牧	牧人主导下的群羊生活	以群羊生活的范围为边界,集中于场圈和牧场	最多
	半放生寄养式(Ⅰ-ⅱ类)	较远	代养人供给为主,主人供给为辅	牧人主导下的群羊生活	以群羊生活的范围为边界,集中于场圈和牧场	较多
全放生式(Ⅱ类)	—	最远	活动空间内人为供给与自然供给	单独活动	该放生羊生活的特定地理空间	很少
精神伴侣式(Ⅲ类)	—	最近	主人供给	紧密的人-羊互动	以主人的活动而定,无明确边界	较少

调查发现,三种类型的放生羊现象的发生机制在内因与外因上表现出一

定的差异性。从内因（内在需求）看，需求最强的是精神伴侣式（Ⅲ类），放生羊承载着人强大的精神寄托，所以在活动方式上表现为人与羊的紧密互动。从实体目标的可行性看（放生羊的可获得性），半放生自养式（Ⅰ-ⅰ类）最容易实现，而精神伴侣式（Ⅲ类）最难实现。从价值目标的可行性看，精神伴侣式（Ⅲ类）被接受度最高，全放生式（Ⅱ类）被接受度最低。价值目标的可行性指实现外在价值诉求可能的被认可度，譬如对通过放生羊获得吉祥的程度大小的判断；对环境的保护等社会结构因素也会影响价值目标的可行性。

半放生自养式（Ⅰ-ⅰ类）的内在需求虽然较强，但在所有类别中排位最低，出现这一情况的原因主要在于两个方面：①牧民家中都有较多的牛羊，从中选择某只羊放生很容易实现；②从长期来看，日常生活中有许多促使放生的事件和情境，比如藏历新年或宗教节日要放生，家里"运气不好"时要放生，有重要佛事活动时要放生，祈福时要放生，等等。所以，牧民家中一般会有较多的放生羊，数量多了之后就会在一定程度上削弱其稀缺性和重要性。全放生式（Ⅱ类）的价值目标可行性一般的一个重要原因在于国家、社会对环境保护力度的增强削弱了人们对全放生式的认可。（见表2-2）

表2-2 放生羊现象的主要内外因机制

动物伦理表达	放生羊的类型		内因：内在需求	外因：外在可行性	
	大类	亚类		实体目标的可行性	价值目标的可行性
放生羊现象	半放生式（Ⅰ类）	半放生自养式（Ⅰ-ⅰ类）	较强	最高	高
		半放生寄养式（Ⅰ-ⅱ类）	强	高	高
	全放生式（Ⅱ类）	—	强	高	一般
	精神伴侣式（Ⅲ类）	—	最强	较高	最高

二、放生羊现象的发端：人与自然的共处

调查发现，宗教因素在放生羊现象中发挥着一定的作用。但在现实生活中，它们似乎并非那样显著。笔者在第三章将对西藏阿里的"神鱼现象"进行专门的讨论，发现"神鱼现象"背后并非纯粹的宗教因素在起作用，而是在现实生活中形成的一种独特的生态机制，笔者将其命名为"藏族朴素的基于身体知觉的天人生灵合一生态伦理"。该机制表明，人与动物的互动关系形成了"生灵机制作用圈"，它的存在柔化了宗教的刚性作用，凸显出现实生活与生态环境在西藏社会实践中的巨大作用。① 按此理路，我们从现实生活中应该更能发现"放生羊现象"发端时的重要特征：生活实践以及生态环境的影响。

当地老人向笔者传达了这样的信息：很早的时候，当地的放生都是要放到野外的，放生后由家里人自养或由他人代养的情况非常少。也就是说，全放生式（Ⅱ类）曾经是当地主导的甚至是唯一的放生羊形式，而半放生式（Ⅰ类）是晚些时候才逐步被认可并增多的。为什么会出现这样的情况呢？

在西藏民主改革之前，霍尔乡有许多猎人，狩猎是人们生活来源的重要支撑之一。打猎时有许多禁忌，比如，不打怀孕的母畜、不打哺乳的母畜、不打幼小的动物等等。虽然这些禁忌对保护野生动物的种群平衡发挥着一定的作用，但是，人类对野生动物的皮毛和肉类的大量需求，导致在严酷的自然环境中，野生动物种群面临着严重的威胁。野生动物数量的减少以及种群的退化反过来又威胁着人类的生存。

无论放生羊现象的发生是否与这一状况有关，至少在放生现象出现后，它也为人与自然之间矛盾的化解发挥了一定的积极作用。

人们主要选择两类羊进行放生：一是体弱消瘦的，二是身体壮硕有力的。体弱消瘦的羊很容易成为草原上肉食类动物的食物，为狼、熊、狐狸、雪豹等提供了食物来源，从而使它们能够度过严寒的冬季，并为幼兽带来食物。身体壮硕有力的羊则更可能存活下来，并融入野生种群中（当地有各种

---

① 参见赵国栋《"神鱼现象"：藏族原生态文化解释的一种机制隐喻》，载《原生态文化学刊》2019 年第 4 期。

各样的野生羊群），有助于提升野生羊群的数量和质量。这两类羊放生实际上都有助于当地野生动物种群的保存、繁衍以及生态链的平衡。对当地老百姓，尤其是猎人们来说具有关乎生存的意义。另外，在每年将要进入初冬季时，人们选择宰掉或出售的羊也常是体弱消瘦的，包括老、残、病羊等，这样做也有深刻的生态意义：防止这些羊在严冬的枯草季中被冻死或饿死。及时对羊群进行淘汰和调整有利于减小冬季牧场的压力，因为冬季牧场一般最容易被羊群破坏：在没有足够的牧草时，羊会刨食土中的草根和草籽。这种调节有助于实现草场和羊群的平衡协调。

如此看来，早期的放生羊现象实际上体现了农牧民与自然环境和谐相处的一种生存艺术和智慧，放生行为具备正向的功能性：既保证了人们狩猎行为的可持续性，又调节了牲畜种群繁衍以及牧场承载力之间的矛盾。

至于为何现在半放生式（Ⅰ类）羊的数量有了大幅度的增加，对它的分析理路也是颇具启发性的。显然，现在的西藏牧区已经远远不是民主改革前的状况了，国家对当地经济社会建设的大力投入以及对生态环境的有力保护是两个重要方面。经济收入的大幅度增加使人们可以承受以补饲方式饲养更多牲畜的需求，半放生式（Ⅰ类）有了选择的可能和物质基础。同时，生活水平的大幅度提高使牧区群众再也不需要依靠狩猎谋生，非法狩猎行为被依法取缔，所以，为了生存而以放生活动来调节人们与自然的关系的需求已经不复存在。或许，在当地群众看来，古老的放生羊现象中留存的意义已经更多地转向精神的寄托。

三、放生羊现象的维持：地方性知识与现实生活

一种社会现象得以合法地维持，其持续的后果必须保持在必要的承受力范围之内，即从经济、政治和文化角度未突破临界值，获得某种形式的"集体认同"。对应三种放生羊的类型，其后果表现出一定的差异。对于半放生自养式（Ⅰ-ⅰ类）而言，放生者经济方面（多为潜在的收入）将遭受一定的损失，当地乡镇收入也因此会受到影响；在政治方面不会产生相关的影响，这种放生本身是以文化与动物伦理为主的地方性知识的体现。半放生寄养式（Ⅰ-ⅱ类）对代养者的经济影响很小，对寄养者也不会产生较大的经济负担，对当地乡镇收入没有明显的影响；此类不涉及政治因素，也不会产

生相关影响，其本身是文化、动物伦理和人际互动关系的一种地方性知识的体现。全放生式（Ⅱ类）将会使放生者遭受一定的经济损失，但是由于放生数量很少，所以对当地乡镇收入无明显影响；此类不涉及政治因素，也不会产生相关影响，是文化、动物伦理和"固守传统仪式"的"亚地方性知识"的一种体现。精神伴侣式（Ⅲ类）放生将使放生者（放生羊的主人）遭受很少的经济损失，对当地乡镇收入无明显影响；此类不涉及政治因素，也不会产生相关影响，是以文化与动物伦理为主的地方性知识的一种体现。可见，三类放生羊的社会性后果是温和的，维持在某种集体认同的范畴之内，地方性知识仍然发挥着主导作用。

在温和的后果中，某些现实生活的要素与发生机制之间的张力应该引起关注，譬如精神追求与脱贫压力、动物伦理与环境压力等，这些非意愿性后果虽然并不显著，但对其完全忽视显然并不明智。有研究者指出，戒杀生、放生对当地环境产生的负面影响不是这一习俗的本意与目的所在，而是"宗教习俗在藏区（指藏族居住区）实践过程中的功能异化和作用倒置"[①]。

我们可以从两个方面来看现实生活的要素及其影响。

一方面，发展进步是西藏农牧区建设的主旋律，发展进步的基础是摆脱贫困，走向富裕生活。因此，广大农牧区面临着脱贫和防止返贫的压力。这种压力主要来自两个方面：家庭和政府。家庭的主要压力并非日常生活需求，而是家庭成员的疾病治疗、上学（高中以上）需求以及婚丧嫁娶事件等。脱贫和防止返贫是当地政府的硬性任务，牧民们要面对政府工作人员的精准扶贫。这样，对半放生自养式（Ⅰ-ⅰ类）的牧民群众而言，专心照顾较多的放生羊与这两方面的压力之间形成了某种错位。

另一方面，现实生活的要素也包括环境因素。放生现象会导致一定的环境压力，主要体现于两个方面：增加了对草场的压力以及增加了粪便的污染。在半放生式（Ⅰ类）中，由于每一户牧民家庭都有较多的半放生自养（Ⅰ-ⅰ类）羊，同时也会为他人代养（Ⅰ-ⅱ类），因此，总体的养殖数量一般较多，容易产生破坏性放牧，出现畜草失衡现象，对其承包的有限草场产生较大的压力。至于全放生式（Ⅱ类）和精神伴侣式（Ⅲ类）中，由于放生羊的活动方式较为灵活，活动范围也较大，因此，会给乡镇设施或家庭环境带来一定的粪便污染。这与大力推进乡村振兴的"生态宜居""乡风

---

① 杨继文：《环境、伦理与诉讼：从技术到制度的环境司法学》，中国政法大学出版社2015年版，第167页。

文明"等一系列定位相矛盾。

案例一

LS 是扎西乡某村的村民，自家养了 10 多只放生羊；同时，为在霍尔乡卫生院工作的 ZD 代养了 2 只放生羊。

2017、2018 年，ZD 从 LS 那里各买了一只羊作为放生羊，ZD 说他以前没有放生，于是从 2017 年开始放生，并准备每年放生一只。ZD 老家在西藏山南市，在霍尔乡工作了 10 年多。

每隔一段时间，LS 就会收到 ZD 委托到乡里看病的牧民带来的糌粑和各种零食。糌粑是给 ZD 那两只放生羊吃的，零食是为 LS 和他的家人买的，以表示感谢。

ZD 的两只羊均为母羊。他说，买下母羊可以救更多的生命，因为母羊可以繁衍新的生命。当时，一只成年母羊要 900 元左右，一只成年公羊要 1000 多元。ZD 对 LS 说："放生羊对你们也有好处，对你来说也是有功德的。"后来价格就降为 850 元。

案例二

SC 是阿里地区移动公司的一位高管。2017 年，他在日土县遇到了一只将要被宰杀的羊，便购买下来。随后，由他住在阿里牧区的侄子为他代养这只放生羊。他的侄子是牧民，有自己承包的牧场和饲养的羊群，他也养了 10 多只自己的放生羊。

SC 的放生羊脖子上系上了红绳子，身上被涂上淡红色图案，图案的形状是由他的侄子决定的：羊的脊背上从头部至尾部是一条红线，左右两侧从上至下各有两条红线，脊背上还染有四个实心圆形。他的侄子说染上颜色的原因有两个：一是所有放生羊都要涂上颜色，以表示这是放生羊；二是为了区分不同的放生羊。至于形状，主要根据自己的理解。

但是，现代牧区放生羊现象的存在并不仅仅表现为与现实生活要素的某种错位甚至冲突，也表现在地方性知识内部的传承、运用和创新上。譬如，案例一、案例二向我们进一步展示了 I 类放生羊的形成与维持的日常生活线索：为何放生、如何饲养、如何染色、如何照料等。这些知识仍在日常生活中牢固地传承并使用着。这些关于放生羊的地方性知识是结合了"文化持有者的内部眼界"① 形成的描述而阐释的见解,认为随着时间的流逝,可以忽略放生羊现象中的文化实践的态度并不可取,因此,在分析放生羊现象背后引发的压力、错位等问题时,也不应该忽略这一背景,不能陷入文化霸权思维而对当地群众的做法盲目地完全予以否定。

调查发现,霍尔乡的放生羊以山羊为主,绵羊较少,人们也不放生牦牛、黄牛、犏牛或者马匹,这是为什么呢?牧民们的解释主要集中于以下方面:①不放生绵羊的原因主要有两个:一是山羊比绵羊"聪明"一些;二是绵羊比山羊的个头要大一些,销售时价格会更高。②不放生牦牛等大牲畜的原因主要有三个:一是牦牛等大牲畜的价格较高,一头成年牛的价格一般高于1万元;二是牦牛等大牲畜的饲养成本大,这种高饲养成本意味着高放生成本;三是牦牛等大牲畜体格太大,放生后容易发生危险。这些被广泛认同的回答表明,当地的放生羊现象不但具备浓郁的地方性知识,更具备现实中的日常生活智慧:地方性知识的形成与使用有利于并促进了生活实践,对维系当地的日常生活与社会整合发挥着重要作用。

四、提升地方福祉:探索放生羊的新价值

放生羊现象蕴藏着良性价值,同时也包含着非意愿性错位甚至矛盾的后果,因此,有必要从生态文明建设与经济社会发展的角度进一步分析。如前文所述,负向非意愿性后果主要集中于脱贫压力方面和环境污染方面,其中有两点最为突出:①饲养过多的放生羊不利于增加群众的家庭收入,并加大了饲养成本;②饲养过多的放生羊可能导致畜草失衡,牧区草场生态遭受破坏。有效化解压力和破解矛盾将有助于提升牧区人民群众的福祉。

其一,抓住畜草平衡的关键——放生羊数量与管理机制。控制羊群总量是保持畜草平衡的基本要求。在理想状态下,如果饲养的放生羊过多,则意味着可投放市场的其他牲畜数量相应减少,因此,适当控制家庭饲养的放生羊数量具有良性意义。当然,由于地方性知识的影响,关于放生羊与草场关系的具体实践会更为复杂,譬如,受访牧民均表示放生羊不会增加草场压

---

① [美]克利福德·吉尔兹:《地方性知识:阐释人类学论文集》,王海龙、张家瑄译,中央编译出版社2000年版,前言第11页。

力。基于此，笔者认为有一条路径可供尝试，即根据放生羊可以寄养的观念和实践，成立专门的"放生羊饲养管理中心"，专门负责饲养和管理放生羊，以此平衡各个牧民家庭中饲养的放生羊规模；同时，可以考虑将Ⅱ类放生羊归入该中心进行饲养和管理，以消除其带来的粪便污染等问题。

其二，尝试调整放生羊的类型。在三类放生羊中，从饮食来源、活动方式和活动范围而言，Ⅰ类最符合环境卫生、乡风文明的村居建设原则，有利于对生态环境的治理，另外两类与之相比均有一定的污染环境、传染疾病的风险；同时，在"放生羊饲养管理中心"集中饲养也易于专业化管理和疾病防治。因此，从放生羊的类型而言，应形成某种明确的导向，即鼓励把Ⅱ类和Ⅲ类放生羊转化为Ⅰ类，其途径就是鼓励群众把放生羊寄养到专门的饲养管理中心。

其三，推进放生羊产品的开发与市场拓展。西藏阿里的山羊绒品质优良，譬如，日土县的山羊绒毛品质优异，生产性能高。① 2015 年，该县"国家级西藏山羊（白绒型）良种场"正式成立。可以考虑大力推进羊绒产品开发，并以日土山羊改良当地山羊种群。放生羊在地方性知识体系下被赋予了神秘色彩，其羊绒制品具备突出的市场关注点。但是，西藏市场及其他省区市场中，极难发现专门的放生羊羊毛（绒）制品。山羊是霍尔乡放生羊的主体，大多数牧民认为不能剪掉Ⅰ类放生羊的羊毛，他们认为羊毛的自然生长代表着"次仁"（藏语"长寿"的意思）；但也有少数牧民并不这样认为。Ⅱ类放生羊不存在剪毛现象。针对Ⅲ类放生羊，主人多用梳子或手为其梳毛打理。在当地，牧民们多在 6 月开始剪羊毛，一些康巴商人开始到那里收购，2018 年的价格为 6~7 元/斤②，交易主要集中在夏季完成。

基于以上分析，可考虑如下方面：①由于剪羊毛知识在地方知识体系中并未完全形成或达到统一，因此，可尝试部分推进放生羊的剪羊毛、取羊绒工作，并期望以此产生带动效果。②如果牧民不同意给放生羊剪羊毛，可于 6 月在剪羊毛的同时，以毛梳梳毛打理的方式取毛和取绒。③在具备条件的乡镇或县城建设当地的羊毛（绒）制品生产厂，集中收购、集中生产，或者与主要收购和生产厂家达成相关协议，建立稳定的产品销售渠道。④推进羊毛（绒）产品的细分，譬如普通羊毛（绒）制品、放生羊与普通羊的羊毛

---

① 参见梁飚、樊江文《西藏阿里地区山羊绒资源及其利用》，载《家畜生态》2002 年第 3 期。

② 1 斤 = 0.5 千克。

（绒）拼配产品、纯放生羊羊毛（绒）制品等。目前，霍尔乡的羊毛（绒）产品在市场上完全缺失。根据当地和周边乡镇放生羊和普通羊的养殖规模，开发相关羊毛（绒）产品在数量上有保证。畜牧业是西藏的基础和主要产业，对整个西藏而言，具备规模化生产包含放生羊元素相关产品的基础和条件。

其四，以旅游为主导适度推进放生羊文化产业。西藏牧区的放生羊文化体现了显著的地方性知识特色，旅游产业发展的实践表明，这种异质文化在现代旅游产业中具备良好的文化吸引力。近来，民族文化旅游受到了更多关注[1]，并取得了快速发展："在文化旅游业兴起过程中，作为一种特殊的资本形式——'原生态文化'使其持有者获得了经济发展的机会，实现了文化资本向经济资本的转换。"[2] 霍尔乡可考虑以自身的生态旅游资源为平台，从两方面推进放生羊文化旅游产业：①打造优质的具备放生羊元素的相关产品，使其成为当地重要的生态旅游文化产品；②打造专门的"放生羊饲养管理中心"，并把其建成当地重要的旅游文化符号和文化景观。考虑放生羊文化在西藏的广泛性，各地结合本地特色推进把放生羊文化融入旅游产业的做法均具有一定的价值。

五、结语

中国藏学相关研究主张："在充分重视田野调查工作下，侧重于从微观社区进行深入的调查研究，有明确的理论框架，同时也更加重视人类学服务于现实，服务于国家利益和西藏社会发展的目标。"[3] 本研究表明，针对西藏文化现象的研究必须建立在深入的田野调查基础上，要充分发现和理解地方性知识在日常生活以及社会结构中的角色与作用机制；同时，对地方性知识价值的判断和界定离不开充分深入的田野工作，否则容易陷入民族或文化中心主义的泥潭。

地方性知识与日常生活紧密相关，同时，地方性知识与地方福祉密不可

---

[1] 参见毕丽芳《民族文化旅游发展路径与开发模式研究：以大理、丽江为例》，云南大学出版社2015年版，第30~32页。
[2] 曾羽、麻勇恒：《基于"生态稀缺"的思考》，载《原生态民族文化学刊》2009年第3期。
[3] 刘志扬：《乡土西藏文化传统的选择与重构》，民族出版社2006年版，第14页。

分。本研究认为，研究西藏各类文化现象不能简单地就现象谈现象，更不能陷入宗教决定论的泥潭之中，而是要抓住动态变化以及在现实中的问题，以服务西藏经济社会发展为目标，认清地方性知识在微观与宏观中的优势与不足，并在实践中弥补其不足，努力使之转化为积极的因素，最终为提升当地群众的福祉发挥积极作用。

第三章 "神鱼现象"：藏族原生态文化解释的一种机制隐喻

霍尔乡有一种"神鱼现象"。"神鱼"（见图3-1）是当地人对一种鱼类的称呼，这种鱼平时生活在当地的"圣湖"玛旁雍错里，每年5月底到8月初便会沿着汇入湖中的河流逆流而上，到河流上游产卵繁殖，然后再返回湖中。其间，当地牧民只要有时间，就会在河畔巡视，防止偷捕者捕鱼。但是当地的儿童经常偷偷去河里捕鱼卖钱，也有各种各样的人去那里买鱼。当地百姓亦捡拾死去的"神鱼"，有时也会把收藏的捡拾的鱼拿出来卖钱。这构成了"神鱼现象"的某些基本要素：保护-捕杀-买卖。

图3-1 一条死去的"神鱼"（摄影：赵国栋）

我国改革开放40多年来，"中国特色、西藏特点"的改革发展道路使西藏经济社会发生了巨大变化，"实现了深刻的社会变革"[①]。在这样的背景下，现代化的汹涌大潮与在几乎接近"生命禁区"的高原牧区中发生的这件

---

① 汪德军、罗布曲珍：《改革开放给西藏带来的历史巨变：纪念改革开放40年》，载《西藏日报（汉）》2018年10月2日。

如此小的事件之间存在怎样的联系？在霍尔乡，关于"神鱼"的禁忌以及现代对这种禁忌的"背叛"是如何形成的？它的本质是由宗教决定的吗？应如何进一步解读藏族的原生态文化现象？

一、范畴界定、理论综述与三种研究视角

（一）范畴界定、理论综述

"神鱼现象"指的是在当地围绕着"神鱼"形成的对生态的态度和行为方式。由于本部分主要关注该现象及由此引发的生态文化机制，因此，对"神鱼"到底为何种鱼、其被广泛认可的"治病"效果到底如何等问题不做讨论。文中"原生态文化"指的是当地未被加工、雕饰、改造的生态文化，是当地长期以来形成的原始的、自然的文化形态，政府推动的环保宣传文化、"厕所革命"文化等不在本文所讨论的"原生态文化"范围之内。由于本文主要集中于对机制的探讨，因此，亦不对当地的生态文化内容进行讨论。

人与生态环境关系的研究成为生态学、社会学和人类学等众多学科共同关注的领域，也产出了丰富的成果。生态学是研究生物之间及生物与非生物环境之间相互作用的规律与机理的科学，可按生物组织水平、生物类别以及生物与非生物的关系进行分类。近年来，对生态系统平衡、对生物圈的保护和对污染的治理等方面的研究成为生态学研究的中心内容。数学模型的应用受到更多重视。[①] 西方生态学马克思主义获得了快速发展[②]，《生态学——科学和社会的桥梁》中关于"科学与社会桥梁之间"的问题逐步向"如何"的问题转向。人类命运共同体的生态理念在世界上产生了广泛影响。环境社会学主要运用社会学的理论和方法来研究环境与社会的相互关系，是社会学与环境科学交叉、渗透的产物，是随着环境问题日益受到重视而逐步发展起来的学科，20世纪70年代后取得了快速发展。1975年，美国社会学协会环境社会学分会成立，标志着环境社会学正式成为社会学中的一个新成员。在

---

① 参见陈兰荪《数学生态学模型与研究方法》，科学出版社2017年版。
② 参见侯子峰《自然的解放：生态学马克思主义研究》，中国社会科学出版社2018年版；赵卯生《生态学马克思主义主旨研究》，中国政法大学出版社2011年版。

中国，洪大用教授极大地推进了中国环境社会学的学术研究和学科建设，他在《社会变迁与环境问题：当代中国环境问题的社会学阐释》一书中明确提出了环境社会学的中心议题："环境问题产生的社会原因及其社会影响"①，随后陆续对公众环境知识测量②，环境社会学的事实、理论与价值③以及生态文明建设④，绿色社会的兴起等课题进行了深入研究。在《物种起源》一书中，达尔文已经阐述了生物进化与环境的关系，一定程度上播下了环境人类学的种子，而其中蕴含的环境决定论倾向也得到了进一步演化。譬如，拉采尔（Ratzel）在《人类地理学》中提出地理环境决定人类分布以及社会现象的观点。同时，关于人类中心取向和环境报复取向的研究也有一定程度的发展。20世纪70年代之后，"生态中心主义"抛弃了把人类作为中心的预设，强调生态系统是核心和关键，其目的也在于强调人与自然的和谐。"自然价值论"（natural value theory）成为一个重要代表。⑤ 由日本多位学者共同完成的《生态人类学》⑥通过理论与田野的结合，对生态人类学的概念、理论与方法进行了讨论。人类学对环境问题的关注促进了对民族地区生态环境与民族文化关系的研究，譬如，《环境人类学》⑦一书对中国民族地区环境问题进行了探讨，试图探索中国特色的环境人类学体系。

整体上，对藏族群众与生态环境（生态文化）关系的研究还没有真正进入学科研究之内，仍主要在藏族文化传统或藏学范畴内耕耘，研究的视野显现出局限性。《藏族生态文化》⑧一书深入挖掘藏族的典籍文献和众多的民间故事、生产生活习俗，以深具藏传佛教特色的"情器世间"为核心线索，全方位展现了藏族生态文化的内容和伦理。《藏族生态伦理》⑨从信仰观、

---

① 洪大用：《社会变迁与环境问题：当代中国环境问题的社会学阐释》，首都师范大学出版社2001年版。
② 参见洪大用《公众环境知识测量：一个本土量表的提出与检验》，载《中国人民大学学报》2016年第4期。
③ 参见洪大用《环境社会学：事实、理论与价值》，载《思想战线》2017年第1期。
④ 参见洪大用《生态文明建设：正确对待三种思维 坚持三个观点》，见《中国社会科学报》2017年9月6日。
⑤ 参见陈也奔《罗尔斯顿环境伦理学的客观价值理论》，载《环境科学与管理》2012年第2期。
⑥ ［日］秋道智弥、［日］市川光雄、［日］大塚柳太郎：《生态人类学》，范广融、尹绍亭译，云南大学出版社2015年版。
⑦ 王天津：《环境人类学》，宁夏人民出版社2012年版。
⑧ 何峰：《藏族生态文化》，中国藏学出版社2006年版。
⑨ 南文渊：《藏族生态伦理》，民族出版社2007年版。

宇宙观、价值观、自然与人文系统等方面探讨了生态伦理内容（第一至第十章），亦从生活方式、社会活动等方面介绍了藏族生态伦理是如何展现的（第十一至第十四章）。整体而言，两部著作风格相差较大，前者强调围绕宗教深挖藏族生态文化的背景、形成机制及内部意义；后者强调生态文化的伦理倾向，专注于生态伦理的体系和表现。二者的共性在于：均强调宗教的引导与核心作用，均认为在现代化进程中发扬藏族生态文化或生态伦理具有积极意义。

（二）三种研究视角

结合以上文献分析，对西藏生态文化的研究一般可归入三种视角：外部视角、内部视角和综合视角。以下进行简要介绍。

1. 外部视角：地理环境决定论

这是一种以地理环境为主要标准评价社会和文化发展的观点，认为气候、土壤、地形等地理条件决定着社会进化。这种观点最初是古希腊思想家（如柏拉图等）为了反对宗教神话而提出的。16世纪，法国哲学家博丹明确指出地理要素与社会现象有因果联系。孟德斯鸠在《论法的精神》中提出气候与环境对法律和制度的影响，确立了地理决定论学派。该理论在反对当时宣扬的社会现象是由神预先决定的封建宗教思想的斗争中曾起过进步的作用。自19世纪中叶以来，该学派便失去了它的进步意义，比如有人用地理决定论论证社会不平等的永恒性，为殖民扩张作辩护。[①]

西藏地理环境特殊，高海拔、高寒、氧气稀薄是其重要特征。19世纪末20世纪初，西方殖民主义者对西藏的态度多源自地理环境论。英国人哈奇森（J. Hutchison）在1906年的一份报告中提到，他们关注到位于西藏察隅边境原始密林中的"倮人"[在英文文献中多将"倮人"称为"密西米人"（Mishmi），把倮人部落称为"毫无意义的野人部落"（insignificant tribe of savages）][②]。为了拉拢这些他们认为受地理环境影响处于愚昧状态的"倮人"，英印殖民者以最下等的茶叶和茶叶下脚料让倮人归服于他们，并图谋进一步

---

① 参见［苏］И. Т. 弗罗洛夫《哲学辞典》，华南师范大学外语系俄语教研室、哲学研究所译，广东人民出版社1989年版。

② 参见 J. Hutchison. *Indian Brick Tea for Tibet: Report on a Mission to Ssu-chuan* (Calcutta: Printed at the City Press, 1906)。

分化西藏。① 随着旧殖民主义走向覆灭，加之科学技术的突破性发展，地理环境决定论在世界上已经逐渐被摒弃，失去了话语权和市场；在西藏同样如此。

2. 内部视角：宗教决定论

苯教是西藏古老的宗教，"是吐蕃王权的缔造者和神化者。早在聂赤赞普以前，原始苯教便已在吐蕃地方流行，并成为支配族众精神、行动的唯一文化形态"②。苯教认为，通过其宗教仪式取悦诸神方可实现众生的福寿。苯教典籍《无垢光荣经》（又作《敦巴辛绕全传》）提到："通过供养和取悦冥冥诸神，使他们悠然和幸福，通过调解诸神之间的纷争和仇恨，使他们和睦相处，消除他们带给芸芸众生的侵害和苦难，进而使众生幸福和安康，此为世间产生善举之方法，也是发慈悲心之根本和心缘。"③

佛教影响深刻而广泛。"藏族对宗教的虔诚已经融入日常生活中。出生时，请宗教人士取名；结婚时，由宗教人士占卜吉日；生病时，请宗教人士念经祛病；死亡时，由宗教人士念经超度。"④ 这种全方位的影响也体现在家庭的摆设上，"每一西藏人，不问穷至如何程度，皆供奉佛像神像于其家中……墙上柱上，均悬有宗教图案，此类图像，或书于纸上，或绣于丝上，殆与日本之（挂物）相仿佛……但不论有无书架或书箱，家中总须有若干经典，盖因'法'与'僧'与'佛'联合一气，成为佛教中最高之三物"⑤。

强调西藏"全民信教"，认为宗教信仰决定着人们的思想和行为是该观点的根本特征。譬如有这样一种观点："藏族历史上放生、护生习俗的产生与生态环保理念的形成都与佛教在雪域高原的传播、弘扬与发展有着直接的关系"，"藏区放生、护生习俗的产生与发展，也可以说是在历代活佛、堪布和喇嘛们的精神感召和影响下逐渐形成的"⑥。显然，此观点认为，宗教对人

---

① 参见赵国栋《西藏察隅边境地区族群文化地理研究：破解"倮茶迷雾"》，载《西藏民族学院学报（哲学社会科学版）》2014年第4期。
② 拉巴平措、陈庆英总主编，张云、石硕主编：《西藏通史·早期卷》，中国藏学出版社2016年版，第165页。
③ 拉巴平措、陈庆英总主编，张云、石硕主编：《西藏通史·早期卷》，中国藏学出版社2016年版，第372页。
④ 拉巴平措、陈庆英总主编，喜饶尼玛、王维强主编：《西藏通史·清代卷·下》，中国藏学出版社2016年版，第1047页。
⑤ 拉巴平措、陈庆英总主编，喜饶尼玛、王维强主编：《西藏通史·清代卷·下》，中国藏学出版社2016年版，第1047页。
⑥ 桑吉扎西：《藏传佛教的放生、护生习俗与环保理念》，载《法音》2015年第4期，第18～23页。

们的放生观念和行为产生了决定性的影响。宗教决定论被很多研究者接受，并产生了广泛的影响。

3. 综合视角：多维度、多因素分析

特殊的地理环境对人们的观念和行为产生一定的影响，但并不及"决定论"的程度。宗教的影响是明显的，另外还有政治、经济、军事、社会等其他因素。这是综合视角多采用的解读模式。譬如，在解读曾经存在的"一妻多夫"现象的原因时，学者多集中于讨论几大类影响因素：母系社会的婚姻遗存、宗教因素的影响、文化因素的影响、经济因素的影响以及地理环境的影响等。① 从综合视角进行研究受到了较多关注，如在解读"戒杀生"的原因时可考量的因素有："五戒"与"十善"、"三世轮回"与今生今世、习俗禁忌与"万物有灵"等。② 虽然仍然偏向于宗教色彩，但加入的解释维度具有一定的说服力，亦可以与宗教相区别。

在西藏，随着科技的进步和交通的发展，地理环境决定论已很难成立，地理因素对人口流动与生产生活的影响已经被大大地降低了。但自然环境是人类生存在特定时空中的基础③，这是肯定的。否定宗教对日常生活影响的观点并不可取，宗教无用或灭亡说也是站不住脚的，马克思对此有这样的解读："只有当实际日常生活的关系，在人们面前表现为人与人之间和人与自然之间极明白而合理的关系的时候，现实世界的宗教反映才会消失。"④ 即宗教是与"实际日常生活关系"的状态和表现密切相关的。同时，宗教的影响在生活世界中并不是刚性的，而是柔性的，比如藏传佛教禁止杀生，但西藏牧区仍以食牛羊肉为主，这与当地的生活环境限制、食物供给能力有着密切关系，但也不能忽视佛教教规与生活世界的关系。整体而言，从综合视角解读在接近西藏生活世界原貌方面的风险性较小。

结合三种理论视角，在不考虑政治、经济、军事等结构性压力的理想状态下，地理环境因素、宗教因素、人、行动方式和选择成为目前被广泛认可

---

① 参见张广裕《藏区一妻多夫制婚姻研究》，载《西南民族大学学报（人文社会科学版）》2013年第7期。
② 参见杨继文《"戒杀生"与藏区生态法律秩序》，载《贵州民族研究》2014年第2期。
③ 参见马克思、恩格斯《德意志意识形态》，见中共中央马克思恩格斯列宁斯大林著作编译局《马克思恩格斯文集》第1卷，人民出版社2009年版，第519页。
④ 马克思：《资本论》，见中共中央马克思恩格斯列宁斯大林著作编译局《马克思恩格斯文集》第5卷，人民出版社2009年版，第97页。

的关于藏族原生态文化作用机制的四个主要方面,地理环境因素是基础,宗教因素是稳定的内因,人是宗教的直接指向,行动方式和选择是行为的直接呈现。这是笔者为进一步推进研究所采取的一种策略,即针对的是理想型的生活世界;政治、经济、军事等其他因素的影响极为复杂,本文将其"半悬置",并不纳入分析范围。归纳形成"藏族原生态文化作用机制"图式如图3-2所示。下文中笔者将首先探讨这一图式是否忽略了其中某种隐蔽着的元素或机制。

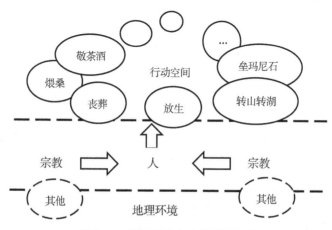

图3-2 藏族原生态文化作用机制

二、"神鱼现象"中的"生灵观"与身体

(一)"生灵观":四种理想类型

生灵既可指人(或人民)和动物,也可特指动物。此处使用的"生灵观"特指对待各类动物的观念。在霍尔乡,可从两大视角进行划分,每一视角内形成两种理想类型的"生灵观"范畴。下文按此思路进行生灵观的分析。

(1)按生灵是否被占有(是否有归属),可划分出两种理想类型:"家属生灵"和野生生灵。

"家属生灵"以家畜中的牛、羊、马为主。牛以阿里牦牛为主,也有一定数量的犏牛①；羊以当地的阿里山羊和绵羊②居多；马很少，主要用于节庆活动，尤其是每年都举行的赛马比赛。对待"家属生灵"，当地人当作"家庭成员"的观念浓厚，主要表现在对待这些牲畜的身体的态度。在当地，牲畜的购销行为比较少，而年老体弱的牲畜会被优先考虑。若需要食用牛羊肉，则多请专人进行宰杀，有专门的仪式和方式，多"不见血"。马匹主要用于赛马，无论比赛结果如何，比赛结束后马上就有家人、邻居等亲朋好友跑上前去，先向马匹，再向骑手献上洁白的哈达，骑手则忙着用毛巾擦掉马匹身上的汗珠，或者用氆氇裹住马匹的身体，防止寒冷空气侵入。放生行为很多，以半放生和全放生两类为主。前者是一种永久照料模式，若被放生，则由牧民饲养一直到牛羊自然死亡；后者的牛羊脱离牧民的约束，由其自由选择生活方式。

饲养家畜通常用来满足家庭的经济需求和饮食需求，但在西藏高原牧区的原生态伦理下，需要重新对此进行审视。

其一，家庭成员的界限外延，牲畜具有了"家庭成员"的身份。家庭主要包括三种关系：血缘关系、婚姻关系以及收养关系，或者"单身"形式，是构建社会生活的基本单位。人是家庭成员，这是家庭概念的预设前提。但在这里，家庭成员的概念已经涵盖了动物，并被赋予了浓厚的情感，家庭关系也突破了上述三大类的范畴。"家属生灵"之所以可以成为文化范畴内的家庭成员，这与藏传佛教中不杀生和护生的观念有直接的关系；同时，与严酷和脆弱的生态环境有着密切关系，并在长期的生活实践中逐步沿袭下来。

其二，需求的层次顺序存在一定程度的颠倒，需求前移。马斯洛需求层次论将生理需求置于最底层，然后是安全需求、社会需求、尊重需求、自我实现需求，低层次需求的满足是追求更高层次需求的基础。但是在当地，生活的基本需求被在一定程度上"悬置"或"后置"，食物的需求和金钱的意义并不显著。放生羊的身体是人们一种重要的精神寄托，围绕"神山""圣湖"磕长头也是一种重要的自我实现形式，无论吃穿住的条件如何，他们都

---

① 随着西藏阿里牧区建设力度的加大，尤其是精准扶贫的大力推进，以致富增收为目的的"育肥合作社"在阿里地区出现增长的态势，其中杂交后培育出的犏牛是这类合作社的主要育肥牲畜。犏牛是牦牛和普通黄牛杂交的后代，生活习性与牦牛相似，但在体重、肉质和生长速度方面比亲代均有较大幅度的提升。

② 西藏阿里地区普兰县霍尔乡的山羊和绵羊个头小、成长慢、肉质鲜。食用阿里的山羊肉不会上火，这在当地是一种得到普遍认可的说法，到那里朝圣或旅游的外地藏族群众也多持此观点，霍尔乡政府周边饭店的经营者亦肯定了这种说法。究其原因，一种较为流行的说法是与当地的草和高海拔有关系。

不会耽误。相比较而言,一碗酥油茶、一些风干肉加上些土豆就足以让一家人度过一个寒夜。

野生生灵主要有野牦牛、野驴、藏羚羊、藏原羚、狼、狐狸、兔子、鹰、红嘴鸥(当地人的称呼)、黑颈鹤等。在那里,它们和人类共同构成了一个和谐的高原生态圈,主要体现在数量以及与人类的关系两方面。这些动物的数量很多,甚至随处可见。除了国家的保护政策外,当地牧民群众对动物的态度也发挥了重要作用,比如主动喂食甚至救助这些动物。[①](见图3-3)

图3-3 红嘴鸥形成的"鸟墙"(摄影:赵国栋)

---

① 2016年6月的一天早晨,我在霍尔乡看到一只母狐带着它的孩子在洞口玩耍,见我走近了,母狐小跑着到了几十米之外的地方并回头望着,幼狐停在那里一动不动好奇地打量着我,直到我不由自主地再向它靠近时,它才一转身钻进了洞穴。在这里,野驴经常成群地活动,我在去往牧民家的途中经常见到,它们时而恣意驰骋,时而安静悠闲地散步。红嘴鸥每年5月会成群地聚在巴琼藏布中下游,那里距霍尔乡牧民聚居区仅有50米左右。每天,它们都会飞落到聚居区的房檐上,成百上千,放声鸣叫。人们把食物直接撒在地上,它们就飞下来争抢着,兴高采烈地吃着,哪怕一辆隆隆作响的卡车驶过,它们也只是波浪般地让过后又继续享受食物。

狩猎曾是阿里地区民众主要的谋生手段，这可以从早期民居遗址和阿里岩画中得到较好地体现。譬如，藏北岩画中动物占90%，牦牛最多，其次为鹿。① 早期遗址中反映的狩猎情况是一种生产力水平极低的情况下人与自然关系的呈现，当时以向大自然索取为主。② 在1992年出台《西藏自治区〈中华人民共和国野生动物保护法〉实施办法》之前，阿里当地还有一些猎手，他们有高超的狩猎水平，但不会捕猎幼兽和怀孕母兽。20多年后，阿里的各类自然保护区已经达到14个，国家重点保护动物有19种，藏羚羊由2万只增加至6万只左右，藏野驴由1.5万头增加至4万头左右。③ 无论出于自发还是由于外力，一种朴素的生态和谐感广泛存在于阿里大地上。

（2）按对待生灵的行为层次，可划分出两种理想类型："永离杀"和祈愿。

"永离杀"在藏族文化中多称为"不杀生"或"戒杀生"，佛教的"五戒"和"十善"法中在行为方面首取"不杀生"。④ 这里的"永离"与"恶业"相对⑤，具备某种积极的道德意义。进一步而言，"永离杀"的实质指向的就是放生。⑥

"永离杀"在当地广受认可，以致牛羊肉的获取也多由专门的人去完成。虽然当地野生动物很多，但并没有人去捕杀。甚至，对待苍蝇⑦和老鼠亦是如此。在当地的各类商店中根本买不到苍蝇拍：那被认为是杀生的工具。同样，即使"神鱼"价格昂贵⑧，人们也不会捕鱼和杀鱼。

---

① 参见拉巴平措、陈庆英总主编，张云、石硕主编《西藏通史·早期卷》，中国藏学出版社2016年版，第96页。

② 参见拉巴平措、陈庆英总主编，张云、石硕主编《西藏通史·早期卷》，中国藏学出版社2016年版，第414~418页。

③ 参见李键、刘洪明《西藏阿里国家一级保护动物数量明显增加》，见新华网：http://xw.xinhuanet.com/news/detail/801076/，2018-11-14。

④ 参见罗桑开珠《藏族文化通论》，中国藏学出版社2016年版，第352页。

⑤ "十善业"指永离杀生、偷盗、邪淫、妄语、两舌、恶口、绮语、贪欲、嗔恚、愚痴（不同观点在后"三业"表达处稍有差异）。

⑥ 参见罗桑开珠《藏族文化通论》，中国藏学出版社2016年版，第353页。

⑦ 一位来自西藏昌都的商人告诉我，他在那里做了多年的生意，以前从来没见过那种大大的绿头苍蝇，后来旅游的人多了，这种苍蝇就出现了，一进入7月就嗡嗡地叫到处乱钻，尤其喜欢落在挂在墙上的风干肉上。在经历了开始的抱怨后，当地的牧民们慢慢接受了这个事实。对待这些苍蝇，他们最常见的做法是把它们从房子中赶出去，有的甚至不加理会。

⑧ 根据鱼的大小，每条鱼的价格在50~400元之间。

"祈愿"一词在西藏有着特殊的意义。明永乐七年（1409），宗喀巴在拉萨大昭寺发起了纪念释迦牟尼的祈愿大法会，当时有数万名僧众参加。[①] 从此，祈愿法会成为藏传佛教的盛事一直沿袭下来。祈愿也成为信众和普通百姓寄托希望的重要方式，既融合了宗教色彩，也深嵌在日常生活之中。

通过动物身体进行祈愿在当地普遍存在，比如，通过放生羊[②]、"神鱼"的祈愿，而磕长头或转山转湖[③]则是通过自我的身体得以祈愿。在藏语中，放生羊有"不可杀之羊""长寿之羊"的意思。山南市贡嘎县朗杰学乡扎西邓村曾经有近千只绵羊，据说这些羊经过活佛的加持，成为"圣物"，其羊毛专供织造达赖喇嘛所用的氆氇。[④] 死去的"神鱼"晒干后挂到房屋的重要位置或用重要器物存放，直到有一天用其拯救其他生命或出售做药。

以上四种理想类型的解读可以提供一些启发。藏传佛教对人们的观念和行为有重要的影响，但不能忽视日常生活中的梅洛－庞蒂意义上的"基于身体的知觉"：理想类型及其对应的细节揭示了在生活世界中人们是如何把思考与行动建立于对生灵身体的认知的。"生灵化的世界观"应该是一个不能回避的视角。在当地，人们关注的更多的是和自身有着友好关系的活生生的生灵的身体，并将它们视为自己之同类，他们从知觉上朴素地认为，若伤害同类则是坏事，有损功德，进而导致病痛、不祥甚至灾难。所以，他们不会去破坏动物们的生存，更不会去随意捕杀。在他们的行动当中，宗教让位于一种基于身体空间的知觉。

这种身体知觉是一种活生生的生活世界文化的有机组成部分。人们认为，野牦牛头可镇宅消灾，其心脏血可强健心脏，医治各类心脏病痛；野驴鞭可强健男人身体；野狼的牙和舌头也各有用途：牙可消灾，舌头可医治各类皮肤病（方法是用舌头直接擦拭皮肤病患处）；鹰爪子可消灾祈福。这种构建的知觉激发了他们拥有的欲望，但事实是，他们从不会主动以捕杀的方

---

① 参见贺海洋《格鲁派诸尊：宗喀巴及其弟子达赖、班禅系统》，中州古籍出版社2015年版，第14页。

② 在那里，野生的放生羊们并不生活在一起，它们没有领地意识，共享着乡政府周边聚居生活，很少离开或走远。

③ 在当地，转"神山"和"圣湖"是祈愿的极好形式，而且转的圈数越多越好。在转"神山"13圈之后，就有资格踏上转"神山"的另一条神秘之路：康卓松朗。当地群众认为，这是一条接近于最佳祈愿方法之路，每走一圈康卓松朗相当于普通路线的13倍（13圈）。

④ 参见廖东凡《藏地风俗》，中国藏学出版社2014年版，第63页。

式谋取，而是等待暴雪季，那些动物被冻死或饿死，他们才会将之带回家中。①

（二）"神鱼"的身体：何以为"神"

鱼成为"神鱼"的内在机制不可缺少前文所展示的隐蔽却坚实而稳定的生灵知觉观，同时也与这种鱼的生活、繁衍以及当地人们对待它的行为有着密切关系。

1. "圣湖"与巴琼藏布：生活与繁衍的空间

除了繁殖季节，"神鱼"一直在玛旁雍错中生活，每月的5—8月进入巴琼藏布和其他汇入玛旁雍错的河流中，逆河流而上完成产卵。玛旁雍错在当地被称为"圣湖"，信奉者把湖水看作佛祖赐予的甘露，认为其可以洗净人们心中的"五毒"，在湖中沐浴可以延年益寿。② 在当地，徒步转"圣湖"几乎是每个人都要完成的一件事。

湖中的任何生灵都具有灵性，这是人们都执有的信念，甚至无生命的石头亦是如此，所以不可以随意取走。当地广泛流传着一个真实的故事。一牧民在湖水中见到一颗天珠③，未抵住诱惑而从水中取出带回了家，后来他内心十分不安，便去贡巴（即寺庙）中向一位祖巴（"僧人"的敬称）求助，祖巴告知他可在湖边祈愿后将天珠留下，但不得用于谋财。

2016年6月的一天，一位牧民找到笔者，说他有一块好石头，像一条鱼。笔者仔细看，那是一块普通的石英石，但用酥油涂抹得异常光滑。他最后有些胆怯地告诉笔者，这块石头是他"偷偷"从圣湖中拿回家的，虽然每

---

① 在那里，一只野牦牛头价格在1万元左右，野牦牛的心脏血甚至超过黄金的价格，每克达到几百元。野驴鞭每条0.3万~0.4万元，一个狼头至少也要0.3万元，一只鹰爪子要超过0.2万元。当地乡政府的一名工作人员从牧民手中购得了一个野牦牛头，在给我展示的时候说这头牦牛是上一年（2015年）大雪时死掉的。他又向我详细介绍了野牦牛心脏血之事，并以他的一位姐姐喝牦牛心脏血水治病为例向我说明。他的姐姐患有心脏病，后来从牧民那里买到了一些野牦牛的心脏血，呈干的小颗粒状，每次用温水泡2颗米粒大小的血，服下，每日一次，连服1周，病情就有了极大改善。他说，心脏完好无病痛的人是绝不能喝的，否则会伤害到正常心脏。

② 参见林生《走进西藏》，西藏人民出版社2013年版，第233页。

③ 天珠在当地是一种重要的饰品，被人们视作珍宝。"藏族人认为，天珠具有化解危难、保护平安、求取富贵、带来好运等功能。"（见肖斌《天降神石：天珠收藏与鉴赏》，新世界出版社2015年版，第12页）

日在家中用酥油擦拭，并供奉起来，但心中一直不安，有种无法摆脱的负罪感。

巴琼藏布从冈底斯山流下，由于接近乡政府所在地和一些牧业点居住区，所以它成为一条重要的"生活河流"。虽然乡政府所在地有多处自来水取水处，但很多人仍习惯到河中取水。冬季，人们在河面冰层上打一个窟窿，每天来取水的人络绎不绝。有时，人们也在邻近的地方打开一个小些的窟窿，一些流浪犬们就会跑来，俯下身体把硕大的头颅探入冰窟窿之中喝水。夏季，这条河更具有生活的气息。有的人拿着铜瓢在打水，有的人在洗衣服，也有人在那里洗头。当然，这些活动多不是同时进行的。就在二十几米之外，成百上千只红嘴鸥在那里鸣叫着、嬉闹着。水中，成群的"神鱼"速度很快地逆着河流向前游着。流浪犬们三五成群地在河边奔跑着，有的还不时跳到河中。

2. 从"永离杀"到祈愿：身体空间的转换

当地牧民对待"神鱼"的态度体现出三个主要层次："永离杀"、保护和祈愿。不捕鱼、不杀鱼是当地不成文的规矩。当人们发现鱼被困在干涸之处时，会想尽办法把鱼救出并放回河中，那些已经死掉的鱼则被人们留下来。由此看到，从"永离杀"到保护，实际上是一个连续统，也就是不需要从中划分出明显的先后界线，没有明显的时空边界，因为它是一种自发行动的统一体。

较多的"神鱼"游入河中，当地牧民出现在河边的频率就开始大幅提升，其最重要的目的就是在河边巡视以防止有人用石头砸鱼或用其他方法捕鱼。① 当发现有人捕鱼时，他们就会大声喊着制止。但这种"巡河"绝不仅仅是为了保护"神鱼"，更重要的是通过把死去的"神鱼"带回家以实现"祈愿"。

很少一部分"神鱼"能够在产卵后成功返回玛旁雍错中，主要原因可归于三个：途中累死或自然受伤、被红嘴鸥或流浪犬捕杀、被游客或孩子捕杀。一旦发现了死亡的"神鱼"，牧民们就会把它带回家，除了供奉起来"祈愿"外，还有两个相关的目的：治病和出售。治病并不特指人，也包括家中的牲畜，以"神鱼"汤应对牛羊难产的方法在当地广泛流传。方法是以"神鱼"熬煮清汤，时间越久效果越佳，饮其汤而弃其肉。刚死去的"神

---

① 捕鱼的人一般是游客、做生意的商人和一些孩子。

鱼"熬出的汤疗效最佳。买"神鱼"的人主要有四类：外地药商、当地居民、外地游客和来外地的饭店经营者。药商主要来自阿里地区，甚至拉萨和内地；当地百姓购鱼主要发生于急需治病时，尤其是牲畜难产时；游客购鱼多是因为好奇而进行文化体验；饭店经营者主要是为了牟利。有的买家要检查鱼的喉咙处是否有"牙"，认为有"牙"的"神鱼"才可以治病；但很多牧民并不认可这种说法，认为无论有牙与否都可以治病。对"神鱼"身体的态度体现了他们"祈愿"的目的性和价值性。

三、朴素的基于身体知觉的天人生灵合一生态伦理

前文围绕着"神鱼"形成的生活世界及其中的类型化的解读，虽然理出了其中的一些基于身体知觉的生灵观现象和线索，但这种理想类型化的分析可能存在着切割社会生活现实，去人为构建"联系"和"生活"的风险。因此，还有必要从理论与经验相结合的"中层"去检验。笔者选取的"中层"包括身体观、葬俗、弹敬礼、转山转湖文化，这四类文化在西藏整体文化中具有较好的生活世界的代表性。

其一，身体观。藏传佛教禁止杀生，但为什么当地的人们仍然以食牛羊肉为主呢？沈宗濂、柳陞祺解释说："他们只有节制地杀少量的牛羊这样的大家畜，虽然牺牲了几条性命，却拯救了许多人的生命，不为罪过。杀死许多小鱼做一顿美餐才是真正的罪孽。"[1] 我们发现，宗教在生活世界中发生了微妙的变化，而这种变化来自对身体的关注，"西藏的土壤贫瘠，气候寒冷，一个严格的素食主义食谱是不切实际的"[2]。当地的生活世界印证着这一生命逻辑。

婚姻关系中的身体体现了生活的特征。以前，无论"一夫一妻""一夫多妻"还是"一妻多夫"都不是表象上的联姻，而是为了保护财产并使其升值，"要永久地扩大家族利益"[3]。因此，"血缘关系在西藏家庭中无足轻

---

[1] 沈宗濂、柳陞祺：《西藏与西藏人》，柳晓青译，中国藏学出版社2014年版，第181页。
[2] 沈宗濂、柳陞祺：《西藏与西藏人》，柳晓青译，中国藏学出版社2014年版，第181页。
[3] 参见沈宗濂、柳陞祺《西藏与西藏人》，柳晓青译，中国藏学出版社2014年版，第186页。

重，特别是对男性一方而言"①。身体是生活中的，是为了世代永续的繁衍和壮大而设计其关系的。

其二，葬俗。西藏的主要葬俗有：天葬、塔葬、水葬、土葬和火葬等。

其三，弹敬礼。在西藏，喝酒（一些地区也包括喝茶）之前要有弹敬礼，即用左手或右手的无名指指尖蘸酒或茶向空中弹敬，连续进行三次，之后自己方可饮用。这种朴素仪式针对的对象有多种说法：一是敬天、地、人，二是敬祖先、敬主人、祝福后代，三是敬佛、法、僧三宝，四是敬心中的神、父母、亲朋好友。有学者认为前三种说法"其实反映了藏族人宇宙观、时间观与信仰观"②。在这种理解的基础上，可以进一步解读这四种说法的共同之处：它们均指向自己与外部的关系，即在一个空间范畴内，自己的身体应是谦恭的，三敬之后才可自己享用。

其四，转山转湖文化。转山转湖文化广泛流行于西藏各地，在牧区更为明显。这种文化与宗教有着密切的关系，"信教者认为这样可以积功德，年长者认为可修去阴间的路，有疾者可祛不祥，平常人认为可消病免灾"③。

把这种文化放在"生灵观"的视野下，可以给我们更多的启发。"马年转山，羊年转湖，猴年转森林"已经成为一种流行的观念，且自成体系。每逢藏历马年，冈仁波齐的转山者成倍增加，同样，羊年时来玛旁雍错转湖者也大大增加。山川湖泊被赋予生灵特征是西藏的一种古老文化，譬如，关于西藏雪域之地的地形就有"雪岭吐蕃，如仰卧之女魔"④之说。早期的《斯巴宰牛歌》中展现了藏族人关于天地、山川形成的认知，均来自牛身体的不同部分：牛头成山峰，牛尾成森林，牛皮成大地。⑤虽然这些更多的是一种隐喻，但这其中已经包含了朴素的有机性的生态观念。

以山为例，在藏族人的认知图式中，"神山"的基本特征是，它由某种生物机体所构成，并具有生物体似的生理需求，甚至存在着性别差异，大部分神山是男性，也有少部分是女性，比如喜马拉雅山长寿五姊妹山。⑥这种

---

① 沈宗濂、柳陞祺：《西藏与西藏人》，柳晓青译，中国藏学出版社2014年版，第184页。
② 南文渊：《藏族生态伦理》，民族出版社2007年版，第204页。
③ 拉巴平措、陈庆英总主编，喜饶尼玛、王维强主编：《西藏通史·清代卷·下》，中国藏学出版社2016年版，第1049页。
④ 索南坚赞：《西藏王统记：藏族史籍》，刘立千译注，中国国际广播出版社2016年版，第4页。
⑤ 参见拉巴平措、陈庆英总主编，张云、石硕主编《西藏通史·早期卷》，中国藏学出版社2016年版，第460~461页。
⑥ 参见南文渊《藏族生态伦理》，民族出版社2007年版，第87~91页。

天地生灵一体的观念直接赋予了"神山""圣湖"神秘的力量，可以为我们解读人们对转山转湖无比虔诚的原因提供一个新视角，而非完全固化于宗教影响。身体的回归是转山转湖者一种朴素且虔诚的祈愿。

以上检验可以为当地"神鱼现象"的理想类型解读提供支撑。在当地的生活世界中，人们以"生灵观"为核心观念，以对人和生灵的身体知觉为基础，把天地自然视作生命体，形成了一种自恰的文化体系。人们就是在生活的世界中默默地沿袭着这种内在机制，并深深地将其内化于心，支配着自己的感觉、知觉与行动。笔者将这一机制命名为"朴素的基于身体知觉的天人生灵合一生态伦理"（见图3-4）。

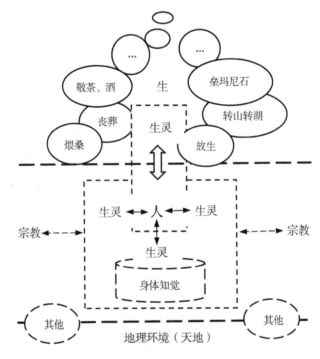

图 3-4 藏族朴素的基于身体知觉的天人生灵合一生态伦理机制

"神鱼"现象背后是一种文化机制，体现了人们行动中的特定逻辑。宗教把人作为生灵的中心，并在此基础上构建人与其他生灵的关系。广为流传的藏传佛教噶举派祖师米拉日巴劝化猎人戒杀护生的故事直观地反映出这种人与生灵的关系：米拉日巴点化猎人放弃自己的职业，而猎人则把自己的猎狗和猎物献给了米拉日巴。但是"神鱼"现象揭示的逻辑并不是由宗教直接对应人的生命和行为，而是以自然环境为背景，以身体知觉为基础的一种有机体，即宗教面对的是一个有机共生体。或进一步而言，在西藏，独特的地理环境和人文环境长期演绎出的生态文化并不是纯粹的宗教表现，而是一种把宗教置于某个相对他者的位置的生灵圈的独特生态文化。

梅洛－庞蒂在其知觉现象学的空间论体系中，突出了一个根本追问：具有完整人格的人共处于世的生存空间是怎样的？他主张在现实生活中，以身体为中介或基础的知觉才是首要的，"被知觉的世界是所有理性、所有价值及所有存在总要预先设定的前提"①。所以，身体是神圣的实体，是生命意义呈现的场所。他主张"身体－主体"论：人的存在的基础是身体（肉体）的存在，所以人的存在既不是纯客观的，也不是纯主观的，而是不分主客体的"身体－主体"。② 梅洛－庞蒂认为："我们在这个世界中（而不是在这个世界之外）的存在，才使我们产生知觉，使我们形成判断和获得价值。"③笔者使用的"身体知觉"一词意在借用梅洛－庞蒂关于现象学中对人的存在的追问，以生活世界中的身体为基础看待"身体－主体"关系。

当地表现出的"基于身体的知觉"是一种更具延展性的身体追问，某种程度上超越了梅洛－庞蒂设定的人的身体的界限而延展至他们的整个生活世界中的生灵们，甚至进入高山、湖泊之中。这是本文关注"身体知觉"的基础地位的主要目的。

红嘴鸥在"神鱼"繁殖的季节成群飞到巴琼藏布，捕食"神鱼"是它们的重要目的。而这些鱼从来不会因为有这些鸟的捕杀而放弃逆流而上。牧民们从红嘴鸥嘴下抢下被杀死的"神鱼"，但他们从来不会去捕杀这些鸟类，也不会在它们捕食"神鱼"时有意驱赶，甚至当这些鸟到房前觅食时，他们还会大方地愉悦地施舍出自己的食物。鱼的身体与鸟的身体在人的"身体－主体"空间呈现出一种和谐，同时它们也赋予了自身特有的主体性。

既然山水也是生命有机体，那么自然就具备了身体知觉，这在当地的生活世界中是被普遍认可的，譬如"圣湖"之中的任何东西人们都不可以随意据为己有，因为它们归"圣湖"所有。"神山"更是如此，"神山作为有灵气的生命体，也有自己的性格、气质、特质"④。

综合而言，该生态伦理机制与传统模式的"藏族原生态文化作用机制"

---

① ［法］莫里斯·梅洛－庞蒂：《知觉的首要地位及其哲学结论》，王东亮译，三联书店2002年版，第5页。
② 参见［法］高宣扬《存在主义》，上海交通大学出版社2016年版，第280页。
③ 转引自［法］高宣扬《存在主义》，上海交通大学出版社2016年版，第281页。
④ 南文渊：《藏族生态伦理》，民族出版社2007年版，第93页。

的区别主要在于以下三个方面:

其一,身体知觉成为宗教作用下的一种动力机制。藏族原生态伦理的产生是以身体知觉,即对身体的存在与价值(身体-主体)的知觉为一个基本的支撑和发起点,在此基础上形成一个双向嵌入的"古"字形"生灵机制作用圈"。该作用圈以人为核心,以人与生灵的互动、互构为机制,把观念层与生活世界层更为有机地凝聚到一起,从观念伦理和行为取向两个维度型塑出现实的生活世界。

其二,宗教的角色被柔化。宗教的刚性原则作用于"生灵机制作用圈"之后被生灵机制吸纳和演绎了其中部分刚性元素,使其具有了在不改变"戒杀生"原则下的某种伸缩张力,并且这种张力反作用于宗教本身,二者的作用模式由刚性的单向度转化为柔性的双向互构。宗教与社会主义社会相适应的实践在一定程度上表明了生活世界中这种双向互构的可行性。

其三,行动空间转换为生活世界。"生活世界"作为兼具哲学与社会学特色的用语,由晚年时期的胡塞尔提出,总体上包括世俗生活、日常经验以及自然事物,它以人为中心,根植于人的主观精神,是人们共同经验到的。哈贝马斯亦强调"生活世界"所具有的基础性作用。[①] 只有在生活世界中,才能真正呈现生活的原貌。但生活世界在现实生活中本质上也属于理想类型,因此,该生态伦理机制也是一种理论上的理想型。

四、从异文化到异逻辑:生活世界的交流

在人类学中,异文化是一种客体文化,即非此在的而是彼在的,文化人类学把拥有异文化的社会作为主要的研究对象。在西藏经济社会快速发展,开放程度不断提升的情况下,应如何看待不断出现在场的异文化呢?这种异文化带来的异逻辑又是怎样的?

在当地,外来的谋利文化对原生活世界而言是一种异文化,这种文化生成的是谋利逻辑。外地经商者和游客是这种异文化的主要体现者和传播者。或由于好奇,或为倒卖赚钱,或为送亲朋好友。甚至有拉萨或内地的游客到

[①] 参见倪梁康《现象学及其效应:胡塞尔与当代德国哲学》,商务印书馆2014年版,第328~329页。

牧民家中购买其衣服上的配饰以及牧民佩戴的天珠、绿松石、玛瑙以及任何值钱的东西。在拉萨，这些东西都有着广阔的市场。

一些牧民接受了部分异逻辑，在人们的物质生活越来越丰富的同时，消费观念也在无形中发生着变化。譬如，受一些经商者捡石头致富的影响，一些牧民也开始在放牧时捡石头，有的甚至到圣湖中去捡，虽然笔者感受到了一些人内心存在着不安和负罪感，但这样的事情还在发生着。

费孝通先生一直主张"必须端正对异文化的态度"，他认为应认真思考和解决不同文化相互尊重、相互理解的问题，要相互补充、相互促进和共同发展，做到"各美其美、美人之美、美美与共"。① 实际上，当地的生活与文化同时也对异文化和异逻辑产生着重要的影响。譬如，人与神鱼、红嘴鸥、放生羊的关系让许多游客大为赞叹，甚至如同给他们的人生做了一次洗礼，是一种难得而独特的异文化体验。文化的影响从来不是单向的，而是相互的。霍尔乡存在的异文化和逻辑现象，本质上是一种生活世界的交流，是文化的双向影响，对其后果的评估应该慎重。

对于一种质朴而且陌生的生态文化而言，外部的文化和逻辑需要学习、领悟并与之达成和谐关系，显然需要经历一个艰苦的探索过程。但来自现实生活中的紧迫性，又往往会在不经意中受到各种因素的干扰，同时也就干扰了跨文化和谐共荣关系的建构。生态保护、人与自然和谐共生已经成了社会的主流话语，阿里地区已经建立了多个自然保护区，取得了积极成效，但真正的问题在于我们是否真的认识和理解了阿里地区的生态属性。阿里地区的生态能够呈现我们今天看到的景象，并不是纯自然的产物，而是与当地群众的生灵观持续发挥影响有着密切关系的。因此，损害了当地群众的生灵观，将会无意中干扰自然保护区的管理和运行。就这一意义而言，当地的自然保护区要建设好、管理好，离不开对当地藏族群众生灵观的理解。当地藏族群众的生灵观客观上发挥着我们所期望的生态保护作用。因此，从不同的视角探讨藏族群众生灵观的目的要指向如何使这样的精神力量更好地为当地生态建设和保护提供服务。但要完成这样的研究，难度极大，且不可能一蹴而就。审慎对待应当是一种不二的选择。要知道，损害当地群众的生灵观不仅会伤害民族间的和睦，还会对当地生态系统造成难以挽回的损失。

---

① 参见费孝通《文化的生与死》，上海人民出版社2013年版，第461～464页。

五、结语

笔者并不否认宗教对西藏高原牧区生活产生的重要影响,苯教和佛教均是如此。但在这种影响下进一步深入到"生活世界"中的隐蔽着的认知与行动模式的核心机制是自恰的,这种具有较强稳定性的"基于身体知觉的天人生灵合一"机制在没有被干扰的生活世界中构建出藏族群众心中一片安静祥和的空间。宗教与"生灵机制作用圈"之间呈现一种柔性的双向互构。

儿童在还没有内化代际传承下来的"基于身体知觉的天人生灵合一"观念的时候,已经受到异文化的影响,在他们的眼中,"神鱼"就是鱼,是能卖钱的,有了钱就可以买饮料喝、买甜茶喝、买藏面吃,还可以买玩具。康德在他的哲学体系中强调,人们认识的对象——现象,并不是纯粹的客观性,其实质是主观时空形式与客观实际的统一。他承认物的客观性,但这个客观的物是不可知的,可以这样表达:物本身≠物的现象,"物本身"即他所言的"自在之物",是不可知的。① 孩子们眼中看到的"神鱼"是鱼的现象,是他们基于已经习得的经验进行自我加工后获得的,而他们并没有学会去理解"神鱼"本身,并不知道"神鱼"在当地的本质和意义,所以,在孩子们身上发生了对"神鱼"本身与"神鱼"现象的分离。当然,笔者借用康德的"物本身"一词仅限于对孩子们而言的文化隐喻,而非指向不可知论。

同时应该注意,虽然异文化和异逻辑在道德上并非邪恶,但在西藏的发展进程中应如何处理与异文化、异逻辑的关系的问题不可回避,而且其意义重大。就本文而言,简单地用异逻辑去评价藏族原生态文化伦理存在极大的风险。现代化逻辑在西藏的适用性必须审慎对待,而不能盲目地加以推广或排斥。遵循"美美与共"的原则具有重要意义。

对待民族性原生态文化,郑杭生先生认为应关注两个问题:一是原生态是具有绝对的意义,还是具有相对的意义;二是对待原生态民族文化是应该采取无条件肯定的态度,还是应该采取一种扬弃的态度。他认为:"作为一种传统的原生态文化,源于过去,但它是一种活着的过去,是一种能够活到

---

① 参见[德]康德《纯粹理性批判》,蓝公武译,商务印书馆1982年版,前言第2页。

现在的那一部分过去。而作为活着的过去，它也就是现在，甚至是未来。它们往往蕴生着更加长久的社会趋势。"① 这一观点对研究和对待藏族原生态文化具有积极意义和重要价值。

基于以上分析，本文认为，为协调和处理好异文化、异逻辑与当地文化的关系，更为科学、适恰地面对和推进原生态文化，西藏经济社会发展应采取科学、辩证的路径，至少应考虑三个方面的因素：自然环境（主要与海拔和气候有关）、生活世界的原生性（主要与原生态文化的浸淫程度和社会的开放度有关）、资源禀赋（主要是经济发展水平）。在自然环境较好、社会开放度较高以及经济发展水平较高的拉萨、林芝等地，可以根据自身特色，更多地借鉴内地发展经验，推进经济社会全面进步。而对于自然环境较为恶劣、生活世界的原生性保存度较高的高原牧区，则要警惕过多或简单地模仿"现代化"模式。在那里，国家对"生存"的强力介入与支持，成为需求层次颠倒的一个重要因素，经济需求（譬如吃、穿、住方面）的基础意义变得相对薄弱，此时，更应关注转化后的新的需求层次及其满足的状况，运用和发挥好"基于身体知觉的天人生灵合一机制"的作用，使之更为有效地与进入当地的现代生活方式相融合，更好地增进当地人民的福祉。

面对异文化和异逻辑，这一设想是否可行呢？笔者认为，对"神鱼现象"的解读已经提供了一种图式：在当地，人们的现实生活是开放的，是变动的，也是宽容的，身处其中的藏族人民在观念上和行动上是自恰的，生活也是鲜活的。2018 年，"神山"脚下出现了一家饭店，门上的一副对联格外醒目："神山一盘肉，圣湖一条鱼。" 即使"神鱼"成了招徕生意的招牌，当地人也并未去阻挠或破坏。可以看到，人们把异文化和对应的异逻辑纳入自己的行为机制之中，即那种"朴素的基于身体知觉的天人生灵合一生态伦理"之中。当然，这种文化的交流与对异逻辑的吸纳是有一定界限的，至少在理想类型下不能违背"朴素的基于身体知觉的天人生灵合一生态伦理"机制的运行逻辑。

（本部分原发表于《原生态民族文化学刊》2019 年第 4 期。有改动）

---

① 徐杰舜、梁枢、郑杭生等：《原生态文化与中国传统》，载《广西民族大学学报（哲学社会科学版）》2011 年第 1 期。

第四章 地方水生态：
牧区水文化的价值、风险及其化解

放生羊扎西次路跟在桑姆（化名）的身后，桑姆缓缓地卸下额头上的绳带，左手托住桶底，右手抓紧绳带，微曲左腿，腰稍往下一拧，就把背上50多斤重的水桶轻轻地放到了地上。她从身上取下红铜制作的水瓢，打开桶盖儿，倒出些纯净的巴琼藏布河水，然后唤羊："次路，秀！秀！"扎西次路从铜瓢中喝足了水，望望桑姆，之后转身离开了。桑姆又熟练地挂好铜瓢，身子微微一拧，绿色的水桶就到了她的后背，而五彩的绳带勒在了她的额头上。

这是西藏阿里牧区霍尔乡清晨的一幕。水，是那里最重要的资源，也是一种深沉的文化。短期观察者或旅游者可能会捕捉到桑姆与放生羊扎西次路之间互动的镜头，但很难看到这背后的文化体系与实质。

霍尔乡政府附近有一个湖泊——玛旁雍错，有一条河流——巴琼藏布，另外还有纳木那尼雪峰冰川和冈底斯山冰川。它们构成了当地水文化的基本载体。本章在笔者长期的田野调查的基础上，以霍尔乡为中心，尝试从水生态的视角探讨西藏牧区水文化的价值、风险及其应对方式。

一、理论基础与研究视角

水是人类社会存在的基础，对藏族群众而言，这种意义更为显著。除了满足生存需求外，水还融入藏族精神文化之中。①在藏族群众的宇宙观中，水是世界的依托和纽带。在藏族三千大千世界的宇宙理论中，须弥山位于大海之中，之外依次有七座金山，七山之间有海相隔，须弥山四面海中有南瞻部洲、东胜身洲、西牛货洲、北俱卢洲四大洲。① ②在藏族群众的生命观中，水是身体的元素与支撑。藏传佛教认为，人体由风、火、水、土、空五大元

---

① 参见何峰《藏族生态文化》，中国藏学出版社2006年版，第12页。

素构成，对应人的坚、暖、温、动和无碍性能。藏医吸收了这一理论，认为缺少其中之一生命体便无法形成和活动："五源若不齐全，则不能受孕；缺土质不能形成身体，缺水质不能形成身体，缺火质不能成熟，缺风不能发育，缺空气便没有发育的空间。"① 水关系着生命的连续性和可塑性。②

所谓水文化，"是人们在从事水事活动过程中以水为载体创造的各种文化现象的总和，是一种客观存在的文化形态。从本质上说，是关于水与人、水与社会之间的关系的文化"③。饭岛伸子主张，环境社会学的宗旨是"研究这种非社会文化环境与人类群体之间的相互作用"④。由此，水文化则符合环境社会学的研究宗旨。在环境社会学的理论建设方面，其中层理论建设得到了广泛认可，"是目前建构环境社会学理论最有益的方式"⑤。本研究即沿着中层理论的路径尝试推进。

西藏的生态系统类型可归为冰雪生态系统、灌丛草地生态系统、水域（河流、湖泊）生态系统和森林生态系统四类。在阿里牧区，以前三个生态系统为主，尤其以冰雪生态系统和水域生态系统为中心。在霍尔乡，冰雪生态系统为水域生态系统提供水源，共有两大冰川系统，均属于大陆型。一是位于喜马拉雅山中段西端的纳木那尼峰冰川系统，共育有58条冰川，其中有18条（面积13.2平方千米）融水注入玛旁雍错。二是冈底斯山冰川系统，其规模相对较小，主峰冈仁波齐冰川以悬冰川和冰斗冰川为主，最大的冰川长2.4千米，面积3.1平方千米。⑥ 阿里牧区处于生态脆弱区。生态脆弱性与水资源的宝贵性进一步赋予了从环境社会学研究水生态及水文化的意义。

霍尔乡水文化的基础是人们把水视作圣洁之物，这主要来源于当地对"神山""圣湖"和"鬼湖"的态度。当地人把"神山"冈仁波齐看作世界的中心，护佑着万物。而"圣湖"玛旁雍错周边曾是雍仲苯教的创始人辛绕米沃的出生地，故当地也被认为是喜马拉雅古代文明的一个中心和发源地，苯教和佛教均将玛旁雍错视作圣湖。"鬼湖"拉昂错紧邻玛旁雍错，当地有

---

① 何峰：《藏族生态文化》，中国藏学出版社2006年版，第177页。
② 参见索甲仁波切《西藏生死之书》，郑振煌译，中国社会科学出版社、青海人民出版社1999年版，第282页。
③ 张盛文：《生态文明视野下的水文化研究》，厦门大学出版社2012年版，第9页。
④ ［日］饭岛伸子：《环境社会学》，包智明译，社会科学文献出版社1999年版。
⑤ 洪大用：《社会变迁与环境问题：当代中国环境问题的社会学阐释》，首都师范大学出版社2001年版。
⑥ 参见徐凤翔《西藏50年·生态卷》，民族出版社2001年版，第35~52页。

传说，说二者原本为一体，后来水位下降才一分为二。现在仍流传着一种说法：二者在地下有一条巨大的通道相连。但拉昂错为咸水湖，而玛旁雍错为淡水湖，此说法存疑。当地人认为拉昂错中有巨大的水怪，不可冒犯。

生活中的水文化主要体现于三个方面：取水文化（取水过程见表4-1）、水具文化和水的用途文化。当地水具主要有三类：舀水工具、运水工具和储水工具。舀水工具主要有两种：一是铝制的水瓢，多为银白色；二是铜制的水

表4-1 霍尔乡（集中居住区）牧民取水过程

运水方式	取水方式	从井中取			从河中取		
		人的状态	桶的状态	返程耗时	人的状态	桶的状态	返程耗时
背水	儿童（绝大多数在霍尔乡小学读书）	有生机，多为2~3人一起。以电机抽水	多为绿色或白色的大肚小口塑料桶；容量15~25升	10~20分钟	很少出现，偶有年龄稍大些的孩子。以桶或瓢在河中取水	15~25升的塑料桶	20~30分钟
	独立生活的成年女性	麻利，有说有笑。以电机取水	以绿色、白色塑料桶为主，容量25~35升	10~30分钟	恬淡，平静，动作规范缓慢。多以瓢取水	绿色、白色塑料桶为主，容量25~35升；少用铁桶，容量25~35升	15~40分钟
拉水	驾驶农用车，多为男性	1~2人，精神饱满。以电机取水	以较大的敞口塑料桶（容量为50升左右）为主，也有容量25升左右的其他塑料桶	5~10分钟	精神饱满。2人一起者居多，都参与其中。取水以电机抽水，桶口接水	以容量25升左右的塑料桶为主，亦有较大的敞口塑料桶（容量为50升左右）	10~20分钟
	驾驶摩托车，多为男性	通常1人。以电机取水	以绿色、白色塑料桶为主，容量25~35升；亦有铁桶，一般肚圆，口小，容量25~35升；至少2个桶	5~10分钟	动作利索。通常1人。多直接以桶口接水	以绿色、白色塑料桶为主，容量25~35升；亦有铁桶，一般肚圆，口小，容量25~35升；至少2个桶	10~20分钟

瓢，多为黄铜色，亦有红铜色。一般水瓢兼具其他功能，也有的人家在水瓢、茶瓢和奶瓢之间进行区分。水瓢从形态上又可分为长柄型和短柄型，以瓢口大小论还有大瓢头和小瓢头之说，但无论怎样，每家总要备上几个瓢。每个瓢的瓢柄末端都有挂钩，不用的时候就挂在墙壁上或吊在绳子上。运水和储水的工具主要为当地的塑料桶。水的用途主要有五类：供水、打茶、做糌粑、洗漱和清洁。霍尔乡每家都有供水，所谓供水指的是供奉在佛像、佛龛或高僧大德画像前的水，供水以供水碗盛放。制作酥油茶、甜茶不能缺少水，甚至比做饭的意义更大。通过水把茶、酥油和盐有效融合，形成酥油茶。当地的糌粑主要是以青稞磨成的，叫作"乃糌"；另外也有少量是以青稞和豌豆混合磨成的，叫"毕散"；完全用豌豆磨成的叫"散玛"。做糌粑时，一般用清茶或清水（温热的）加入糌粑面中，然后用手调匀，直接捏成一个个的条状，放到嘴里吃，边吃糌粑边喝酥油茶。虽然在县城建有公共浴室，在乡里也建有洗浴室，但在牧业点上，洗澡显得有点"奢侈"，尤其是冬天。

另外，应注意的是，"圣湖"玛旁雍错和当地重要河流巴琼藏布与人们的生活密切相关。人们认为"圣湖"之水是神圣的，不可亵渎，与"神山"一起保佑当地的平安；而巴琼藏布从冈底斯山流下，并最终汇入玛旁雍错，它从霍尔乡乡政府附近流过，水量较大，是当地最重要的水源。但除了圣洁之外，水在被人们利用的过程中，也受到了污染的威胁，后文加以分析。

二、社会与生态的调适：霍尔乡水文化的具体价值

（一）水文化对霍尔乡社会的价值

水文化的社会的价值主要表现在两个方面：对当地社会关系的调适和对行为取向的规范。在对当地社会关系的调适方面，人们在满足生活需求的过程中，通过共享水资源的生活方式、水文化赋予的生活意义来有效调整人与人之间的关系。譬如通过取水，人们之间可以建立起相互帮助的关系，拉近彼此的距离，尤其是在背水过程中，妇女们聚在河边，从取水到背水再到回家，这也是重要的人际关系调适的过程，此时的一句问候、帮忙抬一下水桶的小动作都更具认可度。这可能与牧区特有的生活方式有关：以家庭为主的放牧模式，导致平时村里甚至邻居之间的交往很少，取水过程成为一种集体

性的活动,尤其在距取水点较远的牧区,每家派出一个人共同取水成为一种公共性的活动。

水文化中具备引导行为的机制,因此,相应形成了当地的行为取向规范,这在转湖文化、转白塔文化中都有体现。这些规范主要体现于四个方面:①将其视为重要行为,人人都要参加;②讲究方向性,无论是顺时针还是逆时针,方向都不能更改;③讲究数量性,一圈为起点,数量越多越好;④辩证的行为模式,对"圣湖"的行为取向中,湖中之物的取与不取,取什么与不取什么在某种意义上是相互联系的,一些也是可以转变的,譬如,活鱼不可取,但当鱼死后则应当取出。

(二)水文化对霍尔乡生态的价值

水文化的生态价值主要表现为七个方面:①有利于保护当地河流。这主要来自人们对河流来源的推崇;同时,河流也是饮水、供水的来源,这些有助于保护河流观念的产生,并促使人们采取相应的方式来实践。②有利于保护湿地。玛旁雍错湿地面积为73782公顷,是国家级湿地自然保护区,长期以来,无论是湿地中的水、草还是鸟都受益于当地水文化,并使管护措施更好地发挥了作用。③有利于保护玛旁雍错湖水。取出漂浮物与不向湖中扔东西的行为有效保护了湖水质量,使水体保持了很高的透明性。④有利于保护鱼类和鸟类。当地水文化为生活在玛旁雍错中的高原裸鲤和飞到那里觅食、繁殖的各种鸟类提供了良好的环境。⑤有利于节约水资源。高山冰雪融水是当地用水的重要来源,由于水被视为圣洁的,所以不能乱用;取水和用水过程客观上节约了水资源。⑥有利于调节气候。对水源和湖水的保护使当地高原亚寒带季风半干旱气候类型得到调节,在一定程度上增加了降水,并相应降低了风沙的侵蚀。⑦有利于保护矿藏。考虑到当地水文化的重要性,以及其他相关因素,那里的优质矿产并未被开发。在个体行为上,人们不会取走湖边的玉石,反而会在上面刻上六字真言或其他经文。

三、意义的生成:西藏牧区水文化的两种影响机制

水文化背后体现了当地社会维持与运行的机制。譬如关于人与环境的关

系及其协调，水对日常生活的满足与维持，等等。在众多的机制当中，有两个主要机制发挥了重要的作用。

（一）生态伦理机制

生态伦理机制即藏族"朴素的基于身体知觉的天人生灵合一生态伦理"。笔者通过对霍尔乡"神鱼"及其他动物与人的关系的研究，探讨了当地的生态伦理观，主要表现在三个方面：①以对身体的存在与价值（身体-主体）的知觉为一个基本的支撑和发起点，形成以人为核心，以人与生灵的互动、互构为机制的"生灵机制作用圈"，把观念层与生活世界层更为有机地凝聚到一起；②宗教的角色被柔化，宗教与"戒杀生"之间的作用模式由刚性的单向度转化为柔性的双向互构；③人们的行动空间转换为生活世界，在一定程度上反映出生活的原貌。①

整体而言，这一伦理观及意义的发挥与水有着密切的关系。①水是该生态伦理观的基础之一。在高原牧区，水是人与动物关系的基础，譬如，"神鱼"、红嘴鸥都是因水而与那里的人们发生关系，甚至动物的死亡也常与水有关，如暴雪季大量野生动物死亡，从而出现人们利用死亡动物的身体或器官的现象。②生态伦理机制影响人与水之间的关系，即人是如何看待和使用水的：人与动物的生态伦理机制使人们更加重视动物与水之间的关系，进而影响人们对待水的观念和行为。譬如，"神鱼"逆流而上去产卵，这促使人们尽力保护河水。③生态伦理机制与水神崇拜有密切关系。吴均先生认为，在古代，藏族人主要划分出三个系统的神灵：龙神、年神、赞神。其中，龙神潜伏于地下、江、河、湖、海、泉处，是水之神。龙神有双重功能：能降雨解旱，但也会带来"龙病"、风湿病及皮肤病。② 相传卓年德王的王妃青萨嘉恩布措便是龙族的女儿，当她偶然间看见油炸蟹蛙之类的食品，便心生疑惧，染上了"龙疫"。③ 公元739年，吐蕃王朝发生了一场瘟疫，人们认为这是触犯了龙神所致。④ 而蛙、蛇、鱼之类常被看作龙的另一种身份。

---

① 参见赵国栋《"神鱼现象"：藏族原生态文化解释的一种机制隐喻》，载《原生态民族文化学刊》2019年第4期。
② 参见吴均《论本教文化在江河源地区的影响》，载《中国藏学》1994年第3期。
③ 参见南文渊《藏族生态伦理》，民族出版社2007年版，第42页。
④ 参见魏强《论藏族水神崇拜习俗的几个特点》，载《西藏艺术研究》2009年第4期。

(二) 日常生活机制

整体而言，水文化对当地日常生活机制的影响至少包括以下方面：①满足生活的需求。除了满足生理需求之外，水还关联着日常生活的各类需求，仪式性需求是其中重要的一类。譬如，巡河的仪式性需求，其出发点是为了保护"神鱼"，但巡河过程并不是纯粹的，而是在保护过程中也要发现死去的鱼，并拾回家中治病或销售。这样，巡河就把"神鱼"的治病功能与获取"神鱼"，甚至对外销售联系在了一起。当地还有通过观察"圣湖"水位来预测来年的天气变化的现象。《藏族生态文化》一书中对此有记载。[①] ②型塑生活方式。根据取水的难易程度，人们的生活方式发生了一定的分化，主要可分为两类：其一是乡里的生活方式，乡里取水相对容易，生活中水的出现频率更高；其二是居住于偏远牧业点的生活方式，那里取水相对困难，或者用水条件更为不便，生活中更加重视水的合理使用，虽然水的出现频率较低，但更具有仪式性。③赋予生活意义。生活的现实性使取水、用水具有了丰富的意义，譬如藏历新年的第一次取水，被称为"迎水神"，冀望一年风调雨顺；供水表达着一家人的虔诚，是为广积功德。另外，与水有关的转湖是每个人都要完成的生活内容，频率可以不同，但不能缺少，否则生活就是残缺的。④引导行为方向。人们重视水具的使用与摆放，同时，由于前文所提的生态伦理机制的存在，人们把水视为与动物共享的资源，对待水鸟、"神鱼"、流浪犬、放生羊都是如此，所以本章开头部分展现的人们用铜瓢给放生羊喝水之类的现象常有发生。当地没有水葬也在一定程度上是受水文化的影响，譬如，那里重要的河流均汇入"圣湖"玛旁雍错，禁止向"圣湖"中抛物的习俗可能极大地限制了水葬行为。除了转湖转山之外，藏族群众还有一种日常事务：转白塔。玛旁雍错旁有多个白塔，每天上午，人们或手持转经轮，或手捻佛珠来转白塔。色热龙寺旁有一个白塔，塔虽小，且距霍尔乡政府和牧业点都比较远，但该白塔位于"圣湖"之岸，地势较高，可直观"圣湖"，也可远眺"神山"，所以常有人转此塔。

[①] 参见何峰《藏族生态文化》，中国藏学出版社2006年版，第284页。

四、历史进程性：潮流化生活方式和文化带来的影响

结合霍尔乡的历史、地理和社会文化元素分析，在可预估的时间范围内，其水文化受到的影响主要来自社会文化元素的进一步演变，即与当地传统生活方式存在较大差异的潮流化生活方式和不同文化（简称"潮流化生活方式和文化"）对当地的影响。由于地理环境、气候条件和交通条件的制约，西藏阿里牧区长期以来受现代生活方式的影响较小，但近年来，尤其是随着精准扶贫工作的全面深入开展，阿里牧区在通信、交通和产业发展等方面都得到了极大改善，旅游业更是为当地带来了不一样的生活方式和文化。

评估潮流化生活方式和文化对霍尔乡水文化的影响，存在三个主要视角：正向影响、负向影响和中性影响。整体而言，任何潮流化的生活方式和文化刚出现在某一区域时，其影响是轻微的，随着被广泛接受并不断融入日常生活中，其影响程度也就大大增强。因此，潮流化生活方式和文化从出现到流行的过程也是其影响增加的过程。

负向影响主要包括八个方面：①生活和文化的多元化在增强，会在潜移默化中削弱人们对水文化的关注度。②消费需求大大增加，并刺激各种各样的商品供应增加，这加大了消费主义的风险，并逐渐出现了当地水资源和文化的替代品。③消费需求的增加进一步激发了商品供应方式的变化，大型货运车辆增加，车辆修理对水资源的需求以及产生的废水、废气、固体废物也随之增加。④生活垃圾和建筑垃圾在增加，这是生活多元化和消费需求增加的后果之一，纸尿裤、饮料瓶子、塑料袋等增多且容易被大风吹进河里和湖中。⑤加大对水资源的污染威胁，这是伴随着洁净需求的增加而出现的，譬如，在河边洗衣服、洗头的频率在增加，而且有的人家开始使用洗衣机，洗衣液、洗发用品的使用范围也在扩大。⑥刺激了年轻一代疏远水文化，有些人对当地的取水方式（尤其是背水）嗤之以鼻，认为是落后的，而孩子们对鱼的保护意识也大大削弱，甚至偷偷到河边捕鱼卖钱。⑦旅游者激增对水生态安全造成威胁。1954—1961年，普兰县"印度朝圣香客约15000人次"①，

---

① 赵国栋、拉巴：《普兰口岸对西藏经济社会发展的意义与发展策略》，载《港口经济》2017年第7期。

而仅2016年上半年，普兰县接待国内外游客人数就达44133人次，旅游收入达1048.601万元，同比增长7%。① 一些旅游者的行为对水生态带来了威胁，譬如，有旅游者私自驾车到未开发的曲灿隆巴沸泉，私挖温泉中的泥土，或私自洗浴。⑧以手机为载体的网络文化对当地的影响也在扩大，直接促进了生活和文化的多元化，水文化的发展空间将受到挑战。

潮流化生活方式和文化本身是社会不断发展的产物，并不必然与霍尔乡水文化相矛盾，甚至二者之间存在的差异性会促进水文化的巩固和优化，譬如"绿水青山就是金山银山"理念指导下的生活与生产文化就会有效推进当地水文化的优化。以此而言，潮流化生活方式和文化的正向影响也体现于霍尔乡水文化的影响机制和两大类型的价值之中。可从以下三个角度突出这种正向影响：

其一，直接推进对河流、湖泊、湿地的保护。2016年10月，国家财政部、国土资源部、环境保护部联合印发了《关于推进山水林田湖生态保护修复工作的通知》；2018年3月11日，十三届全国人大一次会议第三次全体会议通过了《中华人民共和国宪法修正案》，将"生态文明"写入宪法。生态文明建设成为最重要的潮流化生活方式和文化，这显著且直接地与霍尔乡水文化相结合并作用于对水资源、湿地和其他生态资源的保护。

其二，有利于推进饮水安全建设。取水的便捷要求、安全要求是提升生活水平的重要标志。霍尔乡内已经建设了多个水井，由专人管理，虽然冬季受地下水位低和温度低的影响，供水量较少，但其他季节满足度较好，井水与河水共同支撑着霍尔乡人的用水。然而截至2019年年初，广大牧业点仍严重缺少水井。此外，由于气压影响，人们很难喝到100 ℃的沸水，存在饮水卫生安全隐患。

其三，有利于洗漱观念的转换。霍尔乡人洗漱习惯的形成受高寒气候、高海拔地理环境和放牧生活方式的影响，虽然霍尔乡卫生院经常宣传刷牙洗脸的好处，但效果并不显著，当地牙病患者人数占到总人数的一半以上。从实践看，口腔护理知识与相关文化的影响有助于转变这一观念，譬如，外地读书的学生或者在外地打工的村民返回村子中，他们的洗漱行为不但影响了其他年轻人，也使一部分老年人开始刷牙。

中性影响即短期内不会表现出明显的倾向性的影响，譬如无论怎样的潮

---

① 普兰县网信办：《2016年上半年普兰县旅游业发展良好》，见阿里普兰县人民政府网站，http://www.xzpl.gov.cn/cgyw_3382/201607/t20160715_1334837.html，2016-07-15。

流化生活方式和文化均不会在短期内对转湖文化、供水文化、"神鱼"文化产生显著的影响。可以发现，水文化中的这些相对稳定的内容多与宗教信仰有关，虽然这些文化融入日常生活之中，但相比打茶文化、水具文化等表现出了较好的稳定性，譬如在一些家庭中，酥油茶打茶机已经取代了传统的打茶筒。

五、地方性水生态知识：风险的生成与引导的要义

（一）水生态风险与引导的可行性

水文化的风险是与水生态环境风险有着密切关系的，二者互相影响，其机制值得深入研究。对此本文不做过多涉及，但需要强调水生态环境作为当地水文化的基础，重视其风险性将有助于促进生态保护和优化水文化。以下以玛旁雍错为例简要讨论霍尔乡水生态环境的风险性。

"特殊的水情条件、快速的经济社会发展，加上不合理的水资源开发利用，带来了水资源短缺和水污染严重等问题。"[①] 这在玛旁雍错的水深方面有一定的反映。瑞典人斯文·赫定1907年对玛旁雍错水深的测定常被提起，但有两个版本：一是81.8米，二是77米。[②] 关于前者，有研究者对其出处提出质疑，认为后者是可信的。[③] 李坚尚、郭翠琴也使用了77米之说。[④] 但王君波等人2009—2010年的测定表明，其最深处为72.6米。[⑤] 无论斯文·赫定测定的数据是哪个，其与新近测定的数据存在较大差异，即可能意味着西藏水资源的状况在发生着较大的变动。拉巴等的研究在一定程度上支撑了

---

① 赵钟楠、张越、黄火键等：《基于问题导向的水生态文明概念与内涵》，载《水资源保护》2019年第3期。

② 参见［瑞典］斯文·赫定《失踪雪域750天》，包菁萍译，新疆人民出版社2000年版，第4页。

③ 参见王君波、彭萍、马庆峰等《西藏玛旁雍错和拉昂错水深、水质特征及现代沉积速率》，载《湖泊科学》2013年第4期。该文作者认为，此说法应出自20世纪初在瑞典出版的基于斯·赫定第三次探险考察活动的 Southern Tibet，但并未能查证此数据的可靠性。

④ 参见李坚尚、郭翠琴《雅鲁藏布江传》，河北大学出版社2002年版，第264页。

⑤ 参见王君波、彭萍、马庆峰等《西藏玛旁雍错和拉昂错水深、水质特征及现代沉积速率》，载《湖泊科学》2013年第4期。

这种假设，他们发现，1975—2009年，玛旁雍错的面积减少了1.56平方千米，拉昂错的面积减少了11.01平方千米，并且流域附近的冰川面积也在加速退缩。① 这与徐凤翔关于西藏内流河湖面临退缩、盐化的趋势认定相符。② 此变动可能给出三个维度的启示：时间轴上气候的变迁的影响、人类生产生活的影响、地质变迁的影响。通过分析普兰县气象资料，他们发现，湖泊面积缩小的主要原因在于降水量减少，另外，近几年湖泊面积波动也与蒸发量及冰雪消融情况有关。③

为了消解潮流化生活方式和文化对霍尔乡水文化的负向影响，以及降低当地水生态环境的风险，优化当地水文化，更好地保护生态，最终把水文化有效转化为生态生产力，为当地人民群众谋福祉，结合前文的分析，本文认为应考虑对霍尔乡水文化的演变进行引导，推进其转型。

潮流化生活方式和文化对霍尔乡水文化的影响分析已经在一定程度上展示了转型的实践进程和实际可行性，那么，从藏族群众自身本土性知识角度看，转型是否具有可行性呢？《藏医史》记载了一起有人患上消化不良，以开水治愈的事件，之后便有了"最早的病症是消化不良，最早的药是开水"的传说。④ 这样的记载至少表明藏族群众很早以前已经认识到开水对肠胃的益处，由此可见，本土性知识是推崇饮用开水的。而实际情况是群众常饮用生水或未被烧至100 ℃的水，这与当地冰雪融水的相对洁净和气压较低的情况有关。由此可以发现，推进水文化的实践转型的本土性知识的支撑以及现实生活中存在限制。

（二）水生态引导的三要义

水生态的引导有如下三要义：

其一，基础要义。引导的基础和前提是把霍尔乡的生态文明建设作为整体建设的重要组成部分，融入整体制度与规范，明确边界。要把山水林田湖草看作一个生命共同体，并重视隐形的要素——人。1973年至改革开放前，

---

① 参见拉巴、边多、次珍等《西藏玛旁雍错流域湖泊面积变化及成因分析》，载《干旱区研究》2012年第6期。
② 参见徐凤翔《西藏50年·生态卷》，民族出版社2001年版，第77页。
③ 参见拉巴、边多、次珍等《西藏玛旁雍错流域湖泊面积变化及成因分析》，载《干旱区研究》2012年第6期。
④ 参见第司·桑结嘉措《藏医史（藏文）》，甘肃民族出版社1982年版，第41页。

中国环境恶化状态的形成与片面强调治水而忽视治山兴林有密切关系。① 进而言之，从西藏经济社会发展的大趋势把握如何协调生态、经济与社会之间的关系具有极端的重要性。霍尔乡水文化要在这种整体视角内强调其边界性，对其负向影响尤其如此。至少应该形成这样的认知：不能因为生活和文化的多元化在增强，而在潜移默化中消解人们对整体性生态文明及其与经济、社会建设之间关系的重视程度。

其二，原则要义。引导的基本原则是防止和杜绝污染，而不能转化为污染的治理。历史曾有过沉痛的教训。在12世纪的英国，河流开始被当作倾倒垃圾和粪便的场所，随后水污染加剧，疾病蔓延，直接导致1831年、1848年、1853—1854年的霍乱。② 直到20世纪70年代，英国才解决了水污染问题。③ 1932—1968年，日本智索氮肥公司在日本水俣湾倾倒了大约27吨的含汞废水，导致大量居民和动物中毒，爆发了震惊世界的日本水俣病。当时的研究表明，中毒者的死亡率达到了36.7%。④ 西藏高原牧区生态脆弱，一旦形成污染，则后果更为严重，恢复更为困难。

其三，衔接机制要义。在对水生态进行保护与对当地水文化进行引导之间，需要一个有效的衔接，笔者认为，河（湖）长制可以承担此角色。可以根据河、湖的保护等级设置相应的河长、湖长。目前，阿里地区的河长制共设置了企业级、组级、村级、乡级、县级、地区级、自治区级七个等级，并设置1名"河长参谋"和1~3年任期的社会监督员（水生态岗位）。通过有效推进河（湖）长制实践，把规范化管理与当地水文化实践相结合，将有益于高原牧区水文化的引导和转型，在水生态风险化解与水文化之间架起一座桥梁。

---

① 参见洪大用《社会变迁与环境问题：当代中国环境问题的社会学阐释》，首都师范大学出版社2001年版，第93页。

② 参见［日］饭岛伸子《环境社会学》，包智明译，社会科学文献出版社1999年版，第49页。

③ 参见［日］饭岛伸子《环境社会学》，包智明译，社会科学文献出版社1999年版，第52页。

④ 参见梅雪芹等《直面危机：社会发展与环境保护》，中国科学技术出版社2014年版，第110~111页。

六、政策与实践：水文化的转型渠道

对于潮流化生活方式和文化对霍尔乡水文化的正向影响，应保持推进；中性的影响可根据现实生活需求进行保护；负向的影响则需要积极引导，并化解风险，这其中包括水文化风险可能引发的水生态风险。

（一）水生态风险的化解之道

水生态风险的化解可从如下方面考虑：①提升取水用水的便捷性与安全性。主要有三点：第一，在牧业点推进水井工程，结合实际，科学设计，推进牧业点取水和饮水的便捷性。同时对曲灿隆巴沸泉周边居民做好宣传，不要使用有温泉水汇入的河水。第二，以政府采购的形式，推进为牧区居民配备高原开水机，使沸水温度达到 100 ℃，减少水体中的细菌或寄生物。第三，以"人性化收容+疫病防治+毛绒利用"为主要思路，采取多种举措治理好当地流浪犬问题，防止流浪犬粪便对水体的污染。②加大对温泉资源的保护。曲灿隆巴沸泉面积约 15 平方千米，泉口最高温度达 95 ℃，四周有水热爆炸形成的热水湖、沸喷泉、热泉、温泉和热水溪等。要坚持以保护为基础，开发中坚持科学论证、适度开发的原则，并充分尊重当地群众的意愿和风俗习惯。③做好矿泉资源的保护，适度开发。"玛旁雍错水系内的天然矿泉水流量大、品质优，符合国家标准，为国内少有的优质矿泉饮品。"[1] 在保护好这些矿泉的基础上，可考虑科学规划，适度开发，不能影响对玛旁雍错的供水，并充分尊重当地群众的意愿和风俗习惯。④引导适度消费。过度消费和消费主义不利于环境保护，且会对社会风气带来不良影响。[2] 因此，从长远看，在当地应注意引导消费取向，形成适度消费的氛围。"在个体层次上，适度消费的质的规定主要是消费结构的合理问题，即消费应当有助于人

---

[1] 高宝军：《环境规制与资源型产业发展研究》，中国经济出版社 2015 年版，第 83~84 页。
[2] 参见洪大用《社会变迁与环境问题：当代中国环境问题的社会学阐释》，首都师范大学出版社 2001 年版，第 233 页。

的全面发展。"① 据此，应着重考虑在目前和可预期的时间内，着力培养当地科学合理的消费结构。⑤应用和推广垃圾处理前沿技术，提升垃圾回收再利用能力。普兰县的垃圾填埋场建于 2014 年，至 2018 年已近饱和状态。2018年，日本环境省公布了对包括"塑料等资源循环系统"和"废弃物回收处理系统"等建设项目的支持预算②，这些项目的实施将极大地提升其垃圾处理效率和对环境的保护能力。西藏应更为积极主动地投入垃圾处理前沿技术的探索与应用实践当中。⑥加大对基建和维修产生的废水的管理力度。基建项目要加大环境评估力度，尤其要严格管理建设过程中的废水处理与排放。要着重评估普兰机场及其相关设施建设可能带来的影响。对车辆修理门店进行规范管理，严格管控修理过程中产生的废水的处理和排放。⑦科学规划和引导西藏生态旅游。生态旅游是西藏经济社会发展的重要推动力，也是西藏产业发展的重要支柱；但必须结合西藏生态文明建设科学推进。在阿里地区，应更加关注对旅游者的服务和监督，同时做好旅游宣传，避免因旅游而产生的生态威胁。⑧采购污水处理器，并根据需要应用于洗衣、洗浴、洗车等方面。⑨规范和引导网络文化。在加大以手机为载体的网络通信建设的同时，应该采取多种举措减少负面信息对西藏生活、消费和生态的影响。西藏自治区网信办应加大规范与引导力度，构建网络综合治理体系，传播好西藏故事，弘扬美丽西藏正能量。

（二）引导水文化的方向与途径

引导水文化的方向与途径主要包括如下方面：①引导洗衣方式。与当地经济社会建设相结合，可考虑以政府采购方式向牧民家庭提供放牧工作服，工作服集中免费清洗，并可考虑在乡里开设一家洗衣店，以较低的价格向牧民提供洗衣服务。②引导洗浴习惯。在乡里建设公共浴室，或政府采购现有洗浴室，向牧民按月发放洗浴票，不洗浴的过期作废。③引导洗车方式。在乡里建设一处洗车站，收取较少费用；同时，加大组级、村级和社会监督员的监督力度，杜绝村民或旅客在河中或湖中洗车。④引导洗漱文化。当地洗脸习惯可能与高寒气候和大风天气有关：洗脸容易冻坏皮肤，大风则容易使

---

① 洪大用：《社会变迁与环境问题：当代中国环境问题的社会学阐释》，首都师范大学出版社 2001 年版，第 227 页。
② 参见《再生资源："超 50 亿日元！日本支持建设废弃物回收利用项目"》，见国际环保在线：https://www.huanbao-world.com/a/zixun/2018/0921/44714.html，2018-09-22。

皮肤干裂和脱皮；同时，减少洗脸次数也可以减少失水。洗手、洗脚习惯则相对容易引导，尤其随着当地生活方式和能源结构的变化，引导更具操作性。⑤引导刷牙习惯。普兰县相关部门和霍尔乡卫生院要继续做好宣传，并免费发放刷牙用具，发挥好返乡大学生和打工人员的示范作用，形成多方面引导格局。⑥保护和引导取水方式和水具文化。应结合当地社会结构的变化对待取水方式。在提升了硬件设施，取水便捷后，可以把传统的取水方式作为当地生态文化加以保存和保护，譬如作为一种参与体验游项目融入当地旅游业当中。水具文化也可以通过这种形式加以保存和保护。⑦推进使用高原开水机，引导饮水习惯。霍尔乡属于特高高原，"生物效应显著，高原病的发病率和严重程度很高"①。当地包虫病发病率较高，被称为"虫癌"。2018年，霍尔乡共有24人患有包虫病。犬的粪便是该病的主要传染载体，而当地有较多的流浪犬，水源很容易被污染；同时，由于当地气压低，水沸腾时的温度为82~85 ℃，这一温度无法保证将水中细菌或有害物消灭。因此，要推进高原饮水机的使用，使沸水温度达到100 ℃，引导人们不要饮用生水。⑧推进水文化的生产力取向。通过研究，进一步完善和丰富供水文化、玛旁雍错水文化等内容，并把这些融入当地生态旅游之中，进一步丰富当地群众的精神生活，并提升当地的人文魅力，推进水文化向生态生产力的转化。

七、结语

霍尔乡的水生态在西藏阿里高原牧区具有一定的代表性。在整个阿里牧区，除了牧民生活方式有极高的相似度外，海拔高、风沙大、水资源少、交通受限等条件也高度相似。通过对霍尔乡的水文化进行延展分析，笔者发现当地水文化绝不是简单的取水、用水，而是水资源与当地生态、群众生活、旅游活动之间的多维度关系，并体现出宗教信仰与日常生活之间的互构关系，还包含着潮流化生活方式和文化对当地的深刻影响。

从实践和地方性知识角度出发，笔者认为，由于其中隐藏着诸多风险，因此，霍尔乡的水文化应避免自然演变的状态。基于此，应强调当地水生态

---

① 高文祥、高钰琪：《高原卫生防护手册》，人民军医出版社2009年版，第2页。

风险的化解和水文化取向的引导。也正是从这一意义上，本研究尝试提出了西藏高原牧区水文化的影响机制、霍尔乡水文化体现的两大价值、潮流化生活方式和文化产生的三种影响、风险化解与对水文化引导的方向等范畴，用以支撑起对风险化解和对水文化引导的实践探索。

本部分的讨论尝试表明，把水生态风险的化解和水文化的引导放在一个"生态-经济-社会"三位一体的全局中去看应该具有积极的理论意义与实践意义。在实践中，应努力朝着"人水和谐"的水生态文明建设方向推进。[①] 希望本部分的讨论可以抛砖引玉，吸引更多的学者开展更多的实地调查和深入的研究，进一步丰富西藏高原牧区水文化的经验的研究，从而推进中层理论的不断深入，并最终走向提升当地人民群众福祉的道路。

（本部分原发表于《贵州民族研究》2020年第2期。有改动）

---

① 参见赵钟楠、张越、黄火键等《基于问题导向的水生态文明概念与内涵》，载《水资源保护》2019年第3期。

第五章 农牧区文化认同机制

普兰县境内以藏族群众为主，占比长期在99%以上。那里既有西藏规模较大的普兰边贸市场，也有"神山""圣湖"等著名的宗教景观及较多的其他人文景观，还有独具特色的舞蹈、服饰和说唱等艺术形式。随着交通设施的相对完善，到普兰县经商、旅游以及开展其他活动的人数大量增加，呈现出一片和谐的景象。

一般而言，如果两类群体的文化差异较大，那么二者相互认同的难度也较大，这来自文化隔阂的影响。但笔者通过对普兰县的调查发现，在西藏偏远农牧区，当地人对来自内地的外来者（包括研究者、援藏者、旅游者、商人等等）普遍保持了较高的认同度，这也使得普兰一直被认为是一个幸福美丽的边境小城。我们不禁要问：这种较高的认同度是如何产生的？

"外来者"意味着一种与之相伴的外来文化——与当地自身文化有较大差异的文化的进入。因此，当地人对待外来者的态度的背后反映的是对外来文化的态度。文化人类学认为，民族是靠特定文化维系起来的人类共同体，其成员会很自然地认同该民族的文化，并由此产生强大的凝聚力。在中国多元一体的民族格局下，藏民族文化接受其他民族文化（譬如汉族、回族等民族文化）并与之和谐共处的机制值得深入关注。

本部分将着重从交往价值的视角来探讨笔者以上的发问。除特别说明外，文中所使用的相关支撑资料和数据均来自普兰县。

一、文化认同及其重要性

一般地，理解文化认同多强调一个民族与其自身文化的关系，比如强调特定个体或群体对一种文化的认可度，并能自觉遵循它对自身心理和人格的影响而形成相关的行为与规范。也有人认为文化认同是"一定的共同体成员对一定文化的深厚情感,这种深厚的情感是他们的思维方式、行为方式的价值基础以及合法性的来源"①。本部分所讨论的"认同"既可以看作一定民族内或共同体内的认同,因为从中华民族的视角来看,这是成立的,也可以看作是不同民族或群体之间的"认同",这是从藏族、汉族以及其他民族的视角去看待的。但无论视角如何,认同的实质并没有改变。

文化认同是一种文化软实力,文化软实力则是国家竞争力、凝聚力的重要标志。② 文化认同的发生并不是凭空出现的,而是通过人际互动、社会交往实现的。"对于社会传播网络来说,人们互相连接的过程就是人的社会化过程,而文化认同就在这个过程中自然发生。"③ 也就是说,只要存在社会传播网络,那么就会在其中存在一定的认同过程与机制。因此,在研究文化认同的过程中,应该着重对群体交往、互动开展研究。

众多研究已经指出文化认同的重要性,对认同的发生机制也有大量讨论。一项研究指出,中医作为中华文化的重要组成部分,中国人对其有着较高的认同,但是,受到西方文化影响以及现代网络等对传统文化的冲击,大学生对中医认同度不高。④ 也有研究指出,学习者的文化背景很重要,譬如民族、种族、语言、社会、宗教等,如果不注重这些背景,就会造成学习者的文化脱节,教师应该了解学生的文化身份,帮助他们明确学习动机,从而提高学习成绩。⑤ 也就是说,学习者本身的文化身份和认同应该在新环境中得到重视,否则会阻碍交往的开展,从而影响学习动机的形成。

整体而言,涉及对文化认同发生机制的研究还相当有限。一些研究多从文化层或者社会结构的层面分析文化认同的产生以及价值,并未突出不同文化背景下人们的"交往"对文化认同带来的深层次的影响。如果人们在交往中发现了中医的价值,那么就会通过人际互动把这种信息传播出去,也就有利于对中医的认同和强化。因此,交往价值的内在要求是让其价值性在交往的实践中显露出来,这样就会生成其话语空间,促进文化认同的产生。

---

① 杨庭硕、田红:《本土生态知识引论》,民族出版社2010年版,第30页。
② 参见周德刚、周晓舟、李一凡《文化软实力的哲学分析》,东北大学出版社2016年版。
③ 谢丹:《连接民族文化传播的网络与结构研究》,中国广播电视出版社2017年版,第174页。
④ 参见王雷、孙晓红、许超等《论传统文化认同与中医的关系》,载《浙江中医药大学学报》2016年第4期。
⑤ 参见 A. S. Altugan. The relationship between cultural identity and learning. *Procedia-Social and Behavioral Sciences*, 2015 (186)。

二、农牧区对外来者认同的限制因素

在不同民族之间，对外来者的接受和认同需要经过一定阶段的交往，这样的阶段实际上是对诸多限制因素进行柔化或克服的过程。在具体的时空条件下，限制认同的因素存在着一定的差异性；同时，随着文化的演变，限制因素也会变换。所以不能把限制文化认同的因素视作固定不变的。但整体上，对海拔高、地势偏远、环境挑战较大的偏远农牧区来说，有三类限制因素具有长期性和相对稳定性。

（一）语言的限制

1. 语言本身的差异

藏语是西藏农牧区群众的日常使用语言，而且多多少少都带有一些地方特色口音，能运用汉语进行表达的群众极少。在笔者的调查中，即使有一定旅游业务的牧区村庄，村"两委"中能够较好运用汉语的人也很少，一般只有村支书或村主任可以说一点汉语。不过，在乡政府中，工作人员基本都能够运用汉语，不少人藏汉双语运用得较好。

对进入农牧区的外来者而言，学几句简单的藏语进行表达并不困难。在普兰县霍尔乡，有较多来自东北、山东、四川等地的商人，他们多会说几句与生意有关的藏语，以方便和藏族群众交流。藏语有其自身特色，而且语法、构词、发音等均与汉语有较大差异，甚至"在世界之语言中，似有极世之特色"[①]。因此，到西藏农牧区的外来者要想较好地运用藏语进行沟通是十分困难的。

2. 语言的结构性差异

瑞士语言学家斐迪南·德·索绪尔强调语言是一种集体性的产物，它不是存在于词语的物质性中，而是存在于广泛的、抽象的"符号系统"之内，

---

① 戴庆厦、朱艳华：《汉语与非汉语结合研究成果汇要》，民族出版社2016年版，第284页。

符号的属性间呈现出结构关系。① 索绪尔也因此获得了"结构主义的开山鼻祖"之誉。

语言的结构性因素即意味着它对于思想来说既有形式的,又有意义的传达。我们用语言来传情达意的同时,语言背后也总有更深层次的东西存在,譬如说语言中的"隐喻"。在中国传统哲学中,《道德经》中所载"道可道,非常道"较为恰当地表达了语言与实践之间的这种结构性关系的存在。或者可以说,"语言、概念不可能把人们所要表达的'意向'和包含的'非概念物'的要求'完全'纳入其中"②。从这一角度来说,德国社会学家马克斯·韦伯强调的"理解"以及美国社会学家加芬克尔的"常人方法学"都突出了微观互动,尤其是对行动者意图的理解。语言背后的互动模式规制着我们的日常生活。③

(二) 民族身份的限制

"民族"是一个复杂的概念。我国早期的民族理论受到苏联的影响,尤其受到为马克思主义民族理论做出较大贡献的斯大林对民族问题的诸多论述的影响。④ 直到2005年5月27日,《中共中央、国务院关于进一步加强民族工作,加快少数民族和民族地区经济社会发展的决定》(以下简称《决定》)印发。《决定》中突出了民族概念中"共同渊源、共同文化(生产方式、语言、文化、风俗习惯,宗教也属于文化范畴)、共同心理认同这三大特征"⑤。在我国对民族的界定中,"心理认同"占有重要地位,也充分体现了民族发展的特征。⑥

"身份"是现代生活中一个极为重要的范畴,它意味着文化、社会、教育、权力等纬度的差异性。在中华人民共和国成立之初,长期处于阶级压迫之下的少数民族群众翻身做主人,纷纷提出自己的族名,1953年汇总登记的就有400多个。这一现象一方面说明党的民族政策有利于激发人们对身份特

---

① 参见[英]泰伦斯·霍克斯《结构主义与符号学》,瞿晶译,知识产权出版社2018年版,第18页。

② 魏博辉:《哲学语言与哲学思维:哲学语言对于哲学思维的导向论》,同心出版社2011年版,第339页。

③ 参见[美]艾尔·巴比《社会研究方法》第11版,华夏出版社2018年版,第294页。

④ 参见杨坤《民族学概论》,云南大学出版社2018年版,第129~136页。

⑤ 孙振玉:《民族学教程》,民族出版社2017年版,第156页。

⑥ 参见孙振玉《民族学教程》,民族出版社2017年版,第156页。

征的重视与认同，另一方面也表明民族间的交往交流以及身份差异的复杂性。为应对这种复杂的情况，进行必要的民族识别以确定相应的身份就有其必要性。

把"民族"和"身份"结合成"民族身份"整体，实际上强调的也是身份的特征，即民族性的身份，因此，"民族身份"就意味着与民族相关的一系列社会元素的整合，尤其是内化于心并已经被广泛接受的那些民族特征。一般来说，这些相互区别的特征容易生成某种"区隔"，也就是相互区分的特征容易导致彼此排斥现象的发生，阻碍社会互动和文化、经济等方面的交流。

（三）地理环境的限制

对地理环境产生的认同限制不能做简单判断，至少在人类社会的历史进程中，它对人类社会带来的影响也是不同的。

在人类社会的早期阶段，地理环境对人类社会的影响是巨大的，尤其体现于对生产的影响。马克思在分析氏族公社时就强调自然环境对生产资料的影响，生产方式、生活方式也因此受到各不相同的影响。恩格斯也注重地理环境的影响作用，他在论述东西半球发展差异时突出了自然环境的差异，这种差异促进了各自独特的道路。[①] 总体上，在处于一种自然经济状态下，人们还无法向大自然全面进军之前，社会对自然的依赖性表现得十分强烈。对此，马克思强调这种状态下的个人生产不具有社会性质。直到进入资本主义生产的时代之后，专业化、科学化的劳动使人类对自然的依赖逐渐退却，人类面对大自然时变得越来越硬气。但是，即使如此，人类依然无法离开自然条件而为所欲为，只不过是更加自觉、积极、主动地认识、利用自然条件和自然规律。[②]

西藏农牧区海拔高、气温低、气候恶劣。被称为"藏西秘境""西藏的西藏"的阿里地区更是如此，不仅平均海拔超过了4500米，而且风沙大、气温低（冬季气温可达零下30～40℃）。虽然自民主改革以来农牧区各项事业发展迅速，但地理气候环境的限制依然存在。交通设施的相对滞后以及人们传统的出行方式也相对制约着农牧区与外界的接触，并影响着当地人对外

---

① 参见陶富源《唯物史观在当代》，安徽师范大学出版社2016年版，第116页。
② 参见陶富源《唯物史观在当代》，安徽师范大学出版社2016年版，第117页。

部世界的好奇而警觉的态度。这一状况在高原牧区妇女身上体现得尤其明显。

三、"交往价值"的一种总机制：中华民族"多元一体"格局

笔者这里所使用的"交往价值"并不是凭空产生的术语，而是汲取了韦伯关于合理性的理想型分析以及哈贝马斯关于交往理性的分析提出的一个研究视角。韦伯提出，合理性可以分成两个理想类型，即价值理性和工具理性。价值理性强调动机和实现目标的手段都须是正确的，而不在意其结果如何。工具理性指的是行动者关注要达到的预期目标，使效果最大化，而不考虑所使用的手段如何。显然，价值理性关注的是过程、情感与精神的正当性，而工具理性则以达到目标为最大的追求，漠视过程、情感与精神。

哈贝马斯关注工具理性的泛滥以及可能带来的韦伯称之为人类的"铁牢笼"的不良后果，但他并没有沿着韦伯的价值理性去探讨，而是发展出一种交往行动理论，并基于此理性概念进行重建，把西方传统的"理性"概念转变成"交往理性"。交往理性强调在交往中实现对现代性的拯救，而不再是"自我封闭的主体用以主宰自然的技艺"①。

笔者所使用的"交往价值"即关注交往理性中蕴藏着的价值性，这种价值性不能以单一的价值理性或工具理性进行概括，而重在交往实践中的一种动态价值的生成机制。虽然强调交往会产生价值，但它与功利主义有着明显的区别。18世纪，资本主义的兴起激发了功利主义思潮，并在19世纪上半叶高度活跃。功利主义的格言是"最大快乐"，在英国法理学家、哲学家边沁看来，人们所追求的无非就是获得最大可能的幸福。② 交往价值并不是功利主义的翻版，因为它的目的与手段是相辅相成的，而不是完全追求个人的快乐和幸福。

通过对西藏农牧区群众对外来者认同的研究，我们发现其背后的机制是

---

① ［美］道格拉斯·凯尔纳、斯蒂文·贝斯特：《后现代理论：批判性的质疑》，张志斌译，中央编译出版社1999年版，第274页。

② 参见［英］伯特兰·罗素《西方的智慧》，张卜天译，商务印书馆2019年版，第260页。

一种基于交往价值的选择。农牧民群众在交往过程中有追求的目标,这些目标体现出多维度,譬如呈现民族文化、获取经济收益、展现自我等,也体现出实现目标的手段的交往特点,譬如热情对待驻村工作队员,友善对待旅游者、调查研究者,等等。二者交融于一体,并存在于日常化的交往中。

马克斯·韦伯强调要通过对行动者的意义的理解来实现社会的整合,避免冲突带来的解构——因为每个人都生活于自己编织的意义之网上。韦伯强调的这种人的社会性更受到马克思的关注。面对社会性,民族身份并不是僵化的、封闭的,而是呈现出多形态性、多层次性,譬如同一民族内或不同区域内,民族认同的形式及依托形态都可能存在差异。在一个更大的共同体内或更大的区域内,会存在更多元和多形式的差异。但是,有一个问题值得关注,即无论是对较为单纯的共同体,还是对较为宏大或复杂的共同体,其成员表现出一个共同的特征:他们既对自身"小的"身份标签高度认同,也对"大的"身份特征高度认同,呈现出"民族身份认同的层次性"。

在中国,中华民族共同体处于最高层次,它为其范畴内的所有层次的"民族身份"提供了共享价值与交往基础,并在基于历史的基础上促进了位于最高层次的社会和价值整合,使各具体的"民族身份"能够形成平等、和睦、团结、互助的局面,进一步促进了各民族身份之间的相互认同,形成了强大的合力和凝聚力。整体来看,语言的限制、民族身份的限制、地理环境的限制以及其他限制因素在这种宏观结构下已显得不那么具有阻隔性。在中国这种"多元一体"的共同体格局中,交往价值更显出其独特性与重要性。中国的各民族、各群体在这种机制下共同创造了灿烂的中华文明,并正在创造着幸福生活和更美好未来。

四、"交往价值"实现的五类具体机制:中层理论视角

可以从多个维度来具体分析农牧区的藏族群众对外来者的认同的生成机制。从中层理论视角可以较好地解读中华民族"多元一体"格局内交往价值的生成与作用。

(一) 文化交往机制：对自有民族文化的自信和自豪感推动了认同

普兰县有丰富的文化，可分为四大类：①著名的自然景观，有"神山"冈仁波齐、"圣湖"玛旁雍错、"神女峰"纳木那尼雪峰、"鬼湖"拉昂错等。②独具特色的人文建筑景观，有科迦寺、古宫寺（悬空寺）、贤柏林寺等。③独具特色的歌舞、服饰、文艺等民俗文化。歌舞有宣舞、仲舞等，服饰以"孔雀飞天服"（也称"宣服"）为主，文艺有独特的说唱表演等。④边境贸易口岸及其文化。与尼泊尔相通的重要通关口岸斜尔瓦就位于普兰县科迦村；普兰县城内有重要的西藏普兰边贸市场，那里有大量来自尼泊尔和印度的商家，边境贸易繁荣。

普兰县群众对以上文化有深刻的认知，并且愿意提及和宣传这些文化，把推广自身文化视作一件自豪的事。笔者在普兰县调查时，有三位被采访者给笔者留下了深刻印象：县政府的一位退休干部、多油村的其美老人以及一位在县政府食堂做杂工的村民平措。他们身上都展现了这种基于文化的自信和自豪。在他们看来，笔者是一个对普兰文化充满了好奇之心并渴望学习了解的外来者；而他们作为当地知识文化的占有者沐浴在这种文化之中，能够给笔者以帮助和指导。以下是对已经退休的土生土长的普兰县老干部的采访，在笔者表明意图后，他说了这样的话：

> 普兰的文化太多了，太深奥了，讲上几天几夜也讲不完。有一些我也不太清楚。你要了解普兰的文化，还真要好好学呢！所以，我现在只能给你讲一些。就讲古宫寺的一个故事吧。古宫寺原来不叫这个名字，原来它叫"贡普尔"（藏语，意为"飞翔之寺"）。洛桑王子与云卓拉姆的爱情故事与这个寺庙有着密切关系……①

在对话与交往中，作为外来者的笔者很快得到了这位退休老干部的认可，他倾囊相授，给笔者讲述了一个关于古宫寺的凄美故事。在讲解中，他甚至拿起笔，用藏语给笔者写出一些词汇。他的话语与表达的热情仿佛笔者是他的一个老朋友。

其美老人是多油村人，在茶馆中，他向笔者讲述了在西藏民主改革前，

---

① 访谈时间：2019年9月3日，地点：西藏阿里地区普兰县老干部活动中心。

当地群众如何采摘一种叫"帮加"的植物，以及如何以"帮加"熬汤喝。他们之所以喝这种汤，是因为没有茶叶，喝不到真正的茶，只能以此汤代替。他讲得格外认真投入，在他的讲述中，似乎有揭秘历史的感觉。

平措曾是一名边防战士，喜欢研究普兰的文化，他曾经兴致很高地向笔者介绍普兰的地形以及如何区分牦牛奶、绵羊奶、山羊奶制作出的酥油。

文化不仅仅是人们生活的意义之网，更是一种交往的纽带。在普兰县，这种文化纽带直接推进了人们之间的交往，农牧区群众与外来者之间就在这种交往中彼此熟识，扩大共享价值，并成为朋友。

（二）市场交往机制：市场的吸引促进了认同

在农牧民中有一种默会交往原则，无论有什么事，他们都喜欢聚在一起共同商议解决。譬如有要谈的事情时，他们多会聚到附近的茶馆里，点上一壶甜茶、青稞酒或者一些啤酒，然后就开始谈论相关的事情。这种商谈充满了慢节奏的浓郁的悠闲气息，但是从中我们仍然可以感受到农牧区的传统生活方式与现代消费模式相结合的气息。

笔者在调查中，曾多次以这种方式对当地农牧群众进行访谈。除了简短的无结构式的访谈外，其他涉及深度的和结构化的访谈基本是在茶馆中进行的（也有极个别访谈是在农牧民群众家中进行）。譬如，笔者在边贸市场内曾经对其美老人进行深度访谈，访谈内容主要是关于西藏民主改革前当地人的饮茶情况。① 老人虽然已经80多岁，但一讲起当地的事就精神抖擞，陪同老人的其他人也不时插话讨论。与笔者一起访谈的朋友支付了所有的茶、酒（啤酒）的费用。根据笔者的调查，在茶馆中，当地群众并不把由谁来付款看作一件十分重要的事，但是他们更愿意把一起聊天或茶馆中相互熟识的人的费用一起付清。当地一位退休的汉族干部告诉笔者，即使在访谈中我们不主动付款，人们也并不太在意；但是，他们会把这种做法归入不符合当地习俗之列。

在调查中，笔者发现这种现象背后隐藏着一种市场交易的心理。在访问过程中，被访问者大多不失时机地向笔者推销他们自己的产品或老物件，并告诉笔者这些东西有多么的好。这种现象似乎较为普遍地存在。这种市场交易心理也会促使当地群众较快地接受外来者，以实现销售目的。但是，即使

---

① 访谈时间：2019年8月24日，地点：西藏阿里地区普兰县边贸市场一茶馆内。

有市场销售预期,如果被推销者不购买他们的东西,也不影响他们的态度。笔者曾与赤德村的几位村民在茶馆中喝了两个小时左右的甜茶。他们向笔者讲述了当地的许多文化以及他们的理解,其中两位受访者在边贸市场中有自己的商店。① 在他们的邀请下,我们去了他们的商店。他们热情地向我们介绍了店中的各类商品。笔者询问了一种用于装饰的珠子(一种动物骨头做成的珠饰),又询问了一种看起来很老旧的"珊瑚",结果店主告诉笔者:"那个不好,是假的!"这让笔者印象深刻,因为如果商家专注于在交易中谋利,一般是不会告诉购买者自己销售的某个东西是假货的。

牧区的封闭性可能会排斥市场因素的进入,所以,推进现代化建设的进程可能会与当地的知识、文化产生冲突。但笔者通过调查发现,这种状态只是人们实践中的一个很微小的向度。普兰县农牧民群众在实践中对市场有一种自身的判断。市场促使他们在传统生活方式与经商贸易之间进行选择,而当地的传统也使他们能够更为平和地对待市场。这可能与当地的文化积淀有着密切的关系。一项关于藏族大学生文化认同的研究给出了相似的结论,该研究发现,家住牧区的学生对汉族文化的认同要高于城镇的学生,反映了藏族大学生成长中社会文化背景影响的重要性。② 所以,在市场促进了认同发生的同时,背后仍有传统文化在发挥着平衡与制约的作用。

(三)项目实施交往机制:政府推进的建设项目促进了认同

2019 年,边境小康村建设涵盖了普兰县所有的 10 个行政村,在建设规划中,这 10 个村的整体定位均为"特色文化村"。按建设类型划分,其中有 5 个村定位为"国门村",另 5 个村定位为"旅游村"。另外,科迦村境内有斜尔瓦边贸点,而贡珠村境内有拉孜拉边贸市场,这使得两个村又有一个身份——"边贸村"。结合每个村的特色,政府大力推进相关的工程建设项目。笔者调查时发现,仅仅住房新建、改造以及村内道路建设等方面的投资就高达 8 亿元左右。在这种大规模的建设中,农牧民群众享受到了切实的福利,并进一步增强了对党和政府的信任和信心。这一状况有助于他们对外来者及外来文化形成积极的态度。

---

① 访谈时间:2019 年 9 月 8 日,地点:西藏阿里地区普兰县拉萨吉祥茶馆内。
② 参见万明钢《少数民族学生心理发展与教育研究》,甘肃教育出版社 2002 年版,第 200 页。

在工程项目推进过程中，施工方多为来自四川等地的工程公司。施工方除了与县里的农业农村局、小康村建设办公室等部门以及乡镇政府进行积极沟通外，还要与当地农牧民群众进行沟通协调，以有效推进工程进度（笔者了解到，建设施工时间很紧张），防止在施工过程中产生摩擦或冲突。虽然在沟通中存在交流不畅甚至意见分歧，但这样也促进了农牧民意见的充分表达以及双方的进一步相互理解。笔者曾参加了一次工程建设项目中的问题调解，起因是对一条天然水渠的处理，施工方拟把水渠转为地下管道，而当地一些群众则以为要把水渠填平不用而反对，致使双方产生纠纷。纠纷产生的真正原因是双方缺少沟通，都以为对方已经知晓己方的意见和安排。经县农业农村局工作人员的协调，双方充分交流意见后，达成了一致。[①]

施工建设对砂石需求量的增加给当地砂石合作社提供了良好的发展机遇，合作社入股成员加紧生产，而一些未入股的群众也参与进来。另外，施工方本身也提供了一些工作岗位，吸收了当地一些群众参与建设。这种局面和做法促进了当地群众更为积极的认同观念的形成，即无论民族、语言，大家一起参与建设的氛围消解了一些阻隔，譬如，章杰沟组的大部分群众虽然不会讲汉语，但他们中的许多人听得懂施工方工作人员讲的四川方言。

以单一视角定义经济和社会建设中的各类工程项目并不符合西藏牧区的实际，因为对农牧民群众和施工工人来说，各类工程项目的实施是一种群体互动、文化交流、增进认同、共享成果的多元过程。对偏远农牧区来说，固守封闭的状态并不能避免生态风险和社会风险，也不能带来更好的生活。只有在发展中增进交往，提升能力，改善生活，才能更好地应对各类风险。

（四）群体交往机制：特殊群体的贡献促进了认同

有研究指出，藏族大学生对汉族文化的学习和接触有利于他们对汉族文化的认同，而且可以比那些较少机会接触汉文化的本民族个体更早地进入民族文化认同的更高阶段。[②] 基于该研究，农牧民群众接触汉文化也应存在这一影响机制。笔者的调查也表明这一机制的存在，一些特殊群体与农牧民群众接触形成的影响尤其突出。这些群体和当地群众建立的良好关系、产生的

[①] 笔者采用"参与观察"的方式，时间：2019 年 8 月 28 日，地点：西藏阿里地区普兰县普兰镇吉让社区章杰沟组。

[②] 参见万明钢《少数民族学生心理发展与教育研究》，甘肃教育出版社 2002 年版，第 196 页。

相互影响，让农牧民群众对汉族及其他民族的文化有了更深的了解，并建立了更强的信任感。

2011年，西藏开展"强基础、惠民生"活动，简称"驻村"。西藏民族大学在阿里地区5个村有驻村点，每村有驻村工作队员4人。笔者于2016年1—7月在阿里普兰县霍尔乡贡珠村驻村。驻村工作队成员以汉族同志为主，一般会包括1名藏族同志。各批次工作队基本要走村入户、为老百姓解决大量实际问题，因此，驻村工作队在村中的威望很高，也获得了村民的广泛认可。我们入户时，每到一户牧民家中，女主人都热情地拿出最好的风干肉和新打的酥油茶招待我们。

其他群体还包括当地的汉族退休干部、外地来的生意人、边防派出所的干部等。周文强是普兰县的一名退休干部，自2015年退休后，他就致力于了解、宣传普兰县的历史和文化，并且不断走访当地农牧民群众，深入了解和发掘当地的文化。他几乎访遍了普兰县城周边各村的高龄老人以及较为精通当地文化的村民群众；他在当地也成了名人。阿布拉老人来自新疆，他在普兰县霍尔乡租住房屋销售羊肉和从新疆进的各类杂货。老人在那里做生意长达18个年头，他说去过霍尔乡所有村民的家中，乡里的所有人几乎都认识他。① 2017年之前，霍尔乡在边防派出所街道边有一家"爱民诊所"，胡医生在诊所中给当地群众以及过往的游客、客商看病。他在这个诊所工作了8年，能用简单的藏语和当地人交流。当地群众对他非常信任，笔者在那里调查时，经常发现有群众从牧区赶来找他看病。

人民是历史的创造者，来自人民的各类英雄群体及其他特殊群体在历史中发挥着特殊的、重要的作用。中华民族共同体的形成、巩固与中国历史上各类英雄人物及其他特殊群体以及他们的活动有着密切关系，譬如张骞出使西域、文成公主远嫁吐蕃、阔端与萨迦班智达凉州会盟，等等。在中国历史上，英雄群体及其他特殊群体对交往价值作用的发挥起到了重要的促进作用。现在依然如此。

（五）历史交往机制：长期以来文化、贸易往来的积淀促进了认同

虽然农牧区交通相对闭塞，与其他区域的文化交流与贸易往来相对较少，但这并不代表西藏的边远农牧区与祖国内地之间缺乏文化交流与贸易往

---

① 访谈时间：2016年4月，地点：西藏阿里地区普兰县霍尔乡政府外，阿布拉杂货店门口。

来。这些交流与往来通过长期的积淀，对农牧区产生着深刻的影响，这些影响有助于对祖国其他区域外来者的认同。

考古工作为我们逐步揭开了西藏与祖国内地的贸易、文化往来的历史与过程。这里以茶叶文化与贸易为例简要说明。对西藏阿里地区的故如甲木寺的考古发现了 1800 多年前的茶叶残体，当时阿里地区正处于古象雄王国时期。[①] 至于茶叶是如何到达遥远的阿里地区，运输路线是怎样的，当地又是如何使用茶叶的，这些尚需进一步的研究，但已有研究有力地证明了东汉时期内地与西藏阿里地区已经存在文化和贸易方面的往来了。

2019 年 7—9 月，笔者在阿里地区普兰县做进一步调查时，在科迦村发现了一座保存较好的老屋，老屋的居住者于 2002 年左右从该房屋中搬出，住进安居房。其搬出后，老屋内的布局及一些文化遗存得到了较好的保护。老屋的修行厅堂的墙壁上保存着一些来自四川、原西康省的茶叶标识，譬如"荥经芽细"（文字为藏汉双语）、"宝兴茶 荥经精制厂"、"西康省茶叶公司"以及"民族团结牌康砖"等，这些茶叶标识的年代至少涉及 20 世纪 30—60 年代。除了这些标识之外，墙体上还贴着印度菩提迦耶寺和印度大金庙等著名宗教场所的图案标识。[②] 这些信息可以表明，当时四川、西康的茶叶和文化在科迦村这个边境小村有很大的影响力，否则这些普通的茶叶标识不可能与著名宗教场所图案贴在一起。

在西藏，人们离不开茶叶。茶叶被称为"茶粮""雪域黑金"，有着极为重要的生活意义与文化意义。根据茶叶和茶文化在科迦村的影响力，可以推测，当地人对这些茶叶的来源地的文化和那里的人们应该是有较高认同度的。而这种认同伴随着茶叶、茶文化在当地的延续，也在一定程度上被保存了下来。目前，四川省对藏茶文化品牌的全力打造以及西藏自治区大力推进的健康饮茶工程、茶文化产业工程等，都显示、肯定了茶叶曾经和正在发挥的积极作用。

---

① 参见赵国栋、李许桂、石确次仁《茶叶传入西藏相关问题研究》，载《西藏研究》2017 年第 4 期。

② 参见赵国栋《幸福社会的微观基础：茶叶、文化与生活》，中山大学出版社 2021 年版。

五、结语

正是由于中华民族"多元一体"格局内的总交往机制以及五类具体的交往机制,语言、民族身份以及地理环境等因素对当地群众对外来者认同的限制性影响才得以被大大削弱,才会形成普兰县当地群众对外来者良好的认同的现象。

交往、交流有利于农牧区群众对外来者认同的形成,前文的分析也展现了交往价值在认同中的重要性。随着农牧区经济社会建设的快速推进以及西藏旅游产业的快速发展,较为缓和的交往、交流模式正在发生着改变。大量市场元素汹涌而至,各类文化元素、文化现象也随着旅游者、商业从业者等的到来大量附着于农牧区之中。这就给当地的传统文化带来了诸多挑战,出现了文化摩擦甚至矛盾冲突现象。譬如,有的商家在河里捕鱼,但当地藏族群众不但没有捕鱼、吃鱼的传统,而且把鱼视为神圣之物,这样就发生了矛盾。

因此,某些文化上的差异会导致交往价值的受阻,并引发问题,其后果会是直接削弱农牧区群众对外来者的认同,甚至产生偏见、发生摩擦,不利于中华民族共同体意识的巩固和提升。因此,需要格外重视这种基于文化差异而可能产生的交往风险。同时,在大力推进生态旅游的过程中,也要高度重视对文明旅游文化氛围的营造和维持。政府部门应高度重视旅游服务和旅游行为的规范。

整体而言,交往可以作为不同文化之间沟通与强化联系的桥梁,在交往中实现互动交流与文化的认同。交往价值在中华民族共同体的形成、巩固与发展中发挥了重要作用。各民族之间的交流、交融、交往一直在持续,各民族的互助友爱关系也从中得到强化。在各民族的交往中,要格外重视交往价值作用的发挥,在实践中增进对自有民族文化的自信和自豪感,引导、利用市场促进认同,通过建设项目推进认同,并利用驻村干部等各类群体的影响,以及贸易和文化积淀的影响促进认同。

(本部分原发表于《西藏发展论坛》2021年第2期。有改动)

第二编 流动与安居

第六章 流动性的重要性与复杂性

牧区中存在着流动性,这是任何对牧区生态、生计、产业、社会等相关的研究都会涉及,而且大多无法绕过、不能回避的一个方面。从牧区的发展模式看,关于流动性的争论似乎集中于现代化的作用与传统文化的作用之间,传统文化的作用即主要针对牧民如何利用流动性来化解生态风险并维持生计。这从 M. Moritz 的总结中也可以发现,他指出,关于非洲牧区制度的未来和发展的争论主要由两种相互排斥的范式主导:流动性范式和现代化范式。① 虽然是两种范式,但两者在流动性的重要性方面达成了一致。

流动性范式(mobility paradigm)建立于对牧区系统的理解基础之上,在 20 世纪 90 年代被进一步强调,该范式也被视为一种新的牧区研究方法。② "希望确保适当的政策、法律机制和支持系统的存在,以允许畜牧主义向经济、社会和环境可持续的生计系统的自我进化"③ 是该范式的主要研究取向。流动性范式有两个基本共识:①牧区、牧业是一个复杂的系统;②牧民与牧群的流动是维持牧区平衡,尤其是牧业与生态环境之间平衡关系的关键。关于第一点,多数研究持肯定的态度。譬如 Samuel D. Fuhlendorf 等人强调牧场管理专业必须看到牧区作为一个复杂生态系统的地位,所以不能仅仅把放牧作为实现生产目标的工具。④ 关于第二点,E. Eyasu 指出,牧民们传统的迁徙生活方式和对旱地资源管理的知识使他们一般能够抵御干旱,并在其社

---

① 参见 M. Moritz. Competing paradigms in pastoral development? A perspective from the far north of Cameroon. *World Development*, 2007 (11).

② 参见 M. Niamir-Fuller, M. Turner. A review of recent literature on pastoralism and transhumance in Africa. In: M. Niamir-Fuller. *Managing Mobility in African Rangelands: The Legitimization of Transhumance* (London: Intermediate Technology, 1999).

③ 参见 M. Niamir-Fuller, M. Turner. A review of recent literature on pastoralism and transhumance in Africa. In: M. Niamir-Fuller. *Managing Mobility in African Rangelands: The Legitimization of Transhumance* (London: Intermediate Technology, 1999).

④ 参见 Samuel D. Fuhlendorf, David M. Engle, R. Dwayne Elmore, et al. Increasing shrub use by livestock in a world with less grass. *Rangeland Ecology & Management*, 2012 (6).

区管理的牧场中维持着健康的和生物多样性的生态系统。① 为求得"自然进化的发展",该范式在政策维度上强调五个重点:①保护剩余的牧场不受侵蚀;②支持地方牧区组织对牧区的管理;③支持牧民的流动性与灵活性;④改善市场基础设施或其他结构,使牧民能够通过减少或补充牲畜以更有效地应对干旱威胁;⑤关注可持续的生计。② 总体而言,流动性范式的目标是支持畜牧系统及其与自然的关系,而不是去人为干预或者改变它们。

现代化范式(modernization paradigm)以非洲干旱、半干旱区域为例,强调随着人口压力的增加以及农业的扩张,发展大规模的畜牧系统并不明智,或者说失去了可发展的空间以及解决人口问题和发展问题的能力。牧民的出路在于加强混合养殖系统,并在其中完成牲畜生产。整体上,该观点并不否认畜牧系统与牧场的适应关系,也没有拒绝流动性范式的理论框架。③ 但是它关注的重心似乎更倾向于干旱、半干旱地区的整体发展,这样,牧业与牧民则成为研究者分析的一个组成部分。不过,这一组成部分的作用似乎并没有得到充分重视,或者说,传统牧业系统的功能并没有得到这一研究范式的充分认可。④ 由于这一倾向,研究者更关注农牧区域内的发展问题,而非纯牧业区域,并强调把作物生产与畜牧的流动、生产相结合的重要性,推进以区域为单位的一体化生产与多样化经营模式,尤其是在家庭生产经营上的多样化。⑤ 畜牧业生产系统的未来取决于与农业更紧密的一体化形式。⑥

基于两类范式对流动性的强调,笔者进一步梳理已有的研究,指出在农牧业以及纯牧业中流动性的重要性所在,提出在发展的大议题下处理好流动性的几个关键问题,并在此基础上提出一种牧民的能动性与政府的政策实践相结合的研究视角。

---

① 参见 E. Eyasu. Environmental rights and pastoral livelihoods: The case of Borena and Kaarrayu pastoralists in Ethiopia. *Journal of Environment and Earth Science*, 2014 (21)。

② 参见 I. Scoones. *Living with Uncertainty: New Directions in Pastoral Development in Africa* (London: Intermediate Technology Publications, 1995)。

③ 参见 M. Mortimore. *Roots in the African Dust: Sustaining the Drylands* [Cambridge (UK): Cambridge University Press, 1998]。

④ 参见 M. Moritz. Competing paradigms in pastoral development? A perspective from the far north of Cameroon. *World Development*, 2007 (11)。

⑤ 参见 J. McIntire, D. Bourzat, P. Pingali. *Crop-Livestock Interactions in Sub-Saharan Africa*. (Washington DC: The World Bank, 1992)。

⑥ 参见 M. Mortimore, W. M. Adams. Farming intensification and its implications for pastoralism in northern Nigeria. In: I. Hoffman. *Prospects of Pastoralism in West Africa* [Giessen (Germany): Wissenschaftliches Zentrum Tropeninsitut Giessen & Forderverein Tropeninstitut Giessen, 1998]。

一、牧区和牧业的重要性

流动性的重要性取决于牧区和牧业的重要性,相关研究对牧区和牧业重要性的讨论及相关观点的形成主要依据的是对非洲牧区与畜牧业的分析。在此以三项研究为例进行简要说明。

世界以约25%的陆地面积供养着约2000万户牧民家庭或1.8亿~2亿人口。[①] 畜牧生产支撑着占世界近一半土地的农村人口的生计,并日益为城市人口做出贡献。[②] A. Mottet 等人强调,全球的牲畜饲养预计在2005—2050年增长70%,以满足不断增长的人口的需求;同时,畜牧业也将面对农业生态和气候变化、市场全球化、人口迁移和政治不稳定等各种因素的挑战。这些将进一步扩大耕地面积和加剧畜群对自然资源的争夺,导致耕地肥力下降和畜牧资源退化。因此,要进一步重视牧区和牧业发展,并做好相应规划。[③]

A. A. Degen 从畜牧系统中的绵羊奶与山羊奶的特征与作用角度,突出在牧区的干旱季节这些小反刍动物奶汁的重要意义。他认为,牧业的特殊意义由此得到显现,即畜牧业中的动物能够为畜牧区提供奶、肉、羊毛、皮革和粪便,此外,还可以作为现金来源和运输的驮畜,从而支撑广大牧业区人口并向外界提供畜牧产品。[④]

Western 等人以肯尼亚—坦桑尼亚边界区域为例,分析在特定的保护区条件下,牧业与野生动物保护之间的关系。他们强调,在气候变化的情况下,保护区远远不能确保在全球范围内维持生物多样性和生态系统功能所需的空间。通过一项案例研究,他们认为,通过加强依赖于开放空间、流动性、社会网络和公共资源的制度安排的畜牧活动,可以间接实现对大型开放景观、生物多样性以及野生动物和家畜共同的保护。所谓的"大型开放空

---

① 参见 A. A. Degen. Sheep and goat milk in pastoral societies. *Small Ruminant Research*, 2006 (1).

② 参见 A. Mottet, F. Teillard, G. Cinardi, et al. Contribution of pastoral systems to global food security and potential for sustainable intensification. *Journal of Animal Science*, 2016, 94 (Suppl 5).

③ 参见 A. Mottet, F. Teillard, G. Cinardi, et al. Contribution of pastoral systems to global food security and potential for sustainable intensification. *Journal of Animal Science*, 2016, 94 (Suppl 5).

④ 参见 A. A. Degen. Sheep and goat milk in pastoral societies, *Small Ruminant Research*, 2006 (1).

间"（large open spaces）被认为是一种有效的保护途径，以应对出现的土地碎片化、异化和退化的威胁。该方法强调，基于牧区的重要性，应该将一项生态系统扩展至多维度，以此来提升弹性和获取新的经济机会，达到有助于畜牧社区整体建设的目标。①

二、流动性的意义：六个主要维度

关注牧业的流动性，虽然此处并不讨论流动性的形成与发展，但要强调的是，它是一个复杂的过程，并且处于不断的变动之中，值得深入研究。此处多维度重点展现流动性所具有的积极方面的影响和意义。

（一）关系到高原古路网的形成

关于横跨亚洲绵延万里的古代丝绸之路的形成与演变，还有许多未解之谜。处于干旱和半干旱地区，崎岖难行的交通条件都构成了其重大的限制因素，但为什么它能够被人们开辟出来并纵横连贯于一体，这个问题显得尤其重要。

Michael D. Frachetti 等人以"流动累积"（flow accumulation）模型计算了牧业社会的年度流动路线，其海拔范围在 750~4000 米之间。他们发现存在一个高分辨的流动网络，并模拟出几个世纪的季节性游牧牧民是如何在亚洲山区形成离散的连接路线的。然后，他们将已知的高海拔丝绸之路遗址的位置与这些优化的游牧民流动的地理位置进行比较，发现在山区存在显著的对应关系。所以，他们认为丝绸之路的贸易路线网络起源于牧民之间数百年的相互作用，主要方式是，在山区的高海拔和低海拔区域之间，随着季节的变化，牧民们迁徙牛群和羊群的不间断的流动。② 这一发现可能会促使考古学家为古代区域连通性的生成与演变寻求更为深入的解释。

---

① 参见 D. Western, P. Tyrrell, P. Brehony, et al. Conservation from the inside-out: Winning space and a place for wildlife in working landscapes. *People and Nature*, 2020（2）。

② 参见 Michael D. Frachetti, C. Evan Smith, Cynthia M. Traub, et al. Nomadic ecology shaped the highland geography of Asia's Silk Roads. *Nature*, 2017（7644）。

（二）是牧区经济发展的重要支撑

A. L. Dongmo 等人以非洲的富拉尼牧民为例，分析了他们面对种植面积扩大、草场短缺以及牛对作物的损害等问题时，如何通过增加流动性来进行应对。他们强调，通过牧民们的类似于流动性的地方性知识，可以实现一种牧民、牲畜与牧场之间的较好的协调，这对该区域的发展至关重要。[①]

关于流动性如何促进牧区经济和牧业社会的发展，一项在埃塞俄比亚南部的博拉纳牧区进行的调查做了深入的分析。该调查共选取了 5 个农民协会、20 个村庄。调查发现，为了寻求牧场的良性发展以及增加畜牧业收入，他们采取了两种传统策略：焚烧和流动。焚烧从 1975 年之后不再实行，现在只剩下流动。那里的流动性主要体现于两个方面：以居家为基础（home based）的放牧和卫星式放牧（satellite herding），前者是在营地附近放牧奶牛、小牛和小于 2 岁的幼畜，后者是到距营地更远的牧场放牧公牛和超过 2 岁的未成年牲畜。[②] 他们通过这样的流动应对给牧业带来巨大风险的干旱、饲料和水的短缺以及动物受疾病侵袭等因素的影响。

面对气候变化的挑战，流动性对牧区经济社会的重要性进一步凸显出来。在埃塞俄比亚南部和东部地区，放牧迁移是应对反复干旱和水资源短缺的最佳策略。M. Tilahun 等人研究发现，流动性是埃塞俄比亚东北部的阿法尔牧区牧民适应气候变化影响的首选，如果没有流动性的支持，气候变化会对牲畜资源和牧民的生计造成巨大的破坏。[③]

（三）可有效应对气候变化

有研究指出，虽然作为传统的牧区管理策略，"牧群积累"可以在一定

[①] 参见 A. L. Dongmo, E. Vall, Mohamadoun Amadou Diallo, et al. Herding territories in Northern Cameroon and Western Burkina Faso: Spatial arrangements and herd management. *Pastoralism*, 2012 (1).

[②] 参见 T. B. Solomon, H. A. Snyman, G. N. Smit. Cattle-range and management practices and perceptions of pastoralists towards rangeland degradation in the Borana zone of southern Ethiopia. *Journal of Environmental Management*, 2006 (4).

[③] 参见 M. Tilahun, A. Angassa, A. Abebe. Community-based knowledge towards rangeland condition, climate change, and adaptation strategies: The case of Afar pastoralists. *Ecological Processes*, 2017 (1).

程度上应对气候变化,但它需要有足够的畜群休养期。① 以流动性应对气候变化,尤其是干旱的威胁,被认为是牧区应对策略的首选。这在对非洲牧区的研究中得到较好的体现。②

A. Egeru 指出,气候变化给东非的牧民带来了巨大压力,譬如导致出现"新的"牲畜和作物疾病,作物歉收和低产量,出现粮食短缺、水资源短缺和牧草供应差异等。牧民们有多种渠道获得气候变化的信息,其中接受度最高和最可靠的渠道是社区会议,并以转移放牧区和饮水区为主要手段应对气候变化带来的挑战。③ B. Butt 等人强调,牲畜的流动是牧民应对牧场环境变化的最重要方式,其中一种策略就是在干旱时,将牲畜转移到离牧草利用率低的地区更近的临时营地。他们检验了肯尼亚境内的马赛牧民沿保护区的北部边界迁移牛群的假说以及季节和牛群规模对牛群迁移参数的影响。结果显示,流动可降低牧民及其牲畜在干旱期间所面临的压力。④

(四) 促进牧场植被的恢复

在中国的某些半干旱区域,农业的扩张破坏了原有农牧发展的功能格局,引发了地下水位下降、植被退化、荒漠化等一系列生态问题。⑤ R. Kock 等人指出,20 世纪非洲人口及动物数量的巨大变化导致了对动植物生存环境的空前破坏,这就需要重新审视相关政策和优先发展的事项。⑥ 整体而言,人口数量的增加以及牧场开发模式的变化在一定程度上给牧场植被带来了巨

---

① 参见 M. W. Næss, B. J. Bårdsen. Why herd size matters—mitigating the effects of livestock crashes. *PLoS ONE*, 2017 (8)。

② 参见 Jeremiah O. Asaka, Thomas A. Smucker. Assessing the role of mobile phone communication in drought-related mobility patterns of Samburu pastoralists. *Journal of Arid Environments*, 2016 (128)。

③ 参见 A. Egeru. Climate risk management information, sources and responses in a pastoral region in East Africa. *Climate Risk Management*, 2016 (11)。

④ 参见 B. Butt, A. Shortridge, Antoinette M. G. A. Winklerprins. Pastoral herd management, drought coping strategies, and cattle mobility in Southern Kenya. *Annals of the Association of American Geographers*, 2009 (2)。

⑤ 参见 D. P. Xu, Y. H. Liu, T. S. Li. et al. Pattern of agricultural and pastoral development under water resource constraints in semi-arid areas: A case study of Tongliao, Inner Mongolia. *IOP Conference Series: Earth and Environmental Science*, 2018 (1)。

⑥ 参见 R. Kock, B. Kebkiba, R. Heinonen, et al. Wildlife and pastoral society—Shifting paradigms in disease control. *Annals of the NewYork Academy of Sciences*, 2002 (1)。

大挑战。

形成和保持良好的牧区流动性被视为一种恢复植被的有效途径。M. R. Bernstein 等人研究指出，游牧和迁徙是古代人类为了适应大型食草动物的运动而开展的活动，而这些食草动物本身也会沿着有利的环境条件迁移。基于此，他们提出了一种"季节性迁移野化"（transhumant rewilding）的模式，以实现生态恢复和畜牧系统中粮食生产的可持续性。[①] 这样，特定的草场会随着这种迁移而得到恢复涵养的机会。

（五）有利于牧区土壤养分的均衡

牧区草场的土壤受放牧影响较大，流动性则降低了其中的负面影响。V. O. Snow 等人研究发现，畜牧系统有许多耕地系统所不具备的特点，譬如：①牧场具有生物多样性，植物物种之间的相互作用更大；②放牧动物和牧场之间具有复杂的相互作用，并受到环境、植物种类和动物行为的强烈影响，一旦处理不好就有导致恶性循环的风险；③动物在空间上会转移大量的营养物质，可能会加剧土壤的变异。[②]

M. Okoti 等人将放牧对土壤的影响进行了类型化，比较了主放牧区和畜群集散宿营区土壤微生物的大小和活性，结果表明，放牧动物的露营活动增加了营地土壤的肥力和生物活性，但损害了主要放牧区域的土壤属性。[③] 通过有效的季节性流动宿营以及放牧的牧场转换，可以减少对放牧区域的持续影响。另一项关于肯尼亚北部图尔卡纳区（Turkana District）的研究也表明，由于牲畜被集中于该区域内的特定地区，流动性不足，所以土壤受到较大的侵蚀。[④]

---

① 参见 M. R. Bernstein, M. G. Gatica, L. Piña, et al. Rewilding-inspired transhumance for the restoration of semiarid silvopastoral systems in Chile. *Regional Environmental Change*, 2017（5）。

② 参见 V. O. Snow, C. A. Rotz, A. D. Moore, et al. The challenges—and some solutions—to process-based modelling of grazed agricultural systems. *Environmental Modelling & Software*, 2014（62）。

③ 参见 R. J. Haynes, P. H. Williams. Influence of stock camping behaviour on the soil microbiological and biochemical properties of grazed pastoral soils. *Biology and Fertility of Soils*, 1999（3）。

④ 参见 M. Okoti, J. C. Ng'ethe, W. N. Ekaya, et al. Land use, ecology, and socio-economic changes in a pastoral production system. *Journal of Human Ecology*, 2004（2）。

（六）有利于协调人与野生动物的关系

对牧场进行科学的使用和管理通常被视作牧场可持续发展的一个重要保障，不当的放牧则会对牧场产生破坏性影响。人与野生动物关系恶化是一类重要的影响。所以，保持牧场的良性状态对野生动物保护和牧业社会发展均具有重要意义。

对此，Wilfred O. Odadi 等人评估了肯尼亚北部的"计划放牧"（即有计划的流动迁移）对当地的植被、野生动物和牲畜属性的影响。结果发现，计划放牧改善了植被条件和植被丰富度，提升了野生有蹄类动物的存在数量和物种丰富度，促进了干旱期体质相对较差牛群的增重。这些结果表明了在公共牧区实施计划放牧的积极效果。[1] Richard H. Lamprey 和 Robin S. Reid 对肯尼亚西南部牧业系统的研究发现，土地私有化导致了围栏的增加，由此野生动物的活动被限制，来自旅游业的收入也受到影响。他们认为，除非在牧区土地管理上有所改变，以维持牲畜和野生动物的自由流动；否则，这种独特的"畜牧－野生动物系统"将很快消失。[2]

三、认识和处理好流动性的关键问题

（一）流动性不是万能的，需平衡好流动性与多样化生计之间的关系

虽然流动性对牧区和牧业而言极为重要，但它并不是万能的。这需要我们时刻警醒。随着牧区人口的增加（并不等同于劳动力人口的增加）以及经济社会发展的诸多目标化诉求的增加，仅仅依靠流动性来解决问题显得力不从心。此时，凸显出流动性与多样化生计相结合的重要性。

S. Joshi 等人对巴基斯坦北部干旱和半干旱游牧地区进行的研究认为，

---

[1] 参见 Wilfred O. Odadi, Joe Fargione, Daniel I. Rubenstein. Vegetation, wildlife, and livestock responses to planned grazing management in an African Pastoral Landscape. *Land Degradation & Development*, 2017 (7)。

[2] 参见 Richard H. Lamprey, Robin S. Reid. Expansion of human settlement in Kenya's Maasai Mara: What future for pastoralism and wildlife? *Journal of Biogeography*, 2004 (6)。

为了应对当地气候变化的影响,牧民们根据自身的实践经验和本地知识采取了一系列策略来应对这种变化,其中最主要的两种就是迁移模式的改变和多样化的生计。①

Douglas L. Johnson 指出,虽然牧民主要通过在牧区之间季节性轮换放牧来保护对他们至关重要的旱季草场资源,但是牧区的荒漠化在 20 世纪还是发生了。他认为,关键因素包括农业向牧区的扩张压力、重要旱季牧场的消失、牧民的定居化、战争和内部冲突的影响、牧区资源的国有化、传统公有资源管理系统的崩溃,以及社会变革和经济强化等,牧民通过流动性对草场进行管理和调控的系统崩溃了。他同时指出,通过对牧区实行全面的规划,以牧民的生存智慧为基础,把畜牧系统中的流动性与牧民生存所需的多样性(灵活的生计方式)相结合,可以避免那些不利的因素,从而避免牧场的退化和荒漠化。②

(二) 形成和维持良性流动性,要格外处理好流动与安居的关系

作为中国三大牧区管理政策之一的牧民定居政策虽然得到广泛推行,但也受到了较多的质疑,譬如,认为定居破坏了牧民的本土知识,打破了原有的流动性,会给牧区生态与牧区产业发展带来不利影响,等等。对此,有研究者提出,在实施定居措施时应尊重牧民的意愿,寻求更多的创新之法。③笔者对西藏阿里地区普兰县牧区的调查发现,当地出现了流动性再造的效应,而其基础就是安居房的建设和定居的出现,从而实现了牧区经济社会发展与生态保护和优化的有机结合(将在第七章专门讨论)。这一结论与包智明、石腾飞通过对内蒙古清水区的研究得出的"流动性的再造"④ 结论相符。这表明,流动性与牧民定居之间至少是可以相融的,而且可以产生更加优化的效果。

目前,在牧场的开发政策中,主张把流动性与定居相结合的取向已经获

---

① 参见 S. Joshi, W. A. Jasra, M. Ismail, et al. Herders' perceptions of and responses to climate change in Northern Pakistan. *Environmental Management*, 2013 (3)。

② 参见 Douglas L. Johnson. Nomadism and desertification in Africa and the Middle East. *GeoJournal*, 1993 (1)。

③ 参见 Gongbuzeren, Y. B. Li, W. J. Li. China's rangeland management policy debates: What have we learned? *Rangeland Ecology & Management*, 2015 (4)。

④ 包智明、石腾飞:《牧区城镇化与草原生态治理》,载《中国社会科学》2020 年第 3 期。

得了多维度的研究支撑,譬如,在研究牧民应对气候变化带来的生态与产业风险时,M. Nkuba 等人强调把本地知识预测(indigenous forecasts)和科学预测(scientific forecasts)相结合,推进支持流动与定居放牧的双路径方法(two-prong approach)。①

K. Mari 研究了蒙古人在城市和牧区生活的时间分配。研究发现,在儿童处于学龄阶段、城镇地区有较高工资的工作机会以及由于自然灾害家庭出现较大牲畜损失的时候,牧民更倾向于选择在城镇地区居住,而在其他时间,尤其是城镇中难觅得较好的工作机会时,人们更倾向于选择在牧区生活。另外,职业技能、社会关系以及自然环境的变化会影响他们的选择。② 这至少表明,在城镇中定居与牧业、流动性并不矛盾,它们之间存在着协调发展的可能。

(三)摆脱纯经济计算思维,要认识到放牧流动性的文化意义

把漫山遍野的牛羊看作一种经济上的潜在收入,这种做法无法真正衡量畜牧业以及与之紧密相连的流动性的本质。笔者在西藏阿里调查时发现,在放牧的羊群中,有 1/4~1/2 属于放生羊,这些羊终生被牧民供养,死后也不会给牧民带来任何经济收入,而是被放置在大自然中,任其消失。市场化思维无法给出这种行为的真正含义。此时,放牧行为似乎更是一种文化的产物并代表着一种文化义务。

M. Tamirat 等人对埃塞俄比亚哈迪亚(Hadiya)牧牛生产系统从生产和销售两个方面进行的分析肯定了笔者假设的文化说。他们的研究发现,尽管仍有经济因素的影响,但当地牧民大量地饲养牛并非为了防范风险,而是作为一种文化义务而存在,并由此获得"文化头衔"。③ 因此,在文化系统里,畜牧生产及其流动性的存在代表着一种存在感和归属感,并非经济范畴可以完全涵盖的。

---

① 参见 M. Nkuba, R. Chanda, G. Mmopelwa, et al. The effect of climate information in pastoralists' adaptation to climate change. *International Journal of Climate Change Strategies and Management*, 2019 (4)。

② 参见 K. Mari. Versatile living under socio-natural fluctuations in Mongolia: Movement between urban and pastoral areas. *Journal of Arid Land Studies*, 2017 (4)。

③ 参见 M. Tamirat, D. Alemu, A. Bogale. Production and marketing behaviour of Hadiya Pastoralists, Southern Ethiopia. *Research on Humanities and Social Sciences*, 2011 (1)。

从牧业活动形成的流动性的覆盖范围以及畜牧业所在的地理区域来说，它们的背后是一种更大范围的文化圈子。A. A. Degen 强调，通常情况下，畜牧社会是在极端的自然环境中的特定区域内饲养牲畜，这些区域一般无法通过耕种实现对土地的利用以及对人口生存的支撑，而且这些地方多处于国家或地区的偏远或边缘地带。① 此时，牧业活动的存在就意味着当地在文化上的归属范畴。从政治层面而言，牧业以及它具有的流动性被赋予了一种国土主权的含义。

（四）关于流动的安全性，要关注流动过程中的风险

流动性可以降低气候变化带来的风险、土壤异化的风险、人与野生动物关系失调的风险、草场被破坏的风险，但同时它也会带来其他的风险，譬如，加剧人与野生动物冲突的风险。T. Fentaw 和 J. Duba 评估了埃塞俄比亚奥罗米亚州亚贝罗保护区的人类与野生动物的冲突，认为牧区管理的失控、对当地社区的侵占、保护区附近和保护区内的聚居模式、缺乏边界划分和分区以及保护区内的产品需求不断增加等因素是造成亚贝罗保护区内人与野生动物冲突的主要原因。②

流动性引发及加重疾病传播的风险要明显高于引发人与动物冲突的风险。S. Bawa 等人认为，游牧人口感染一些疾病的风险要比一般人口高得多，而且游牧人口流动被证明加剧了疾病的传播，包括脊髓灰质炎等。他们通过对尼日利亚及周边牧民的跨境研究，主张改善人口免疫力和疾病监测。③

另外，包虫病是牧区的多发病。汪瑞鸥等对四川省阿坝藏族羌族自治州马尔康市农牧区居民关于包虫病防治知识和行为的调查发现，当地的防治知识普及率有待提高；健康教育的重点是青年人群、文化程度低的人群及养狗人士；须重点干预喝生水、拴养犬、犬驱虫及犬粪掩埋等行为方式。④ 在流

---

① 参见 A. A. Degen. Sheep and goat milk in pastoral societies. *Small Ruminant Research*, 2006 (1).

② 参见 T. Fentaw, J. Duba. Human—wildlife conflict among the pastoral communities of Southern Rangelands of Ethiopia: The case of Yabello Protected Area. *Journal of International Wildlife Law & Policy*, 2017 (2).

③ 参见 S. Bawa, M. Afolabi, K. Abdelrahim, et al. Transboundary nomadic population movement: A potential for import-export of poliovirus. *BMC Public Health*, 2018 (9503).

④ 参见汪瑞鸥、杜玉平、方明旺等《马尔康市农牧区居民棘球蚴病防治知识行为及影响因素调查》，载《中国血吸虫病防治杂志》2018 年第 3 期。

动时，由于牧民随牲畜在不同牧场之间迁移，喝生水、接触犬及其粪便，以及其他感染风险进一步提高。

（五）关于流动的可持续性，要关注劳动力的紧缺问题

牧区人口外流导致牧区内从事牧业的劳动力人口数量减少。一般来说，受过良好教育并且具有较高学历或者较好技能的劳动力受到城市生活方式以及就业机会的吸引较大，他们很少会返回牧区从事畜牧业。随着牧区教育水平的提升，如果没有适当的举措，这种现象可能还要持续甚至进一步发展。没有足够的从事畜牧业的劳动力，牧业中的流动性将难以有效维持。

V. Bhasin 认为，在拉达克，官员和政策制定者并不重视牧民的基本需求，牧区的传统习惯和相关权利面临着被剥夺的风险，保护野生动物的工作是以牺牲牧民的草场为代价的，牧民社区在政治上被边缘化，所有这些为把他们强行逐出土地和限制他们的行动铺平了道路。由此，牧民群体劳动力短缺等社会危机也引起了社会的广泛关注。[①]

C. Manoli 等人强调，对撒哈拉以南非洲干旱土地上的牧民来说，家畜的积累是他们赖以生存的主要手段，另外的重要手段就是多样化以及长距离流动，而二者都需要一种特定的家族组织才可以实现。作者共选取了 508 个家庭，研究了这两个主要手段的组合，以分析牧民的生计安全问题。研究发现，至少 40% 的被调查居民点由 1～2 户的小牧群（少于 50 头牛和 50 头羊）组成。畜群是维持生计的主要手段，但由于缺乏足够的劳动力和其他资产，这些贫困家庭的处境十分危险。[②]

四、结语

牧区的流动性是重要的，但流动性并不是孤立存在的，而是与牧民的生计、牧场的生态紧密地结合在一起的，它们是无法决然分开的。这是牧区、

[①] 参见 V. Bhasin. Pastoralists of Himalayas. *Journal of Biodiversity*, 2013 (2)。

[②] 参见 C. Manoli, V. Ancey, C. Corniaux, et al. How do pastoral families combine livestock herds with other livelihood security means to survive? The case of the Ferlo area in Senegal. *Pastoralism*, 2014 (1)。

牧民所具有的流动性的本质属性所在，本文将其称为一种"牧区的生计与生态互构模式"。但是这一属性往往在政策制定的过程中被忽视。ByJohn G. McPeak 强调，当代非洲牧民的作用被各类机构、外部观察者和政策制定者低估甚至误解。牧区的政策往往是在假设和原型的基础上制定的，没有充分的经验基础。①

牧民的能动性与政府管理之间需要有效互动，否则将无益于牧区的发展，也无益于流动性的良性作用的发挥。分析表明，无论牧区生态与生计是良性变动还是消极变化都与二者有着密切的关系。Y. Wang 等人对西藏牧民应对气候和全球环境变化的行为进行了分析，他们主张流动性范式允许牧场的灵活使用，但重建大规模的流动模式是困难的，政府需要制定灵活的政策，协调和规范不同区域之间的迁移路径，为牧民迁移牲畜提供现代化、便利的交通设施。②

进一步而言，只依靠传统的流动性机制以及其他地方性知识无法为解决牧区和牧业在不断变动着的经济、社会和生态环境中出现的新问题提供全部答案，有时甚至显得苍白无力。所以，把以流动性为主的传统地方性知识与政府的积极作为相结合是必由之路，以寻求流动性再造。A. Kassahun 等人对埃塞俄比亚畜牧业生产系统进行研究发现，由于环境的恶化和对草场资源管理不善，随着时间的推移，那里的土地干旱和草场退化情况越发严重；出现了贫穷和赤贫家庭，中层以下的财富等级消失了，即意味着随着时间的推移，贫困加剧了；由于环境恶化和牧场退化加剧以及缺乏减少或解决这些问题的国家政策，那些传统的应对机制正在失效。③

关于如何将二者有机结合促进牧区生态与生计的共同发展，深入的研究尚显不足，但一些研究已有所涉及。Trinity S. Senda 等人对埃塞俄比亚南部畜牧业土地进行的研究表明，当土地保留区的政策嵌入牧区的习惯结构中时，成功的机会就会相应提高。该研究主张，由于存在多种不确定性和复杂

---

① 参见 ByJohn G. McPeak, Peter D. Little, Cheryl R. Doss. *Risk and Social Change in an African Rural Economy—Livelihoods in Pastoralist Communities* (London: Routledge, 2011)。

② 参见 Y. Wang, J. Wang, S. C. Li, et al. Vulnerability of the Tibetan pastoral systems to climate and global change. *Ecology and Society*, 2014 (4)。

③ 参见 A. Kassahun, H. A. Snyman, G. N. Smit. Impact of rangeland degradation on the pastoral production systems, livelihoods and perceptions of the Somali pastoralists in Eastern Ethiopia. *Journal of Arid Environments*, 2008 (7)。

性，在这些地区实施的土地政策需要多管齐下并提供多种支持机制。[①] Anthony Egeru 在分析东非的牧民面临气候变化压力时，主张实施综合预警系统，并有效结合牧民的看法和做法，应对气候变化。[②] 这些为我们进一步开展关于二者的实践对话以及它们有机结合的方式等相关研究提供了启发。

---

① 参见 Trinity S. Senda, Lance W. Robinson, Charles K. K. Gachene, et al. An assessment of the implications of alternative scales of communal land tenure formalization in pastoral systems. *Land Use Policy*, 2020, 94 (5)。

② 参见 A. Egeru. Climate risk management information, sources and responses in a pastoral region in East Africa. *Climate Risk Management*, 2016 (11)。

第七章 "流动性再造":
西藏高原牧区空间之变与发展之型

截至 2017 年 12 月 31 日,西藏有草地 84312418.94 公顷,占全区总面积的 70.132%。① 以草地牧场为依托,西藏牧业县、半牧业县从事牧业的人口达到 88.9 万人。② 国家统计局公布的数据显示,当年西藏总人口为 337 万人,牧业人口占总人口的近 26.4%。牧业在西藏具有极端的重要性。

随着牧区内安居工程的推进,许多牧民的居住和生活空间发生了较大变化,从传统的游牧转变为某种程度的定居,而这种空间之变与当地经济社会发展产生了密切的关系,传统牧区的发展表现为牧业相关产品形成支撑,但定居后,牧业产品支撑意义的独占性消失,政府主导推进的商业模式、旅游模式深刻影响了牧区定居区的发展理念。

许多研究涉及牧区居住模式的变化,并关注定居对牧区生态恢复、经济发展、牧民生活等方面的影响。张涛将定居模式产生的效应归纳为三个方面:有利于高效利用草场资源、保护和恢复草地生态系统;有利于发展生产力,提高牧民收入;有利于提高牧民生活质量,建设小康社会。③ 李志刚在总结了牧民定居的五条经验和启示后,认为牧民实现了人居环境的巨大跨越。④ 但是,包智明教授提出了一个问题:"牧民和草原是生命共同体。在牧区城镇化进程中,牧民迁出牧区,割裂了牧民与草原之间唇齿相依的联系,带走了蕴藏在牧民身上的有关草原生态环境保护的传统知识和治理能力,从

---

① 参见《西藏自治区土地资源概况》,见西藏自治区自然资源厅网站:http://www.xzgtt.gov.cn/zygk/201008/t20100805_731612.htm,2018-12-03。
② 参见中国畜牧兽医年鉴编辑委员会《中国畜牧兽医年鉴 2017》,中国农业出版社 2017 年版,第 204~206 页。
③ 参见张涛《甘南藏族自治州牧民定居模式与效应分析》,载《甘肃社会科学》2003 年第 6 期。
④ 参见李志刚《牧民定居与小城镇建设:甘肃阿克塞哈萨克族自治县的案例研究》,载《社会》2004 年第 12 期。

而可能带来一系列政策的意外后果。"①

关于牧区生态与发展之间的关系，早在20世纪60年代就已经受到广泛关注，尤其是非洲因发展而导致的草原生态破坏问题。基于此，相应形成了关注草原流动性与生态保护的一种理论视角，该视角突出对传统畜牧模式的保存与促进，以此支持畜牧生态系统，而不是限制和破坏传统畜牧模式②；尊重牧业中存在的流动性的生计模式，避免城镇化居住给草原发展与生态环境带来的双重负效应。③ 在相关研究中，流动性对草原牧业、草原生态以及牧民生活的重要性已经广被论及，一种积极的价值理念占据主导："在长期的牧业实践中，牧民正是通过流动这一理性的策略躲避灾害，拓展自然资源利用的空间，在气候、地形、草场、牲畜之间寻求整体的平衡。"④ 一旦牧区内的流动性遭到破坏，就会严重威胁当地生态环境并伤害牧民生活。包智明教授针对富勒（M. Niamir-Fuller）和特纳（M. D. Turner）提出的"流动性范式"（mobility paradigm），通过对内蒙古清水区的研究，提出要把注意力转移到牧民主体上来，发现并推进"流动性的再造"。⑤

在高原牧区被纳入新农村建设、乡村振兴范畴之内的大背景下，居住与生活的空间之变并因此形成的流动性问题到底呈现怎样的状态？对牧区生态、牧区发展的影响是什么？在空间之变的过程中，当地政府的行为与牧民群众实践之间具有怎样的对话？它们对空间与发展的影响又是什么？这些问题目前尚未清晰呈现，需要深入研究并分析其带来的诸多可能的后果，以面对实践发出理论化的声音。

本部分所使用的流动性，是一种广义上的生活模式特征，既包括牧民在空间上的流动，也包括与牧区内谋生、致富手段的关联性。

---

① 包智明、石腾飞：《牧区城镇化与草原生态治理》，载《中国社会科学》2020年第3期。

② 参见 J. E. Ellis, D. M. Swift. Stability of African pastoral ecosystems: Alternate paradigms and implications for development. *Journal of Range Management*, 1988 (6)。

③ 参见 M. D. Turner. The new pastoral development paradigm: Engaging the realities of property institutions and livestock mobility in dryland Africa. *Society and Natural Resources*, 2011 (5)。

④ 包智明、石腾飞：《牧区城镇化与草原生态治理》，载《中国社会科学》2020年第3期。

⑤ 参见包智明、石腾飞《牧区城镇化与草原生态治理》，载《中国社会科学》2020年第3期。

一、西藏的安居工程及其影响

在中国的文化体系中,"安居"一词具有悠久而深刻的社会意涵。《老子》中有:"甘其美,美其服,安其居,乐其俗。"《汉书·货殖列传》中有:"各安其居而乐其业,甘其食而美其服。"杜甫的《茅屋为秋风所破歌》则提出了"安居乐业"的社会理想:"安得广厦千万间,大庇天下寒士俱欢颜,风雨不动安如山。"

土地、草原在西藏牧区均有着神圣性,我们可以用"藏族朴素的基于身体知觉的天人生灵合一生态伦理"[①]对其进行解读,由于这种内在的机制性,保持与这种神圣性的亲近与和谐也就再自然不过了。人们一直在社会与环境的双重力量中寻找着居住的方式。在牧区,牧民以"逐水草"的流动性居住为主;在半农半牧区,则有固定住所与流动住所两类。普兰县多油村以及县城周边山坡、峭壁上的洞穴具有定居的性质,这在当地一些群众的介绍中得以佐证,但是现在已经无人能够描绘群众在山洞居住时的场景以及何时搬出等情况了。这些洞穴多数已经被废弃,当然,在温暖季节到来时,边贸市场开始运营,来自尼泊尔等地的边民会择洞而居。

2006年开始实施的《西藏农牧民安居工程实施方案》(以下简称《方案》)拉开了西藏大力推进安居工程的序幕。《方案》提出:"十一五"期间(2006—2010年)完成21.98万户农牧民住房改造计划,使80%的农牧民住上安全、适用房是总体目标。实现安居并非安居工程的所有内容,这从安居工程的五项主要内容可以看出:农房改造工程,游牧民定居工程,扶贫建设工程,地方病重病区群众搬迁工程,边境县、乡"兴边富民"(包括人口较少民族聚居区民房改造)工程。[②] 以安居为突破口,推进乡村整体发展,是安居工程进一步发展的目标。[③]

---

① 赵国栋:《"神鱼现象":藏族原生态文化解释的一种机制隐喻》,载《原生态民族文化学刊》2019年第4期。

② 参见拉巴平措、陈庆英总主编,朱晓明主编《西藏通史·当代卷·下》,中国藏学出版社2016年版,第917页。

③ 参见周炜、孙勇《中国西藏农村安居工程报告2006》,中国藏学出版社2008年版,第71页。

安居工程的实施使西藏牧区的生态环境受到了消极影响吗？对此并没有明显的证据；相反，安居工程带来的积极变化却十分明显，譬如，牧民群众的居住条件得到改善，生活质量和健康水平得到提高，生产水平和现金收入也得到提高。[①] 这"是坚持以人为本科学发展的具体体现，是构建社会主义和谐社会的重要内容"[②]。有学者强调安居工程的"双模式"维度，即"安居"与"乐业"相结合[③]，而后者则是更深层次的内容，因为要做到"乐业"，不但要有适合的"业"，还要让牧民群众从中享受到快乐。从传统到现代的连续性看，牧民与生态环境之间的关系不可能完全断裂，尤其是草场与牛羊之间的联系。

安居工程是大势所趋，无论人们的态度如何，它都在快速推进，并改变着牧区群众的居住与生活、发展模式。那么，与安居工程相伴的到底是一种怎样的"业态"？牧区传统的流动性又发生着怎样的变化？安居房真的切断了牧区的流动性吗？简单给出结论并不明智，因为它展现出的是一种复杂的状态。笔者认为，流动性再造可以为较好地解读这些问题提供一种具有启发性的视角，并把我们从"流动性模式"的风险性研究取向引向流动性再造的生态文化推进模式；流动性再造中的一项文化要素在于：安居房在"家"的概念中的影像以及家作为一种超越时间、空间存在的生活意义。

二、行动与文化的产物：有机家园的共同体

"家"承载了一个人生活的物质与精神寄托，所以，"家"一般是有明确物质与精神指向的。在普兰县霍尔乡，"家"在此基础上有了进一步的延伸：构成一个具有流动性特征的有机共同体。

霍尔乡的安居房建在乡里，辖下的两个村（贡珠村和帮仁村）融合在一起，就如同两个村的牧场一样，你中有我，我中有你。两个村的村委会原先也是紧紧相邻的，共享同一个大门进出。2018年，两个村对村委会用房进行

[①] 参见拉巴平措、陈庆英总主编，朱晓明主编《西藏通史·当代卷·下》，中国藏学出版社2016年版，第918页。

[②] 周炜、孙勇：《中国西藏农村安居工程报告2006》，中国藏学出版社2008年版，第65页。

[③] 参见周炜、孙勇《中国西藏农村安居工程报告2006》，中国藏学出版社2008年版，第75页。

了重建，成了功能齐全的二层小楼，相互之间的距离仍不远。村民们的安居房在2006年前后陆续建好，后有少量安居房于2012—2014年建好，部分破损的房屋也进行了修缮。2019年，整体进行了一次检测和维修。2017年年底，霍尔乡共有安居型房屋676间，家庭户数为552户；2018年年底，共有824间，有559户家庭。① 一年内，房屋数量增长了148间，家庭户数增长了7户。房屋数的增长率（21.89%）远高于家庭户数增长率（1.27%）。

除政府补贴建设安居房外，一些群众开始自建和扩建房屋。多数冬春牧场以安居型房屋取代简易泥坯房或帐篷。这些可以视为房屋数量增长较快的重要原因。虽然牧民群众对安居房愈加重视，但这并不能因此得出人们忽视或不重视草场的结论。霍尔乡共有草场约105处，其中冬春草场53处，夏秋草场52处。每处草场都有相应的居住设施，政府发放的救灾帐篷或牧民自家用牦牛毛编织的帐篷是最简易的"家"。

畜牧业仍是霍尔乡的主产业，轮牧是主要的牧业形式。从事畜牧业生产的每一户牧民都有固定的夏秋牧场和冬春牧场，转牧场的时间为每年的6月底和10月底左右。

轮牧过程伴随着"家"的流动，但这种流动只是在整体"家"的概念下的"小家"的移动，"小家"是由牧民与他们的牲畜共同构成的，可称为"牧点家"，家里只备有必要的生活和放牧用品。与之相对应，还存在一种整体性的"大家"，它包含了生活的全部，可称为"牧家"。牧家既是一个地域概念，也是一个行动概念，更是一个文化概念。其地域涵盖牧民家庭所承包使用的牧场的全部，也包括乡里。在行动上，他们穿梭于自己承包的牧场上，关注鼠害、虫害以及草植情况，并通过转场引领着家中的牲畜享受草场带给它们的福利。这广大的牧场包含着人与草植、牲畜以及土壤等形成的关系，并发展成特有的文化形态。

这样，在霍尔乡5095平方千米的广袤土地上，形成了一种有机家园的模式："牧点家—安居家—牧家"。"安居家"似乎成为牧民们的一种重要寄托。2016年，那里安居房的使用主要有三类：一是出租给客商；二是用于居住生活；三是改造成茶馆自行经营。2019年8月，笔者在霍尔乡再次调查时发现，随着基础设施的进一步丰富和完善，在"安居家"中居住的群众增加了很多，尤其是那些无劳动能力的老人和孩子。据统计，截至2018年年底，霍尔乡共有无劳动能力者1375人（即非劳动力、非半劳动力），主要由老人

---

① 数据来源于西藏阿里地区普兰县统计局。

和儿童构成。老人在那里可以享受更好的物质生活与便利的基础设施，比如用水、用电以及购物。乡唯一的小学位于乡里，2018年年底共有223名在校学生，其中大多数未住校，而是住在乡里的安居房。

整体上，牧民群众正在迅速适应当地经济社会发展的状况，尤其是政府的各类新农村建设举措，他们积极谋求传统牧业与新的生活方式之间的平衡，这是一种体现于实践中的创造工作。在积极谋划、频繁往来之间，牧民群众的生活显得忙碌而充实。安居房成为他们观望世界、走向新生活的一扇窗。

一种由亲情、村务工作以及房屋修缮、租赁等因素构成的网络被构建起来，牧民群众经常以摩托车、汽车往返于牧业点和乡里之间。牧业以及家里的牛羊则是促成人们的选择和行动的另一种重要力量。这些均暗示我们，不能简单地从经济发展的角度或居住舒适、便捷的单一角度来看待这种家的共同体。从对生活的意义看，"安居家"与"牧点家"对生活的意义是不同的。"安居家"中，人们越来越多地使用非本土的东西，譬如，开始使用衣架，家中取暖更多地使用焦炭和煤，更多地到乡里商店中购物，人们享受着外部的"福利"。"牧点家"中，人们仍在草地或牛粪堆上晾晒衣物，牛羊粪仍是主要燃料，在那里，遵循和享受传统的安逸与自然仍是主流。基于这种实践活动与情感因素，"牧家"的出现也就显得很自然了。

有研究认为牧民定居后会产生一个大问题：牧民居住形式的城镇化与职业性质上的牧业化的显著反差产生负效应，即多数人仍然从事畜牧业，"城镇化处于不成熟的夹生状态"[1]。包智明教授的研究得出的结论却与此相对，他认为："牧民在牧区与城镇间往返流动的城镇化是以牧民为核心的新型城镇化，符合'以人为本'的城镇化建设原则。"[2] 本文认为，关于这一问题，首先需要考虑一对关系，即"城镇化"与"城镇化模式"。二者是不同的，后者是前者的组成部分，是方法和手段；前者必然要采取一种或几种城镇化模式。[3] 所以，这里的居住形式与职业性质的组合可能是一种城镇化模式的新取向。进一步看，它也可能是一种高原牧区城镇化的新模式。笔者调查发现，生活与产业的关系并不是"夹生"一词可以概括的。从经济收入的构成

---

[1] 李志刚：《牧民定居与小城镇建设：甘肃阿克塞哈萨克族自治县的案例研究》，载《社会》2004年第12期。

[2] 包智明、石腾飞：《牧区城镇化与草原生态治理》，载《中国社会科学》2020年第3期。

[3] 参见雷霞《我国城镇化模式研究》，四川大学出版社2018年版，第54页。

与增长情况看，有机家园模式显示出其优势，在一定程度上对冲了传统单一放牧状态下的散、慢后果，使牧民群众显出了更大活力，而且收入的构成更加丰富，增长明显（后文对此将进一步解读）。更重要的是，有机家园进一步呈现了作为社区有机性的某些重要特征：社区成员表现出兼容性、参与性与般配性。① 牧区社会是一个整体，评价社区的有机性，必然不能简单地把发展等同于经济收入的增加。在一个社区中，人们处于怎样的精神状态，人们体验到的生活契合度以及对其的评价如何，这些均应成为考量的重要指标。

所谓的城镇化与职业状态关系的"夹生"是一种新的牧区社会的未被深入认知的表象，在本质上可以被视作一种新的发展形态。在霍尔乡，有机家园以及与之相关的流动、整合展现了重要的结构性意义：它们与当地基层社会的各类规则与资源的关系紧密且作用明显。面对频繁的流动以及职业的多元，乡政府进一步强化了环境卫生的管理制度，与环保公司合作推进乡里卫生的优化，并从公厕的建设、村规民约、乡政府衔接牧民的办事机制等方面进行改革。这样看来，霍尔乡的实践可能表明，所谓的"夹生"问题只是被某种表象遮掩的一个处于静态的伪问题。

包智明教授对内蒙古自治区某区域牧民的研究发现并肯定了这种有机家园的模式，牧民在牧区、城镇都有家，并用现代化交通工具往返于二者之间，"重新过起了流动的生活，以新的形式延续着游牧时代的流动传统"，这样，牧民既享受到现代城镇生活的便利，也能够积极参与牧区重建之中，"这一过程不仅使牧区逐渐恢复了生命力，牧区空心化现象得到缓解，也促进了牧区新型城镇化发展"②。该研究的发现与笔者的发现相一致。

三、脱贫致富下的"流动性再造"效应

流动性再造的效应主要体现于三大方面，它们与有机家园共同体的形成是相伴的，而后者则为主要效应的出现与维持提供重要动力。

---

① 参见袁岳《重民时代》，北京航空航天大学出版社2012年版，第125页。
② 包智明、石腾飞：《牧区城镇化与草原生态治理》，载《中国社会科学》2020年第3期。

(一) 发展中的形态：多元增收与活力激发

霍尔乡群众所从事的行业正在变得丰富而多元。牧业是牧民的主要行业，以 2018 年的从业人数来看，在 1120 名从业人口中，有 906 人从事牧业；在乡政府的规划和推动下，从事其他行业的人数也在增加：交通运输业 17 人，商业、贸易、服务业 149 人，其他 48 人。具体的工作更能体现多元性，有经营超市的、经营茶馆的、出租房屋的、在县城打工的、开车拉货的、做旅游向导，以及从事清洁工作的，等等。小程夫妻来自东北，他们在霍尔乡租下了多间安居房经营饭店和旅馆，每年交给房东的房租为 6.6 万元。据小程介绍，当地约有五分之一的安居房被用于出租。牧民群众中有许多家庭拥有多间安居房，除了自住的房间外，他们会把空余的房间用于出租或做生意。

从 2017 年、2018 年的收入构成及对比可以看出（见表 7-1），牧业和商业在群众的收入中占据主导，而且增长很快。这样多元的收入构成有效地支撑起牧民群众的脱贫致富之路。2018 年，霍尔乡人均纯收入已经超过 1.1 万元，年增长率达到 91.53%。牧业、商业及其他收入以及各项费用支出的大幅度增长表明发展中广泛存在着活力。在发展过程中，霍尔乡牧民的职业多元化呈现出现代社会中的流动性特征，而牧业则是围绕牛羊的一种传统流动性的延续。

表 7-1 霍尔乡群众 2017—2018 年的收入构成与增长率

单位：元

年份	牧业收入	林业收入	商饮业收入	运输业收入	副业收入	其他收入	总收入	各项支出费用	总人口/人	人均纯收入
2017	8813109.00	2929632.00	386810.00	301800.00	3285110.00	2483289.60	18199750.60	5459925.18	2151	5922.75
2018	16388839.50	2929632.00	983650.00	154836.00	3485610.00	18260185.00	42202752.50	17303128.53	2195	11343.79
增长率	85.96%	0	154.30%	-48.70%	6.10%	635.32%	131.89%	216.91%	2.05%	91.53%

注：数据来源于普兰县统计局。表中不包括边境补助和草场补助。

(二) 草场利用的形与势：一种新的牧业形态

霍尔乡地域广袤，其中绝大部分是草场。2015 年之后的一年半时间内，乡政府对所有草场进行了系统的调查和划定，共划出 6 大块公共用地，以界桩标示，共打 395 块界桩。霍尔乡有一个奶牛养殖合作社，由两个村的牧民自愿入股，所用草场是公共用地的一部分。对大牧场进行区块划分，共划分7大块，两村分别为4块和3块。这些草场承载着霍尔乡所有牲畜的放牧。2018年，全乡共出栏牦牛、山羊和绵羊15307只（头），出栏率为31%；年末总存栏牲畜数为47764只（头）。

2019年发放的2018年草场补贴资金的情况可以反映当年霍尔乡草场与放牧的关系。当年牧民群众共承包草场4071737.22亩，其中禁牧面积为999999.72亩，草畜平衡面积为3071737.41亩。凡是年末存栏牲畜量少于"核定年末草畜平衡载畜量"的牧户将享受两大块政府给予的实惠：禁牧补助和草畜平衡奖励。绝大多数牧民认为这两项补助和奖励既可以保证他们的牲畜饲养与放牧活动，又能避免给草场带来过大的压力，还能享受较高金额的补助和奖励。牧户承包草场面积最小的为798.5亩，最大的为37326.01亩；最小的禁牧面积为387.6亩，最大的为7241.68亩。全乡未超载（畜）牧户共有413户，实得补助和奖励金额为9359362.45元。其中，最少的为2942元，最多的为82500元，每户平均近23000元。另外，向35名村级天然草原监督员发放补助172800元。

全乡共有9户未获得补助和奖励，他们年末饲养的牲畜量超过了"核定年末草畜平衡载畜量"，该9户共承包草场102061.93亩，其中禁牧面积为31424.48亩，草畜平衡面积为70637.45亩，核定平衡牲畜量为1330.06个绵羊单位[①]，年终牲畜量为4354.9个绵羊单位，超载3024.84个单位。有1户超载49个单位，其他8户均在100个单位以上，最多的超载数达534.1个单位。当被问及超载这么多会不会破坏承包的草场时，有牧民告诉我，他们以专用饲料补饲力度很大，而且还有补饲草料。2016年，笔者参加了一次乡政府出售饲料的活动，牧民们都很积极地参与，这些牧业大户更是如此。饲料按低于市场价10元的价格出售，并且买一送一。牧业大户多为乡里的富裕户，他们的收入主要来源于肉类、毛、绒、奶类以及优质种畜的出售。当地政府并没有严格要求这些牧业大户必须压缩饲养量，而是尝试通过饲料和市场协调草场放牧与牲畜数量之间的关系。

通过在夏秋牧场和冬春牧场之间的转场流动，牲畜与草场之间实现了较好的均衡，牧业也得到较好的发展，若以此为目标，那么如 M. D. Turner 所

---

① 绵羊单位的换算为：周岁以上畜，1只绵羊=1个绵羊单位、1匹马骡=6个绵羊单位、1头牛=5个绵羊单位、1头驴=3个绵羊单位、1只山羊=0.8个绵羊单位；当年新生仔畜，周岁以上畜折合绵羊单位×0.5。

言，牲畜的流动是实现目标的一种手段。① 由于承包的草场是固定的，所以，被广泛提及的传统式的完全游牧方式在霍尔乡并不存在。家庭中部分人口在乡里的安居房居住，而主要劳动力则按季节在两类牧场之间带领牲畜往返，所以我们可以将其视为一种"基于有机家园共同体的放牧模式"。有别于半定居放牧模式的家庭成员全员参与流动或无劳动能力者的不流动，该模式既突出了家庭中专门从事牧业的人员带着牲畜在特定时空中的流动，也突出了在"安居家"中从事其他行业的家庭成员的流动；同时，强调了牧家整体的流动性与有机性。因此，该模式也不同于完全的定居放牧模式。

在草场利用、牲畜数量与牧区社会发展之间似乎存在着一种张力，处理不好会出现"三败俱伤"的结果。分析表明，霍尔乡的实践似乎把这种关系调适到一种较为理想的状态。但随着牧民市场意识的不断提升，对利润的追逐可能会对这种均衡带来挑战，譬如，若牲畜数量大幅度增长，将会对乡政府、村"两委"的协调能力提出更大的挑战。因此，深入认知草场利用的形势，并继续利用好这种牧业新形态将具有重要意义。

（三）种草：流动着的集体生活

每年的9月中下旬，霍尔乡政府和两个村委会都要参与的牧草收割活动会如期而至。两个村主要有2处人工种草场地，2017年产出储备草料41102斤，2018年产出49594斤。种草是当地一种重要的集体活动，而且，由于种草的方式以及季节性的影响，种草活动本身体现出当地特有的流动性。

作为集体行动，种草产出的草料是共享的。两个村共同种草，待牧草长到最好时进行收割，晒干后集中存放，到严冬大雪时再取出供应牲畜或进行补饲。种草开始前要先对草场的水渠进行维修。以距乡里较近的一块场地为例，那里的水渠共分两段，一段是从河的上游引水的引水渠，另一段是流出并汇入河中的送水渠。当需要用水灌溉时，把引水渠打开；如果水量过大，则由送水渠把水引入河中。每当雨季，送水渠的作用更大。后来那里打了深水井，以防止干旱带来的不利影响。

在调查中，笔者见到了正在维修水渠的次旦（化名）。他正在认真地用铁锹清理坍塌的水渠，遇到较大的石头，他毫不犹豫地用双手挪动搬出。虽

---

① 参见 M. D. Turner. The new pastoral development paradigm: Engaging the realities of property institutions and livestock mobility in dryland Africa. *Society and Natural Resources*, 2011 (5)。

然他的普通话说得不流利，但并不影响我理解他想表达的意思。他说家中有四个孩子，一个原本在拉萨上学，但因为想家，所以没能完成学业就回乡，后来在乡里的小学做了厨师；一个孩子在县城上班；另外两个在家里放牧。虽然每天都要放牧，但他还是准备用3天时间把水渠维修好。

种草季节，人们建起多个用牦牛毛做成的帐篷，有白色的、黑色的，清晨，帐篷顶端升起袅袅炊烟。也有一些人在清晨骑着摩托车，或者几人乘坐同一辆皮卡车陆续赶到草场。人们种草能够从乡政府获得一定的劳动报酬，但是很少。在言谈中，笔者感觉不到他们对劳动报酬的期盼，或许他们本就不看重那点酬劳；作为一种仪式感较强的集体行动，人们似乎更喜欢沉浸在一起劳作的过程与氛围之中。

种草的时间节律性很强。这源于人们总结出的关于当地气候的经验：旱涝交替，即上一年比较干旱，第二年则会有较大的雨雪，尤其容易有暴雪。因此，每到涝年时，人们就格外重视牧草种植和对草场的保护，其表现之一就是有更多的人加入种草行列当中，期望有更好的收成以应对自然的威胁。

四、牧区"流动性再造"的机制

我们所讨论的"流动性再造"并非与传统牧区内以牧业为主导形成的人与牧场之间的关系相割裂；相反，它是建立于传统流动性基础上，并通过不同类型的行动者的实践，在"结构二重性"的理论视角下实现的具有某种历史的内在逻辑以及丰富了内容、组合成新的形式的流动性。霍尔乡流动性再造的机制体现于多种行动力量的实践，并与结构互动的过程相结合。以下维度将给我们有益的启发。

其一，从一种结构性的力量而言，流动性再造应该酝酿并发端于结构中的压力，其中主要是精准扶贫、建成小康社会产生的作用力。这种力量通过政府部门层层传递，并逐级细化，通过相应的规则、资源的结构形式抵达牧民，并促动和约束着牧民的行动选择。或者说，政府在结构的作用力下主导了这种流动性的再造，包括发端、过程、约束、促动等方面。进一步而言，乡政府和村"两委"的实践直接关联着这些再造的方面，他们对这种结构的力量推进得越强势，其作用显现得越真切。

其二，村民关于权威关系的默会并体现于实践产生了重要影响。默会知识很少被言传出来，但"镶嵌"于行动者的实践当中，对思维与行动起着直接作用。当笔者作为驻村工作队一员来到牧民家中时，他们表现得十分谦恭友善，打最好的酥油茶，拿出最好的风干牦牛肉——在当地，这是一种最高规格的待客礼节。这种礼节建立于牧民群众知道我们是党派出的驻村工作队，给我们的定位是："共产党派来的干部"。一位牧民拿出一个精致的小本子，在上面记录下我们的手机号码。那本子上几十页的纸上记录的全部是乡村干部、驻村工作队员以及其他所有到过他家的党员干部的名字和联系方式。我们所到的每一户家中，墙壁上的显要位置都贴着或摆放着毛主席的画像，并配有洁白的哈达。党和国家领导人的画像都摆放在家中的显要位置，格外显眼。这一点使乡政府、村"两委"在宣讲和落实政策时都更得心应手。

其三，在现实与传统之间出现的一种张力约束并促进着牧民群众的实践，或者说形成了一种二重性下的能动力。面对安居房、超市的物品、县里和乡里的各种打工机会，牧民们根据自身的情况探索如何平衡好二者的关系，这也对应着他们的实践。不同牧民的选择或许各有不同，甚至有较大的分化，譬如，有的主要在乡里打工，有的主要利用安居房经营茶馆，有的以为商家拉货为主，这些体现了实践的多元性。在产业与发展选择中体现出的能动性促成了多元性的生成，尤其促进了与以传统牧业为主的流动不同的流动模式的生成与维持。

其四，草场确权产生了一种重要的"确定性效应"，其催生的关于"自己家的草场"的概念使牧民群众对转场、牲畜流动、牧点与乡里之间的流动、职业的流动等产生了一定的确定性和安全感。这来源于他们在心理上所认可的传统生活模式及对草场的依恋、依靠获得了合法的保障——因为，草场是牧民本体性安全的根基。现代"风险社会"强调不确定性无处不在，但霍尔乡牧区对草场的确权产生了一种应对那些不确定性的确定性，牧民们基于此更加关心自身的草场，并以此作用于结构，延续确定性。

其五，出于对完全定居放牧的严重后果的预期（这更多出于实践的积累并作用于心理），该模式被接纳的可能性很小。定居放牧在霍尔乡未被采用的原因主要在于：①草场广袤并相应确权，公共用草场有明确要求，定居放牧将使草场与牛羊严重分离。②失去草场与牲畜的对应关系，草场生态链条将被破坏，譬如，导致鼠兔、旱獭对个别区域草场的严重破坏。③对边境牧区基层政府和牧民群众来说，国土安全与土地的亲密感不能分离，没有人居住以及没有人和产业流动性的国土谈不上安全的国土，而对土地没有感情也会动摇国土安全。基于这种理解,草场确权与有机家园共同体建设具有重要的积极意义。④县、乡政府推进的旅游、生态、文化的一体性产生了引导与型塑力量,定居放牧无法实现与该一体性的契合,若完全不顾这种一体性,那么将在实践中产生剧烈的矛盾冲突。基于霍尔乡群众对权威关系的默会,他们在大的取向上必然会选择与政府导向的有机契合。

五、结语

在牧区的空间之变与发展之路的探索生成过程中,政府的实践显示出重要性,其政策导向以及在各层级形成的相关实践引导并促进了有机家园共同体的形成以及牧区流动性的再造。总结经验并展望未来,霍尔乡政府各部门及其工作人员在实践中体现的科学化、全局化、长远化和人性化是关键因素。"听党的话,跟党走"寄托了霍尔乡群众对政府实践的殷切期望。

牧民的能动性的发挥也是霍尔乡找到生态与发展平衡点的关键,他们在与规则和资源的实践对话中改变着自身并影响着结构,在动态中使发展与牧区的特色达到一种较为契合的状态。因此,从政府实践的角度,制定规则和利用资源时善于激发牧民群众的能动性和创造性将是一件极富意义且影响深远的工作。

政府部门的实践与牧民群众的实践作为最主要的类型化实践,是通过特定行动者的能动性与结构(规则、资源)二重性实现的,也就是说,在理想状态下的某个静态时间点上,在既定规则、资源的基础上,不同类型行动者的实践发生时及发生后的某个持续时间范围内,规则和资源随之发生某种变动,并在这一过程中相互作用,最终形成特定的实践性后果,并体现于规则和资源的变化上。这是西藏高原牧区流动性再造得以发生的总体机制。这一机制可能在某些方面具有较好的启发意义,譬如,我们看待牧区的空间变迁与发展问题时,若能有效分辨出其中重要的可能的实践类型,那么就可以少走许多弯路。

最后,还要强调一种可能存在的误区,即认为传统牧区是以游牧式的流动性为主的。20世纪50年代对西藏广大牧区的调查显示,这可能是一种主观想象,或者说"传统牧区"被理想化了。当时,仁布县的绒巴草场分为嘎卓、卓、打热和志补四个"林",四"林"之间都有界石,以划定草场的归属。每一"林"的牧民差户有多有少,各户所使用的草场间也有界石,三年不得移动,不能越界放牧。① 无论何时,研究者不应忽视牧区中的人以及他们的生活是在特定时空与体制之下的,也就是说,那时的流动性不可能是完全自由的,而能够达到怎样的自由程度或者说在多大程度上实现游牧,还需要做针对性的研究。这给我们启示:在没有看到行动者的实践时,任何推测、任何把行动者与他们"应该或可能"如何做相匹配,都存在着风险;无论面对过去还是未来,把"行动者实践"作为一个研究视角都具有重要的价值。

(本部分原发表于《西藏民族大学学报》(社会科学版) 2020 年第 6 期。有改动)

---

① 参见《中国少数民族社会历史调查资料丛刊》修订编辑委员会《藏族社会历史调查(二)(修订本)》,民族出版社 2009 年版,第 143 页。

第八章 重识"游牧"：基于流动性视角的牧区发展深层逻辑

牧区生态与发展是学界研究的一个重点。在牧场私有化或者草场承包、牧民大规模定居之前，游牧是牧区主要的甚至是唯一的有效生存方式，这一观点被众多研究者所采纳，并基于此探讨游牧和定居关系带来的生态、发展问题。定居会导致游牧文化的式微，并威胁牧民的生计，同时造成牧区生态环境的恶化，这是其中一个颇具影响的观点。

本研究发现，"游牧"所指的流动性并不是随心所欲地引领着牧群实现所谓"生计"或"生态"的平衡，通常所说的"定居"也并非如一些研究所描绘的那样固定或对牧业具有毁灭性效应。有必要强调：任何牧场、牧业都存在于特定时空下的社会结构之中，把牧民和一群牛羊作为一个独立的研究单位去看待其功能与后果，这种做法值得商榷。

通过田野调查，结合西藏民主改革前的系列调查资料，本部分对"游牧"进行系统的反思，并讨论定居后的牧区社会维持生计、发展与生态之间有机性的关键机制。除特别说明的外，文中数据与资料均来自笔者2016—2019年在普兰县的调查。

一、文献综述：不可缺少的牧区流动性

（一）流动性及其积极功能

大量以非洲干旱、半干旱地区为田野场的研究注意到牧区发展的困境所在，其中关于牧区碎片化形成的流动性下降问题受到广泛重视。基于此，学界逐渐形成了牧区发展与生态问题的研究范式框架。包智明等归纳了20世纪80年代出现的"新牧区发展范式"（new pastoral development paradigm），

强调"要尊重、顺应、吸收牧业生计的流动性特征"①。游牧形成的流动性主要强调牧业人口与他们的牲畜进行大规模、大范围和长距离的迁徙,所依据的主要是牧民在生活、生产实践中形成的地方性知识,尤其是关于植被、牲畜、天气等方面的知识,从而使牧民、牲畜、植被以及天气之间达到一种协调状态。"新牧区发展范式"抨击的就是权力介入形成的草场区块化、资本化以及生活模式"现代化"等现象对流动性的破坏。

这种研究范式在多维度上得到呼应,譬如,一个突出的维度是从社会结构变迁背景下研究如何抵抗气候灾害。较多的实证研究肯定了如下观点:景观碎片化、城镇化和人口集中等因素破坏了牧民的流动性,从而不利于牧民,也有损于生态。D. Nkedianye 等人对 2005 年马赛地(Maasailand)四个区域内的牲畜死亡率与降水量的关系分析表明,牧民的流动性可能对干旱更为敏感,在市场导向更强但引进抗旱牲畜品种较少的零星地区尤其如此。基于此,他们主张,要对这些地区进行人为干预,尽量减少土地的碎片化,以保持和提高牧民的流动性。② 政府提供的政策支持是否更为有效,也是被质疑的一个维度。E. T. Yeh 等人以西藏那曲牧民应对气候变化的措施为例进行研究,认为,政府对他们的紧急救助和提供庇护的做法不如流动性有效,也不如劳动力的可用性重要;发展和环境政策以及更大的政治经济转型,都削弱了流动性和劳动力供给,并使牧民的应对策略从内部转向外部,增加了他们对国家的依赖。③

一般来说,牧民对其所在的环境有更深入的认知,通过长期观察与放牧实践形成相应的地方性知识;在面对干旱时,通过放牧迁移来应对是他们的首选;但是,不适当的土地政策以及发展规划干预了牧民们基于这种地方性知识的努力。④ S. Joshi 等人通过对巴基斯坦北部干旱和半干旱地区牧民对气候变化的应对的研究也肯定了这种认知。他们发现,在过去的 10~15 年里,

---

① 包智明、石腾飞:《牧区城镇化与草原生态治理》,载《中国社会科学》2020 年第 3 期。

② 参见 D. Nkedianye, J. de Leeuw, J. O Ogutu, et al. Mobility and livestock mortality in communally used pastoral areas: The impact of the 2005—2006 drought on livestock mortality in Maasailand. *Pastoralism*, 2011 (1)。

③ 参见 E. T. Yeh, Y. Nyima, K. A. Hopping, et al. Tibetan pastoralists' vulnerability to climate change: A political ecology analysis of snowstorm coping capacity. *Human Ecology*, 2014 (42)。

④ 参见 M. Tilahun, A. Angassa, A. Abebe. Community-based knowledge towards rangeland condition, climate change, and adaptation strategies: The case of Afar pastoralists. *Ecological Processes*, 2017 (1)。

牧民根据自身对气候变化的认知，采取了相应的迁移模式和多样化生计来应对，而这些认知得到了科学的证实。基于此，他们主张，牧区内的本土知识应该纳入政府主导的发展规划中，以期获得更好的效果。[1]

（二）流动性的相对性及其功能的有限性

那些把流动视作解决牧区经济、社会和生态问题唯一途径的人，仿佛设定了一种"统一性"的假设，不但过于强调牧区地方性知识的决定性作用，而且在某种程度上夸大了牧民生活的独立性，在研究中有忽视流动性功能的局限性的可能。

划分游牧的类型时，有两大类因素起到关键作用。一是部落的面积大小和人口的多少。如果部落面积大同时人口压力小，草场管理就会相对宽松，牧民放牧也就相对更自由；反之，则容易形成半定居游牧或定居轮牧。二是牧场单位面积的产草量和居住点牧户数及与之相关的牲畜数量。[2] 基于此，有人产生了对牧区"统一性"假设的质疑，即牧区是被分割的，人口压力是不同的，草场质量也不相同，放牧的管理也差异颇大，所以，牧区呈现出明显的异质性。那么，所谓的流动性到底指的是什么呢？其作用机制是什么？后果是什么？这些问题均需要深入研究。

牧区"统一性"的假设在非洲广泛流行，并成为政策制定者的一个重要出发点。对此，J. Davies 和 R. Bennett 进行了批判。他们直指非洲牧区的发展政策设定牧民是一个"贫穷的整体"的做法，并以埃塞俄比亚阿法尔州（Afar Region）的牧民为研究对象，通过探索牧民生计目标的实现和处理风险的传统策略，挑战了"统一性"游牧主义。他们明确提出，至少承认畜牧业的贫困既不是统一的，也不是普遍的，要基于这样的判断来改善、发展援助策略和加强针对畜牧社会中真正脆弱群体的工作。[3]

通常来说，理解流动性离不开基于人与环境互动生成的知识结构，简单谈游牧的流动性问题缺少实质性意义。譬如，P. Nadasdy 对印度的一项研究

---

[1] 参见 S. Joshi, W. A. Jasra, M. Ismail, et al. Herders' perceptions of and responses to climate change in Northern Pakistan. *Environmental Management*, 2013（3）。

[2] 参见廖国强、何明、袁国友《中国少数民族生态文化研究》，云南人民出版社2006年版，第48页。

[3] 参见 J. Davies, R. Bennett. Livelihood adaptation to risk: Constraints and opportunities for pastoral development in Ethiopia's Afar region. *The Journal of Development Studies*, 2007（3）。

认为，印度土著人在与环境的互动和参与保护项目等方面有着不同寻常的方式和过程，这些只能从他们自己的生活和文化背景来理解。① 但关于地方性知识是有利于牧区流动性的观点也并非牢不可破。K. Gaerrang 指出，过分关注和强调土著文化，把这些文化作为差异出现的独特原因，则忽略了土著民族与他们参与的政治、社会和经济变化之间的复杂关系。② 他以青藏高原高山湿地的萎缩为例，讨论了牧民在高山湿地的实践中的矛盾，分析了藏族牧民如何概念化地理解湿地，以及国家政策、市场力量和宗教规范如何发生作用，明确挑战了藏传佛教在环境保护中起决定性和一致性作用的普遍观念，指出牧民们是在与政策、市场逻辑、环境运动、宗教文化、传统力量等的对话中型塑着与湿地的关系，而不是简单的某种流动性。③ M. R. Dove 等人的研究也支撑这一观点。他们分析了土著居民和他们的传统做法在遇到新的社会安排时是如何应对与变化的，以及这些又是如何导致宗教信仰、生计和社会关系等传统范围的扩张以及对新环保、发展等新话语的含义的界定的。④ 这些研究表明，绝非流动性或者本土性知识在指挥全部。

概言之，无论持肯定态度或者质疑态度，游牧产生的流动性均受到格外重视，流动性也成为研究者研究的核心问题。但是，目前仍有两个方面值得重视：①鲜有研究质疑游牧在何种程度上存在，甚至对这一概念也少有深入细致的讨论。所以，一旦"游牧"这个概念出现偏差或者在研究中的使用出现问题，那么，以游牧为支撑的关于流动性的分析和结论则值得重新审视，譬如对牧区定居带来的对流动性冲击的论断。②在广泛关注国家力量、本土知识和流动性的同时，似乎鲜有研究探讨更为基础的要素，即如何推进牧区中的实践。

---

① 参见 P. Nadasdy. Transcending the debate over the ecologically nobleindian: Indigenous peoples and environmentalism. *Ethnohistory*, 2005 (2).

② 参见 K. Gaerrang. Tibetan buddhism, wetland transformation, and environmentalism in Tibetan pastoral areas of western China. *Conservation and Society*, 2017 (1).

③ 参见 K. Gaerrang. Tibetan buddhism, wetland transformation, and environmentalism in Tibetan pastoral areas of western China. *Conservation and Society*, 2017 (1).

④ 参见 M. R. Dove, M. T. Campos, A. Mathews, et al. The global mobilisation of environmental concepts: Re-thinking the Western-Non Western divide. In: H. Selin, A. Kalland. *Nature across Cultures: Views of Nature and the Environment in Non-Western Cultures* (Dondrecht: Kluwer Academic Publishers, 2003).

二、"游牧"形态及其所指

(一) 生产形态中的游牧

如果把"游牧氏族"作为一种历史进程中的产物,那么,"牧团""家庭""氏族"以及"氏族联盟"等则构成了草场界定的权力力量。游牧民族所带有的社会结构色彩与更早期的原始社会采集捕捞生产、狩猎生产相比更为浓厚,而后两者的"游"的性质更为明显(见表8-1)。因此,"游牧氏族部落时期"所表现出的是一种依赖于时空限制下的草场植被与牲畜共同构筑的关系网络的生产方式。

表8-1 人类社会历史进程(部分)

时期	装备技术、文化体系	劳动效用	社会组织形式	决策机制	社会文化模式
原始社会时期(前200万年—前3.5万年)	采集捕捞生产(旧石器早、中期)	个人无法养活自己	游团	多数直接决定	采集、渔、猎文化
原始社会时期(前3.5万年—前1万年)	狩猎生产(旧石器晚期)	个人无法养活自己	游团	多数直接决定	狩猎文化
游牧氏族部落时期(前1万年—16世纪)	放牧生产(新石器)	1人供养2~5人	家庭、牧团、氏族联盟	族长代议,多数决定	游牧文化
农耕氏族部落时期(前1万年—前3500年)	刀耕生产(新石器)	1人供养2人以上	母系氏族部落	女首领代议,多数决定	刀耕农业文化
酋邦时期(前3500年—前2500年)	耜耕生产	1人供养3.5人	父系部落联盟	酋长代议,多数决定	耜耕农业文化
奴隶社会时期(前2500年—前594年)	人力犁耕(耦耕)生产	1人供养5~9人	宗主分封民族国家	君主决定,分权管制	人力犁耕农业文化
封建社会时期(前594年—16世纪)	畜力犁耕生产	1人供养10人	宗主集权民族国家	君主决定,集权管制	畜力犁耕农业文化

注:本表整理自王迪《劳动与人类社会发展》(光明日报出版社2012年版,第178页)。

在氏族时代，存在很大范围的流动，放牧者与畜群看似无拘无束，但这一现象是相对而言的，因为任何部落及其领地均存在一定的边界。《淮南子·兵略》中记载："炎帝为火灾，故黄帝擒之。"① 事件起因是炎帝氏族步入农业阶段，而黄帝氏族仍以游牧为主。炎帝为拓展农垦而放火烧荒，破坏了黄帝氏族的放牧环境。

从生产形态的视角看，游牧即历史进程中的生产形态，与农业生产形态相对，亦可称为"游牧文明"与"农耕文明"。它们作为16世纪以前主要的文明形态，并不存在先进与落后、文明与野蛮的严格区分②，只是突出了生产方式的差异。两种生产方式的核心分别是"牧"和"耕"，即以牧业形态为主的生产与以耕种形态为主的生产之间的区别是关键。所以，在生产形态的视角下，人与自然、人与人之间的相互关系才是问题的核心，我们更应该关注的是，牧业是如何在特定时空下支撑起牧民群体的生活的，牧业本身又是如何通过牧民群体而得以存在的。

（二）实践中的游牧与游牧民

青藏高原存在游牧生活方式，阿里地区被认为是这种生活方式存在的重要区域之一。③ 归结起来，相关文献中，"游牧"有两个重要特征：①没有长久的定居点（一般认为居住一年以上的），一年四季随牲畜在草场上流动。④ 它强调的是在特定区域内，尤其是在某类季节性草场上的停留时间。②草场区分为季节性草场，流动是在季节性草场之间进行的。⑤

"游牧"的核心在于：①作为一种生产的生态特征决定其目的是保护草原；②是"赶着牧群，逐水草而居的人们的生活方式"；③是"根据季节变化与更换草场的需要，每年经常往返于不同营盘之间的过程"⑥。可见，"游

---

① 赵昌平：《开天辟地：中华创世神话考述》，复旦大学出版社2019年版，第130页。
② 参见额灯套格套《游牧社会形态论》，辽宁民族出版社2013年版，第163页。
③ 参见丹珠昂奔《中国民族百科全书（6）：藏族、门巴族、珞巴族卷》，世界图书出版公司2015年版，第194页。
④ 参见丹珠昂奔《中国民族百科全书（6）：藏族、门巴族、珞巴族卷》，世界图书出版公司2015年版，第194页；廖国强、何明、袁国友《中国少数民族生态文化研究》，云南人民出版社2006年版，第49页。
⑤ 参见丹珠昂奔《中国民族百科全书（6）：藏族、门巴族、珞巴族卷》，世界图书出版公司2015年版，第194页。
⑥ 额灯套格套：《游牧社会形态论》，辽宁民族出版社2013年版，第9页。

牧"概念的背后是牧民群体的现实生活,这种生活存在于特定时空的社会之中与生态之内,一味强调放牧的流动性的"游"和放牧实践的"牧"均无法真正反映这种生活。

"游牧""半定居游牧"与"定居放牧"三个概念的最大区别在于居住地与居住时间的差异。① 游牧在实践中表现为:不在某地久居,而是季节性地在各草场之间迁徙性地放牧。半定居游牧的主要特征是:多在冬春草场的安居房或定居点生活。② 定居放牧有严格的限制:只限于在不同类型的季节性草场之间,以及草场与定居点之间的距离不会太远的情况。比较三者,无法清晰地看到"游牧"的特征所在,尤其是与"半定居放牧"之间的差异,似有强行构建的意味。

"游牧民"的主要特征对应着"游牧"的界定。"游牧民"的主要特征有:①把动物饲养作为唯一或主要的生计方式;②根据牧场的可用性和动物的需求被迫改变活动空间;③家庭成员分工完成动物的饲养工作;④经济生产是必不可少的基础生计。③ A. Manderscheid 提出,"游牧民要拥有家畜"④,实际上,这在特定社会结构下并不能完全成立。譬如,西藏民主改革前,牧场的"诺巴""路孜"(他们都属于地位低下的群体)们并不拥有属于自己的牛羊,他们只是放牧工具,专职放牧的农奴和奴隶更是如此。

在"游牧""半定居游牧"与"定居放牧"三者构成的概念框架下,"游牧民"的第一、第三、第四个特征是共享的,第二个特征是"游牧"和"半定居游牧"所共享的,但是,定居放牧有时也需要依据牧场的可用性在某种程度上改变活动空间。在西藏普兰县霍尔乡,一些牧民定居于乡里,但依然会根据季节到不同的牧场进行放牧。

"游牧"一词与它要反映的本质之间似乎存在某种错位。帕拉斯曾对游牧者与权力的关系做了细致的描述,他告诉我们:没有什么无拘无束的游

---

① 参见丹珠昂奔《中国民族百科全书(6):藏族、门巴族、珞巴族卷》,世界图书出版公司2015年版,第194页。
② 参见廖国强、何明、袁国友《中国少数民族生态文化研究》,云南人民出版社2006年版,第50页。
③ 参见 A. Manderscheid《一种游牧生活方式的复兴:壤塘牧民的生存策略》,王蔷译,见苏发祥《人类学视野中的安多藏区研究》,中央民族大学出版社2013年版,第375页。
④ A. Manderscheid:《一种游牧生活方式的复兴:壤塘牧民的生存策略》,王蔷译,见苏发祥《人类学视野中的安多藏区研究》,中央民族大学出版社2013年版,第375页。

牧，无非是生活在权力与自然复杂关系之中的一种表达。[①] 那么，历史为什么会青睐"游牧"这个词汇呢？迁徙放牧的表象以及由此产生的流动性给人们带来了误解和误用。

三、流动性的边界：西藏民主改革前草场之用

自然原因和社会原因共同影响着具有一定流动性的放牧。一般认为，牧民驱赶牲畜进行放牧的一个共同原因是特定的牧区范围内地广人稀，同时水草的产量低，人们被迫驱赶牲畜在不同的季节性草场进行放牧，这也被视作一个基本的自然生态原因。[②]

西藏民主改革前，社会原因中有两点不容忽视：①牧场被权力分割；②放牧者的选择与行动受到限制和挤压。西藏广袤的草场被分割霸占，一部分放牧者完全失去了人身自由，而大部分牧民则成为农奴主、领主、贵族们的属民，支差服役，遭受剥削；与此同时，放牧者内部也严重分化，贫富差距很大，草场也随之被进一步分割。

自然原因与社会原因相互影响并程度加深，譬如，青藏高原的草场对牲畜的承载力较低[③]，牧草质量与丰裕程度也较低，所以农奴主、贵族、领主们把对草场的争夺作为重要的财富积累手段，在争与掠之间，对草场的破坏又进一步加重，草场的产量也相应降低。被视作放牧工具的放牧者想要以他们的放牧经验改变自然与社会之间的恶性循环，根本看不到希望。

民主改革前，然巴是西藏的一个大贵族，在江孜区域内有绒巴、普玛羌塘和那木丁3个牧场，并细分为14个"林"。1957年左右，3个牧场的差

---

① 参见［德］P. S. 帕拉斯《内陆亚洲厄鲁特历史资料》，邵建东、刘迎胜译，云南人民出版社2002年版。

② 参见廖国强、何明、袁国友《中国少数民族生态文化研究》，云南人民出版社2006年版，第49页。

③ 譬如西藏阿里普兰县的各类天然草场，年均约0.96公顷草场方可支撑1只绵羊，即使是其中产鲜草量最高的低地高寒沼泽化草甸，也要0.16公顷才能支撑1只绵羊（见西藏自治区阿里地区普兰县地方志编纂委员会《普兰县志》，巴蜀书社2011年版，第306页）。

巴①共有 211 户，有牲畜 85254 只（折合成绵羊单位，不包括然巴自有的）②，牛、羊是主要的牲畜种类，专门给然巴放牧者共有 12 户（见表 8-2）。

表 8-2　1957 年西藏贵族然巴草场与差户简况

草场名	差户数	差户的牲畜数	放牧领主牲畜的户数		主要畜种	包含"林"数
			放牛户	放羊户		
绒巴	89 户	30291 只	5 户	—	牛	4 个
普玛羌塘	83 户	28470 只	—	4 户	羊	5 个
那木丁	39 户	26493 只	3 户	—	牛	5 个
合计	211 户	85254 只	8 户	4 户	—	14 个

注：数据整理自《中国少数民族社会历史调查资料丛刊》修订编辑委员会《藏族社会历史调查 2（修订本）》，民族出版社 2009 年版，第 142 页。做如下说明：①表中不包括归属或依附于然巴的"堆穷"（藏语，意为"小户"）及其他类型户数。②表内牲畜数为绵羊单位，1 头牦牛折合 6 只绵羊，1 只山羊折合半只绵羊。表内牲畜数不包括骡马和黄牛，这些牲畜不支差。③为领主放牛的牧户叫"诺巴"，每户有 40~80 头牛和 35 只羊，性质为"其美协美"（藏语，意为"不生不死"），即租约成立后，无论牧户租的牛羊死活，要永远交租，且领主可以强迫他们做工与服务。④为领主放羊的叫"路孜"，每户"路孜"有 999 只绵羊，性质也是"其美协美"。

以绒巴草场为例。该草场共分为四"林"：嘎卓、卓、打热和志补。"林"与"林"之间有界石，用以区分不同的草场范围，除非重新划分"林"，否则边界永远不得变动。大"林"会安排较多的牲畜，小"林"则会少一些。归属于某一"林"的差巴不一定要住在该"林"的草场内，因为他们也可能租用其他领主的草场。各"林"内，不同差户的草场间亦以界石分割，一般三年不得移动，不得跨界放牧。③

然巴在自己的草场内建立起严密的管理体系：设有"定本""定穷"各一个；各"林"之下再设"出本""出俄""台俄"等，层级分明。"定本"是领主在绒巴草场的代理人，占据着草场内最好的草业资源。"定穷"是为

---

① 差巴，即差民，存在于西藏民主改革前，可理解为"支差者"。是在"三大领主"（官家、贵族、寺院上层僧侣）的牧场或土地上劳作，向领主支差并为其服务的人。
② 《中国少数民族社会历史调查资料丛刊》修订编辑委员会：《藏族社会历史调查 2（修订本）》，民族出版社 2009 年版，第 141 页。
③ 参见《中国少数民族社会历史调查资料丛刊》修订编辑委员会《藏族社会历史调查 2（修订本）》，民族出版社 2009 年版，第 143 页。

了辅助"定本"执行领主的意志,加强对统属牧民的管理而设立的。"出本"由草场内各"林"中牲畜最多的牧户担任,每一"林"中有一个"出本"。"出本"要根据牲畜数量排出次序,称为"第一出本""第二出本",以此类推。"出本"作为"林"内的首户,发挥着上承下达的作用,帮助"定本"完成在"林"内的管理事务。"出俄"由牲畜数量第二的牧户担任,每"林"一户,在绒巴草场内同样依据牲畜数量排序,称为"第一出俄""第二出俄",以此类推。"出俄"只协助"出本"做一些日常事务,已无特殊权利。牲畜数量少于"出俄"者即为"台俄",也按数量排出顺序,并无特殊权利。三年后清点差畜时,根据实有牲畜数量再次定名。①

绒巴草场的管理体系是以差巴为主构成的,虽然他们占据绒巴草场牧业人口的绝大多数,并构成一个社会等级,但内部的分化十分明显,这就决定了差巴内部使用草场权利的差异。"塔堆娃""贱人"在绒巴草场上的地位等级则更低,一般没有牲畜,每当领主需要奴仆时,"塔堆娃"就是"最佳人选"。②"贱人"包括屠夫、乞丐、铁匠等人,处于最底层。

在偏远的区域内,一些草场归部落共同使用,部落中各户拥有随意放牧权,这对草场造成了较为严重的破坏。但完全的公共草场极少也很难持续,因为其中的优质草场会很快被掠夺或霸占。民主改革前,那曲宗(今西藏自治区那曲市)的孔马部落曾有一块作为全部落共用的公共草场,是部落先人们以画押文书的形式向达赖喇嘛申请,获得批准才得以划定的。但部落头人江森洛布依仗权势把其中约25平方千米的草场占为己有③,剩下的共用牧场"属于无组织的放牧……没有按季节放牧……人们不知道培植牧草"④。那曲宗的桑雄阿巴部落中质量较好的草场被"奔仓"、"索如"、"协敖"和"阿中"们霸占,到这些草场放牧必须交纳各类草租,否则牧户们只能在剩下的草场内放牧。⑤ 牧民们为了生存,不恰当地放牧,使原本贫瘠的草场生态进

---

① 参见《中国少数民族社会历史调查资料丛刊》修订编辑委员会《藏族社会历史调查2(修订本)》,民族出版社2009年版,第143~144页。

② 参见《中国少数民族社会历史调查资料丛刊》修订编辑委员会《藏族社会历史调查2(修订本)》,民族出版社2009年版,第145页。

③ 参见《中国少数民族社会历史调查资料丛刊》修订编辑委员会《藏族社会历史调查3(修订本)》,民族出版社2009年版,第1~2页。

④ 《中国少数民族社会历史调查资料丛刊》修订编辑委员会:《藏族社会历史调查3(修订本)》,民族出版社2009年版,第2页。

⑤ 参见《中国少数民族社会历史调查资料丛刊》修订编辑委员会《藏族社会历史调查3(修订本)》,民族出版社2009年版,第60页。

一步恶化。

四、重回边界性：走出游牧想象

一些研究把牧民驱赶牛羊流动的表象理想化了：牧地资源被认为是纯粹的公共资源，并可以开放获取。① 那些忽视社会结构，尤其是忽视牧区社会结构、文化网络、群体关系、权力与文化关系而只抓住牛羊数量、草场使用、牧民的放牧知识、建立育肥合作社、保持传统放牧方式等进行的研究，就陷入了这种想象之中。

《新唐书》中有关于"游牧"的表述："北有颇黎山，其阳穴中有神马，国人游牧牝于侧，生驹辄汗血。"② 意为："北面有颇黎山，它南面的洞穴中有神马，国人在洞旁放牧雌马，生驹就是汗血马。"③ 从句意理解，此"游牧"为动词，即放牧。该表述是对吐火罗（亦称"土豁罗"）的介绍，该地位于葱岭以西，乌浒河以南，吐火罗的人们世代在那里定居。④ 从吐火罗人的"定居"以及有神马的洞穴来看，这里的"游牧"一词绝不是强调漫无边际的"游"。从"游牧"一词的早期使用看，强调"游牧"中的"游"或者"居无定所"应是一种误解或一种想象。

"游牧"想象有两个假定：①牧场没有社会结构因素造成的边界性，或者牧场边界不构成其必要前提；②牧民具有在牧场上的绝对放牧权，或者说，牧民与其对应的牛羊在牧场上的流动是不受其他规则或资源限制的。这种想象大多存在于对牧民定居以及牧场围栏的设置、圈养牲畜等方面的质疑中，认为它是古老放牧民族的主流生计方式。西藏民主改革前，那曲宗的罗马让学部落的水草丰美，可承载1万多只牛和2万多只羊，全部落共54户人家，236人。这些牧民大部分是定居放牧，他们认为半定居和季节性游牧

---

① 参见 A. Gonin, G. Filoche, P. L. Delville. Dynamics of access to pastoral resources in a farming area (Western Burkina Faso): Unveiling rights in open access regimes. *International Journal of the Commons*, 2019 (2)。
② 许嘉璐：《二十四史全译：新唐书》第8册，汉语大词典出版社2004年版，第4795页。
③ 许嘉璐：《二十四史全译：新唐书》第8册，汉语大词典出版社2004年版，第4795页。
④ 参见许嘉璐《二十四史全译：新唐书》第8册，汉语大词典出版社2004年版，第4795页。

是不得已的事情。① 在牧场面积近 2000 平方千米的那曲县桑雄阿巴部落,人们也是定居轮牧。②

"游"字在"游牧"一词中所涉及的范围、形式、功能等方面被夸大了,并取代了游牧的本质属性:牧民、牲畜与草场之间复杂关系的牧业实践及其背后的社会结构,还有牧民的重要特征。关于这一点,A. Manderscheid 强调了梅尔文·戈德斯坦等人关于藏族聚居区牧民自我意象的观点:"他们的自我想象主要着眼于成为完整的牧民(即脱离农业的实践)而不是迁移他们的畜群(游牧生活)或者住在帐篷里。"③ 无论从社会结构的视角还是从牧民自身,"游"字都无法传达牧业和牧民生活的本质,"游牧"也更像是一种构建的幻象。

真实存在的"游牧"从产生到演变,直到现代社会对它的使用,实际上都未离开根据特定区域内草场实际情况的季节性的放牧生活方式,它有自身的实践体系和结构,根本特征就在于这种实践体系与结构通过放牧者的实践在不同季节草场之间生成、维持、转换和流变,此时,牧民的实践与相关的结构并生。所以,"游牧"一词未能很好地反映其本身所承载的实践特色。

不考虑边界性的"游牧"脱离了历史情境,对应该高度关注的特定历史、特定社会结构以及群体的生存状态弃之不顾,加之"游牧"一词对牧民、牧业本质表现出的无力,或者说无法给予良好的阐释,因此,该词容易把普通读者引入歧途。基于此,在关于现代牧区的研究中(而非强调文明形态),可以尝试用一种更为贴切的用词代替"游牧"。"牧"和"徙"是游牧和游牧民两个范畴的核心要素,并构成"徙牧"。"牧"是核心,代表着价值取向;"徙"是方式或者途径,突出在不同区域牧场以及季节性牧场之间的流动性。"牧"是价值上的实践,而"徙"是方法上的实践。

以下从"徙牧"视角分析西藏民主改革前的牧业生活。围绕放牧这一核心,"牧"和"徙"共同体现了牧业背后的阶级关系、社会关系、经济关系和文化关系。牧民被封建农奴制的社会结构所压制和压榨,放牧是他们谋生的手段,更是农奴主、领主们剥削他们的手段。为了放牧,他们需要"迁

---

① 参见《中国少数民族社会历史调查资料丛刊》修订编辑委员会《藏族社会历史调查 3(修订本)》,民族出版社 2009 年版,第 21~22 页。

② 参见《中国少数民族社会历史调查资料丛刊》修订编辑委员会《藏族社会历史调查 3(修订本)》,民族出版社 2009 年版,第 58~60 页。

③ 转引自 A. Manderscheid《一种游牧生活方式的复兴:壤塘牧民的生存策略》,王蕾译,见苏发祥《人类学视野中的安多藏区研究》,中央民族大学出版社 2013 年版,第 375 页。

徙",这基于区域和牧草的有限性。所以,在阶级社会的框架下,牧民只能在被给定的牧场内进行流动的放牧。"流动性"的程度是社会结构性的,主要影响因素在于:农奴主、领主等权势阶层内部对草场的争夺与占有情况,牧民们归属于哪些农奴主和领主,以及牧民、农奴们在农奴主和领主争夺后剩余的贫瘠草场上糊口的概率,这些直接影响着"徙"的主体、形式、边界、后果等一系列关键问题。作为个体体验并汇聚成共同知识,牧民放牧与迁徙的经验主要来自他们的能动性,是放牧过程与草场之间复杂关系的知识总结。因此,"徙牧"可以看作一种社会结构与放牧文化相结合的产物。

从历史角度看,大规模的定居以及为了保护牧场、草原生态而实行的"限牧""禁牧""生态恢复"等政策的实施,使"徙牧"的地理区域范围呈现缩小的趋势。但是,无论定居程度如何,"徙牧"并没有消失,而是以不同的形式存在着。西藏牧区的实际情况显示,以牧民生活为主体的不同季节牧场之间的迁徙放牧依然较好地保存着。这种状况或许暗示着:在实践体系中,"徙牧"与定居之间并不一定存在不可调节的矛盾。

五、流动与定居的有机性:一个案例的呈现

民主改革以来,西藏草场制度经历了三个主要阶段:牧民个体所有制阶段(1959—1965年)、牧民集体经济阶段(1965—1978年)和家庭草场承包经营阶段(1978年之后)。[①] 普兰县霍尔乡的草场在2018年前后全部完成了确权,拥有自主使用和流转权。人们对自家的草场更加重视,更加爱护,对处理草场与牛羊的关系方面也更加用心,他们世代积累下来的地方知识得到很好的利用。[②]

霍尔乡是纯牧业乡,牲畜数量占全县的半数以上。2018年年底,全乡共有559户,有房屋824间。人们不但在乡里有了安居房,而且牧业点上的房屋也不再是土坯房或者简易的帐篷。一些人把乡里的安居房出租或改造成茶馆、超市,同时在牧业点继续着他们的放牧生活。牧业仍然是那里生活的核

[①] 参见范远江《西藏草场产权制度变迁研究》,四川大学出版社2009年版,第50页。

[②] 参见 L. Dradul, P. Heng, K. Oli. Traditional knowledge of ecology and environment from Tibetans in the holy area of Kailash of TAR. *China Tibetology*, 2018(2)。

心,放牧生活依然是牧民们的主要生活方式。牧民们不但在安居房与牧业点之间往返流动,而且仍然维持着在不同季节性草场之间的流动。A. Gonin 和 D. Gautier 指出,牧民的网状领地(由迁徙走廊和大量牧场组成)在气候变化和土地使用权变化的背景下具有重要意义,是任何旨在改善畜牧业的治理政策的关注中心。[①] 霍尔乡这种"安居家—牧点家"的有机家园模式及由此形成的流动性,可视为"网状领地"的一种体现。霍尔乡的现实生活情况也展现了它的价值性。

一般认为,补饲是现代牧业不可缺少的组成部分。霍尔乡有两块人工种草地,由两村共同支配,种草成果共享,以应对雪灾侵袭。2017 年产出储备草料 41102 斤,2018 年产出 49594 斤。2017 年普兰县秸秆产量(含青稞秸秆、豌豆秸秆、马铃薯秸秆、油菜籽秸秆)12117048 斤,2018 年的产量为 9665929 斤,全部为自用。虽然秸秆产区位于半农半牧的普兰镇,但霍尔乡群众亦可以通过交换等形式从中受益。进入冬季之前,每家都会储备一定的应急饲料,并享受优厚的补贴:饲料价格甚至不到市场价格的一半。Bernd Andreae 以世界主要干旱地区的农牧业发展为主题,描述了畜牧业可能的发展阶段。他发现,畜牧业的发展与四季的饲料补饲供应量有很大关系,而不完全取决于牧场。他指出,牧场发展的各个阶段都有其典型的饲料补偿方式,不同的饲料补偿方式是干旱地区畜牧业的典型特点。[②] 该研究肯定了因地制宜的多样化补饲对畜牧业发展的重要性。

合作放牧的形式是霍尔乡的重要牧业形式。合作放牧指的是以双联户为主,2 户以上的牧户自愿结合到一起进行放牧。放牧时,牧民把各家的牲畜(牛羊分开)混在一起(各家的牲畜用不同的标识进行标记),各家轮流出劳力执行放牧任务,所使用的草场也是各家的联合,按季节性草场进行徙牧。Y. Wang 等人以原那曲县(今西藏自治区那曲市)为例所做的研究认为,牧民自发地将牲畜聚集成更大的群体,在共享的牧场上放牧,这是一种灵活的牧场使用形式,并对牧场流动性具有积极意义。[③]

民主改革刚完成时,普兰县的牲畜总量为 6 万多头(只、匹),1984 年

[①] 参见 A. Gonin, D. Gautier. Shift in herders' territorialities from regional to local scale: The political ecology of pastoral herding in western Burkina Faso. *Pastoralism*, 2015 (1)。

[②] 参见 B. Andreae. Means of increasing productivity in extensive grassland farming in arid areas of Africa. *Geo Journal*, 1978 (4)。

[③] 参见 Y. Wang, J. Wang, S. C. Li, et al. Vulnerability of the Tibetan pastoral systems to climate and global change. *Ecology and Society*, 2014 (4)。

后，数量快速增加，至 1997 年年末，牲畜存栏数达到 17.57 万，2000 年时为 17.12 万。① 当时，全县可利用草场面积为 946 万亩，理论载畜量为 24 万个绵羊单位。以 1997 年为例，当时以牦牛为主的大牲畜（包括犏牛、黄牛等）数量为 2.11 万头，按 1∶6 的转换比例（当时折合比率），合 12.66 万个绵羊单位；绵羊为 10.39 万只；山羊为 5.06 万只，按 1∶0.5 的转换比例（当时折合比率，后来调整为 1∶0.8）为 2.53 万个绵羊单位。这样，1997 年牲畜总量已经超过了理论载畜量 1.58 万个绵羊单位。由于草场压力过大，2000 年之后，牲畜数量逐步下降，至 2018 年，全县年末牲畜存栏数为 8.9227 万头（只、匹），其中以绵羊和山羊为主，牦牛共 1.073 万头，大牲畜总共 1.5232 万头，整体上实现了较好的草畜平衡。当年，霍尔乡获得的草畜平衡奖励额超过 935 万元。牧民们在肯定这种奖励的同时，也肯定了草畜平衡对草场保护的作用：牲畜密度变小了，在季节性草场之间，甚至在同季草场内部的流动性更大了，草场也变得更加肥沃。

从收入及其构成的分析可以发现，2018 年，霍尔乡牧民群众的人均纯收入超过了 1.1 万元，而牧业收入仍是主要来源之一，占总收入的比重为 38.83%。若考虑当时的劳动力和半劳动力人口只有 1120 人，那么牧业对于人们生活的重要性就更加明显了。

霍尔乡的情况表明，安居房和安居活动的出现和强化并不像一些研究所说的那样消极，它们甚至认为完全毁掉了牧民们的传统放牧方式，破坏了草场生态，牧民生活无所依靠；相反，那里的安居不但没有扼杀传统的放牧流动，反而在保持了一些传统的放牧知识与方式外，催生了新的形式，有了新的内容，牧民收入大幅度提高，牧民生活大幅度改善。M. Nkuba 等人所主张的流动与定居相结合的牧区发展策略②在霍尔乡得到了有效支持。安居与"徙牧"之间呈现了良好的有机关系。

那些以因牧场家庭承包或确权而使牧场条块化为依据提出的批评似乎也难以服众，或者说"牧场条块化"降低了流动性的观点已经不再畅行无阻了，实践和相关研究已经给出了相反的证据。M. Liu 等人利用 1985—2008 年内蒙古 60 个县（旗）的数据分析了土地使用权改革对草原生态变化的影响。

---

① 参见西藏自治区阿里地区普兰县地方志编纂委员会《普兰县志》，巴蜀书社 2011 年版，第 308~311 页。

② 参见 M. Nkuba, R. Chanda, G. Mmopelwa, et al. The effect of climate information in pastoralists' adaptation to climate change. *International Journal of Climate Change Strategies and Management*, 2019 (4)。

研究发现，土地制度改革对草原退化的影响并不显著，土地利用的变化和市场需求（肉类价格）的增加是草原退化的主要驱动因素。① 这警示我们：关注草场生态的破坏不能简单归因，不能忽视在社会结构下问题的复杂性。

六、牧区的风险性：流动与定居的二元之痛

如果流动性与定居组成的有机关系被破坏，譬如定居成为形式主义，牧民没有定居生活的实质变化，抑或流动性严重萎缩无法满足迁徙放牧，等等，就会带来较高的社会和生态风险。以下从文献中简要列出三类风险。

其一，尚未被完全认知和掌握的生态风险。原因在于它游离于现存知识体系之外，有较大的不确定性。G. Veeck 等人以甘肃省为例检测了放牧模式的改变对草场生态的影响。他们认为，2000 年之后，对牧区生态的保护与之前相比有了很大改变，即使有大量的资金投入用于改善牧区生态，但对方法的运用存在较大争议，譬如牧民安置、禁牧区的划定、圈养牲畜等。他们发现，虽然随着圈养牲畜的增加，牧草质量得到了改善，但牧民反映说，对草场生态以及水的消耗产生了负面作用。② C. P. Kala 对印度喜马拉雅高海拔区域内的喜马拉雅蓼科杂草（Polygonum polystachyum）扩散做了研究，发现，为了保护这片区域，管理者有意清除喜马拉雅蓼科杂草的行动不但没有起到保护区域生态的作用，反而引发了土壤受侵蚀和不稳定性，阻碍了自然植物群落的建立。③ R. S. Reid 等人以东非为例讨论了牧区的碎片化问题，认为牧区系统首先在湿润牧地或干旱牧地的关键资源区（湿地、河流区）形成碎片，其生态效应广泛存在于植物种群、养分循环和土壤中，对大体型动物产生显著影响，但是人们对这种综合效应的后果知之甚少，更无法有效评估对

---

① 参见 M. Liu, L. Dries, W. Heijman, et al. Land tenure reform and grassland degradation in Inner Mongolia, China. *China Economic Review*, 2019（55）。

② 参见 G. Veeck, Z. Li, F. W. Yu, et al. Contemporary changes to herding systems in China and effects on pasture quality: A case study in Gansu Province, 2000 – 2012. *Environmental Monitoring and Assessment*, 2017（11）。

③ 参见 C. P. Kala. Pastoralism, plant conservation, and conflicts on proliferation of Himalaya knotweed in high altitude protected areas of the Western Himalaya, India. *Biodiversity and Conservation*, 2004（5）。

人类生态福祉的影响。①

其二，两种土地类型的生态分化。R. J. Haynes 和 P. H. Williams 对主要放牧区和主要居住区之间的土壤进行了研究，发现，牧羊把营养物质和有机质从主要放牧区带到了居住区（营区），导致放牧区域内的营养物质减少，同时导致主要居住区域内的土壤生物活性下降。② 他们指出，放牧动物通过土壤—植物—动物系统的流动对土壤养分产生重要影响，原因在于动物只利用了它们从草场中摄取的营养物质中的一小部分，有 60%～95% 的营养物质以粪便和尿液的形式排出体外。因此，粪便和尿液中的营养物质先返回到土壤中，再返回到牧草中。③ 这揭示了牧区两类土地资源生态差异形成的一种重要机制。

其三，生态资源的社会权利的脆弱性。Daniel J. McGahey 研究了南部非洲的牧业生产问题。在那里，牧场被围栏分割，以控制牲畜疾病的传播和保证牲畜出口业的丰厚利润。研究着眼于这些具有"兽医"效应的围栏是如何改变当地的畜牧系统，特别是资源获取和牲畜流动的模式。研究发现，这种做法总体上减少了对草场的压力，避免了大范围的畜类疾病传播，牲畜安全状况得到了改善；一些牧民对围栏的评价也是正向的，认为其发挥了积极作用；但是，少数在围栏设置中被边缘化的牧民认为牧场的优质资源被有权势者瓜分了。所以，研究提出了对牧区存在的广泛的社会分化和特定区域内的社会脆弱性的担忧。④

政府推进的对高原牧区的大规模社会、经济、文化建设中，流动与定居的相对平衡状态一旦被打破，或者其中某些元素过度变动，那么隐藏的风险就会破坏牧区生态以及当地的社会关系和社会建设。如何寻求二者的平衡关系，如何维持和优化各类元素的存在状态，这些无疑是复杂的系统工程，但无论依据何种理论、采用何种方法，都离不开牧民与管理者的具体实践。

---

① 参见 R. S. Reid, P. K. Thornton, R. L. Kruska. Loss and fragmentation of habitat for pastoral people and wildlife in East Africa: Concepts and issues. *African Journal of Range & Forage Science*, 2004 (3)。

② 参见 R. J. Haynes, P. H. Williams. Influence of stock camping behaviour on the soil microbiological and biochemical properties of grazed pastoral soils. *Biology and Fertility of Soils*, 1999 (3)。

③ 参见 R. J. Haynes, P. H. Williams. Nutrient cycling and soil fertility in the grazed pasture ecosystem. *Advances in Agronomy*, 1993 (49)。

④ 参见 D. J. McGahey. Livestock mobility and animal health policy in Southern Africa: The impact of veterinary cordon fences on pastoralists. *Pastoralism*, 2011 (1)。

七、钩深索隐：牧区建设中的实践对话

政府（政治范畴和科学范畴）和牧民（民间范畴）无疑在化解风险的过程中承担了重要角色。化解风险的价值目标应在于双向有益：既利于牧民改善生计，又利于保护和优化生态。从价值目标而言，政府应从如何推进公益性建设的角度推进自身实践，同时必然作用于作为牧区最重要主体的牧民，二者在动态关系中追寻目标的实现。

针对三类风险，可以简要勾勒出政府实践的方向。对第一类风险，应利用相关专业机构充分评估任何改变牧场现状的举措带来的生态效应与社会效应，重视、评估与追踪牧场的关键区域形成分割后的碎片化效应，进而把握规律，寻求应对之策。对第二类风险，应引导牧民改变把牛羊粪主要作为炊事燃料的做法，引导他们以科学的方法处置粪便、尿液并将之返回牧场；关注并协调流动性维持问题。对第三类风险，应着力建设针对资源与机会的更为公平公正的牧区社会建设。

牧民实践被视为牧区的关键力量，牧民也常被描述成具备复杂实践与地方性知识的主体，在干旱和半干旱区域内维持着一种"植物-动物-人"的"可持续的三角关系"。基于此，畜牧实践也常被描述成种植制度、家畜管理、自然资源保护和社会文化组织汇合而成的综合体。这种畜牧实践系统在脆弱的干旱和半干旱区域内可持续管理方面的重要性已经得到有力证明。[①] 从政策制定以及相应的实践角度与牧民进行深度的对话具有必要性，其目的在于使他们所掌握的仍具备价值性的地方性知识和相应的实践能够与政府推动的实践进行对话，寻求化解风险和提升实践效果的优化状态。

把草场的产量、牲畜承载力和畜牧业人口视作影响牧区生态与发展的关键因素，这已经得到较广泛的认可，三者的均衡具有重要意义[②]；但若把三者及其平衡状态看作最主要的影响因素或者唯一的影响因素，则存在着较大

---

① 参见 A. Koocheki, S. R. Gliessman. Pastoral nomadism, a sustainable system for grazing land management in arid areas. *Agroecology and Sustainable Food Systems*, 2005 (4)。

② 参见 J. P. Zhang, L. B. Zhang, X. N. Liu, et al. Research on sustainable development in an alpine pastoral area based on equilibrium analysis between the grassland yield, livestock carrying capacity, and animal husbandry population. *Sustainability*, 2019 (17)。

风险。至少这一思路有忽视政府和牧民两类主体之间的实践互动之嫌。以下关于牧区对气候适应方面的研究将为我们进一步明确两类实践以及它们之间的对话机制具有一定的启示作用。

M. Nkuba 等人研究了地方性预测（indigenous forecasts）和科学性预测（scientific forecasts）对乌干达西部 Rwenzori 地区牧民适应性选择的影响，指出，针对牲畜迁移，牧民主要运用地方性知识预测和科学预测相结合的方式。在畜牧业适应气候变化方面，地方性预测与科学性预测相辅相成，并以科学性预测为主；在牧区增加气象站数量，并提升科学预测气象的精准度，能够更好地帮助牧民提升对气候的适应能力。[①] M. Tilahun 等人研究了埃塞俄比亚东北部的阿法尔（Afar）牧区牧民应对气候的情况。阿法尔牧区的牧民在应对气候变化的影响方面具有丰富的经验，他们通过分析和评估具体情况来解决生计问题；但是，不适当的土地使用政策和发展干预措施忽视了牧民的努力。研究指出，牧民们在资源使用决策中的边缘化以及教育的缺乏、获得基本服务的缺失限制了他们适应气候变化的能力。所以，在制定畜牧发展政策时，应注意吸收当地的经验与知识，并进行必要的干预，以提升牧民的话语权，确保对牧场和水资源的管理，提升畜牧生产力。[②]

可以发现，牧区发展中的实践"对话"是重要的，但如何推进并有效展开则绝非易事。笔者认为，在这类对话正式形成之前，要做探索性的工作，即通过有效中介，在村"两委"和每位村民中形成一种氛围，使他们自觉检验政府拟推进的实践，这种"检验"是一种先行的"对话"，主要表现为地方性知识与外部知识的"对话"与相互检验。在相对充足的时间内，通过村"两委"汇集和分析先行"对话"的结果，并由专门机构进行充分的评估。根据评估结果，推进预定实践或对预定实践进行修正和再论证，并再次进入先行"对话"和实践探索，如此形成一个有效循环，直至形成某种优化的政府实践方案。本文将这一机制称为"先行实践对话机制"（基本架构与关系见图 8-1）。

---

① 参见 M. Nkuba, R. Chanda, G. Mmopelwa, et al. The effect of climate information in pastoralists' adaptation to climate change. *International Journal of Climate Change Strategies and Management*, 2019（4）。

② 参见 M. Tilahun, A. Angassa, A. Abebe. Community-based knowledge towards rangeland condition, climate change, and adaptation strategies: The case of Afar pastoralists. *Ecological Processes*, 2017（1）。

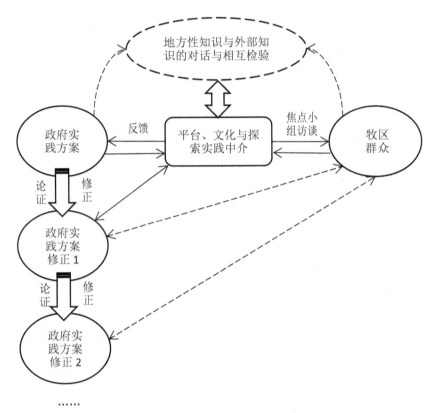

图 8-1 牧区"先行实践对话机制"基本架构与关系

村"两委",尤其是村书记和村主任在"先行实践对话机制"中扮演着关键角色,他们不但是意见汇集"平台",而且发挥着领袖的引导作用,可以在某种程度上消弭那些缺少建设性的处于边缘状态的意见(判断依据主要来自地方性知识以及科学认知)。同时,他们也是某种程度上的"文化翻译者"。为了促进决策者加深对民族传统生态知识的理解,他们首先需要在当地的语境中理解源语言和文化,然后创造性地将当地的情况反映到政府实践中去①,形成一种文化与探索实践的中介。

具体操作中,"先行实践对话机制"可以有多种选择,较为有效且节约成本的方法是模拟"焦点小组访谈"的形式。"焦点小组访谈"是针对某个问题进行的集体座谈或讨论,由主要信息占有者相互验证、讨论评估和优化

---

① 参见 X. L. Shen, J. X. Tan. Ecological conservation, cultural preservation, and a bridge between: The journey of Shanshui Conservation Center in the Sanjiangyuan region, Qinghai-Tibetan Plateau, China. *Ecology and Society*, 2012 (4)。

方案。整体而言，由村"两委"作为座谈的组织者，各村组派出相应的代表参与座谈。其中获取的用于分析的信息主要有三种：①小组成员对问题的回答。"问题"来自于政策设计中的疑虑与不确定性，也包括县、乡政府以及村"两委"对拟实施政策的提问。对问题的回答一般是分析的中心。②座谈期间各小组成员的谈话内容及相互讨论内容，其中可能包含重要信息。③座谈过程中的个体行动和互动信息，可能从中获取言语和文本中无法获取的信息。[①]

这些信息由作为"平台、文化与探索实践中介"的村"两委"加以汇总和解读，形成结论，直接反馈给乡政府和县政府部门。县政府再组织乡政府、村"两委"进行进一步讨论分析，并请专门机构进行评估（科学范畴），对政府政策方案进行再论证和相应修正。虽然这是一种循环推进的过程，但并不意味着无休止的讨论和修正，因为"先行实践对话机制"的目的是防范和降低风险，通过第一次的"焦点小组访谈"就可以较为充分地获取相关风险信息，所以，第一个循环的作用是最关键的，越是后面的循环，可能对问题的专注性越强，但整体风险已经较低。

在这一过程中，村"两委"的组织座谈与分析信息的能力是重要基础，所以，这里存在一个前提假设，即要把村"两委"的能力提升到相应的水平。如果村"两委"无法有效完成小组座谈，则可以考虑将这种座谈提升到乡级水平，由乡政府组织专人开展，或者以其他灵活形式完成。但应始终把握住座谈的目的：有效落实"先行实践对话机制"。

八、结语

在现代牧区研究中，对"游牧"一词不恰当的使用（过度抽象与渲染）所造成的臆象与真实的牧区生活存在着较大差距，导致难以从中把握牧区生活的本质。一些基于该词所形成的研究框架、结论以及给出的问题解决路径隐藏着某种缺陷。研究者尤其要警惕以此为出发点对牧区流动性所形成的任何草率的判断。

关于被大多数研究所强调的关系着牧区生态与发展的牧区流动性，本研

---

① 参见陆益龙《定性研究方法》，商务印书馆2011年版，第264页。

究给出了相关的支撑。但这种流动性不再仅仅是牧民为了谋求生存而被迫适应环境与气候，它已经成为一种具有自主意识的，以协调环境与发展之间关系为主题的新的流动性。

与其把流动与定居作为牧区牧民生活的两种方式，不如将二者视作有内部关联机制的有机整体，并形成一种具有新元素、新取向的流动性。二者相互结合的机制与失衡的风险都应引起高度重视，生成并维持好结合机制并控制好失衡风险，是长期的复杂的工程。也就是说，新的流动性与结构性因素密切相关。它们作为现实机制，只能由"实践"将其具体呈现出来。基于此，政府的实践和牧民群众的实践及他们的对话机制应被赋予重要意义。

第三编　实践问题

第九章 牧区之发展：从"牧区均衡模型"说起

畜牧业的重要性不言而喻，它不但支撑着农牧人口，而且为城市人口的生活做出了重要贡献。预计2005—2050年，全球畜牧业规模将增长70%以支撑不断增长的人口对肉、奶的需求。[1] 牧区的生态与产业发展问题是畜牧业的核心问题，也是人－自然－产业三角关系的两个核心要素。但如何在平衡关系中实现生态与产业发展的共同进步，或者说关于路径和方法，并没有一个获得广泛认可的结论。

把牧业人口数量、草场产量以及草场牲畜承载力作为影响牧区生态与发展的关键因素，已经得到了较广泛的认可。J. P. Zhang等人认为，三者是影响牧区生态环境和可持续发展的关键因素，因此，明确畜牧业压力和畜牧业人口承载力对草原管理决策和畜牧业的可持续发展具有重要意义。[2]

这种"人口－草场－牲畜均衡说"（以下简称"牧区均衡说"）是一种基于牧区社会三大要素相平衡的模型，即牧业人口数量、草场的牧草产量以及牲畜饲养数量三者之间在牧业人口生计与草场资源的承载力上达到的平衡状态。这种平衡状态意味着草场不会被过度放牧，牲畜数量适宜，而且可以为牧业人口提供较好的生计。该模型也被视为牧区社会进一步发展的前提。

走出静态的假设，我们会发现，牧区经济社会是复杂的，而且处于一种持续的动态之中，所以，任何的均衡可能只是某个点上的状态，并且隐含着忽视一些重要因素的风险。中国牧区社会建设的目标与乡村振兴的目标具有统一性，即追求产业兴旺、生态宜居、乡风文明、治理有效和生活富裕，目标的复杂性与系统性对牧区的生态与发展的要求是否可以通过"牧区均衡说"全部实现，需要深入探讨。所以，对"牧区均衡说"贸然给出肯定的

---

[1] 参见 A. Mottet, F. Teillard, G. Cinardi, et al. Contribution of pastoral systems to global food security and potential for sustainable intensification. *Journal of Animal Science*, 2016 (Suppl 5)。

[2] 参见 J. P. Zhang, L. B. Zhang, X. N. Liu, et al. Research on sustainable development in an alpine pastoral area based on equilibrium analysis between the grassland yield, livestock carrying capacity, and animal husbandry population. *Sustainability*, 2019 (17)。

答案似有不妥。

本部分从"牧区均衡说"出发,从文献和实证两个角度探讨牧区生态与发展面临的困境以及破解困境的关键问题。笔者更强调脱贫和发展问题,生态问题寓于发展问题之中,实证视角下的发展是以保护生态为前提的。

一、"牧区均衡说"的困境

(一)安居的程度及其与流动性的关系问题

虽然视角不同,但牧区研究的两大范式——流动性范式(mobility paradigm)和现代化范式(modernization paradigm)均强调牧区流动性的重要性。① 前者强调对牧区系统的理解,支持畜牧系统及其与自然的关系,主张减少外部力量的人为干预;后者强调牧区的出路在于加强混合养殖系统,而不能依靠畜牧系统本身。② "牧区均衡说"本身有忽视牧区流动性之嫌,这是其最突出的弱点。

流动性是和定居以及草场承包紧密联系在一起的。后二者必然对流动性产生影响,流动性的实现和维持与定居、草场承包存在着矛盾。如何协调它们的关系是牧区生态建设与经济社会建设中一个无法绕过的问题。Richard H. Lamprey 和 Robin S. Reid 认为,除非能够有效管理土地以维持牲畜和野生动物的自由流动,否则肯尼亚马赛马拉国家保护区(Maasai Mara National Reserve)独特的畜牧-野生动物系统将很快消失。③ 包智明、石腾飞强调在实现牧民的定居过程中,要协调好生计与流动性之间的关系,从而实现"流

---

① 参见 M. Moritz. Competing paradigms in pastoral development? A perspective from the far north of Cameroon. *World Development*, 2008 (11)。

② 参见 M. Tiffen. Population pressure, migration and urbanization: Impacts on crop—livestock systems development in West Africa. In: T. O. Williams, S. Tarawali, P. Hiernaux, et al. *Sustainable Crop—Livestock for Improved Livelihoods and Natural Resource Management in West Africa* [Wageningen (Netherlands): CTA, 2004]。

③ 参见 Richard H. Lamprey, Robin S. Reid. Expansion of human settlement in Kenya's Maasai Mara: What future for pastoralism and wildlife? *Journal of Biogeography*, 2004, 31 (6)。

动性的再造"。① 但牧区的情况千差万别,如何因地制宜实现这种再造则是一个极为复杂并需不断探索的过程。

(二) 草场承包产生的具有分割效应的副产品问题

牧区家庭承包经营政策作为中国牧区三大管理政策之一,对调动牧民群众的积极性、促进其生活水平的提升起到了积极的作用;但是其副作用也不容忽视。

娜日嘎拉和海山呼格吉勒图以内蒙古正镶白旗照拉嘎查作为研究对象,发现那里有较多的牧业人口外迁现象,而这一现象形成的主要原因是草场的碎片化和退化导致的牧民生计困难;同时,这种被迫的外迁并没有提升他们的生活水平。② 该问题指向对草场承包以及用围栏分割牧场的做法带来了负面影响,譬如,草场退化和承载力下降、畜牧业成本增加以及畜牧业收入下降。

Richard H. Lamprey 和 Robin S. Reid 系统分析了 20 世纪下半叶的 50 年里肯尼亚西南部马赛人的居住模式、植被、牲畜数量和野生动物数量的变化,他们发现,人们由原来的山谷居住区域向南扩展定居区,林木遭到破坏;到旱季,斑纹角马涌入马拉牧场,牲畜与野生动物之间的竞争开始加剧。70 年代,建立了集体牧场,确立了土地所有权。到 80 年代末,随着人口的迅速增长(1983—1999 年的增长率为 4.4%),新的定居区被开辟出来;但人均牲畜饲养量无法满足牧民的最低生活需要。为了生计,20 世纪八九十年代,马赛人丰富了生计类型,通过旅游业、小规模农业和机械化耕种租赁的土地增加收入;但旅游业收入分配严重失衡,只有一小撮精英受益。研究认为,随之而来的土地私有化可能导致种植业和牧场围栏的增加,严重的条块分割将使野生动物的生存空间受到挤压,旅游业也将因此受到影响,牧区将面临新的困境。③

---

① 参见包智明、石腾飞《牧区城镇化与草原生态治理》,载《中国社会科学》2020 年第 3 期。

② 参见娜日嘎拉、海山呼格吉勒图《内蒙古牧区牧业人口迁移特征及其原因探讨——以正镶白旗照拉嘎查为例》,载《地理科学研究》2019 年第 1 期。

③ 参见 Richard H. Lamprey, Robin S. Reid. Expansion of human settlement in Kenya's Maasai Mara: What future for pastoralism and wildlife? *Journal of Biogeography*, 2004 (6)。

总的来说,"牧区均衡说"无法解决定居以及草场分割带来的"副产品",因此也无法对这一困境进行有效回应。

(三) 动物疾病及药物使用带来的困境

牲畜饲养量的增加以及草场承包经营带来的牲畜饲养的相对集中和条块分割,也带来了另外的一些看似无法避免的问题,即牲畜传染病以及野生动物疾病的传播。如果不能有效控制二者,就可能对牧民生计以及生态环境构成严重的威胁。"牧区均衡说"似乎无法对此给出有效的应对。

在埃塞俄比亚,牧场占了农业用地的63%,牲畜产品约占埃塞俄比亚外汇收入的10%。Kula Jilo强调,要特别注意牧区众多的限制因素,譬如,动物疾病猖獗,动物营养不良,畜牧和销售系统不良,基础设施差和缺乏受过培训的人力等方面。基于这些限制因素,要格外重视兽医服务在改善牧民生活方面的作用;同时,要注意疾病控制活动中对化学药品的不当使用带来的巨大负面影响。[1]

牛结核病是由牛型结核分枝杆菌引起的一种人兽共患的慢性传染病,我国将其列为二类动物疫病,一年四季均可发生,主要通过呼吸道和消化道传染。

家畜反刍动物和野生有蹄类动物是牛型结核分枝杆菌的宿主。R. S. Mwakapuja等人研究了坦桑尼亚牛型结核分枝杆菌在野生动物 – 牲畜交界区和野生动物保护区内的感染情况。研究表明,在Mikumi-Selous生态系统中,由于野生动物与家畜共享牧场和水源,增加了感染风险。要控制这种传染病,只能通过相关各方的共同努力,尤其要做好在牲畜、野生动物与人类生活区的交界处的传播防控工作。[2]

(四) 牧区内生物多样性的困境

草原牧场被看作一种复杂的生态体系,具备特定的生物多样性,并以此

---

[1] 参见 K. Jilo. Insufficient veterinary service as a major constrants in pastoral area of Ethiopia: A review. *Journal of Biology, Agriculture and Healthcare*, 2016 (9)。

[2] 参见 R. S. Mwakapuja, Z. E. Makondo, J. Malakalinga, et al. Molecular characterization of Mycobacterium bovis isolates from pastoral livestock at Mikumi-Selous ecosystem in the eastern Tanzania. *Tuberculosis*, 2013 (6)。

维持着草场的生态平衡。草场的退化会导致生物多样性的消减甚至丧失，也将损失由自然植被提供的生态支持。① "牧区均衡说"似乎对如何维持牧场中的生物多样性缺乏针对性。

Foggin J. Marc 指出，青藏高原牧区是世界上最重要的放牧生态系统之一，它们广泛分布于高山大川之间，孕育了众多江河源头，具有极为重要的生态意义。世界上大约40%的人口依赖或受这些河流影响。为了有效保护草原上的动植物群落，他主张以一种社区共同管理（community co-management）的模式加强对各类威胁的应对，并且所有利益相关者都要积极参与。②

解决生物多样性问题需要一种多参与主体的积极行动，而不能只限定于牧民—牲畜—草场的封闭范围。当然，牧场合理的载畜量对这种多样性的维持是有积极作用的。③ 但这只是一个前提，并且无法抵御其他因素带来的负面效应。至少，有必要更好地了解野生动物与牲畜之间的相互作用以及这种作用对牧场上生物多样性保护的影响。④

在其他方面，我们也会看到"牧区均衡说"的无力之处。传统的解释模型认为人口压力的变化会导致定居与游牧现象的变化，而牲畜数量的增加和牧场的减少则是牧区生态恶化的"罪魁祸首"。P. Robbins 认为，该模型无法解释印度拉贾斯坦邦游牧上升的现象，他研究认为，正是制度和经济模式的变化为这一现象的发生创造了条件。⑤ 同时，"牧区均衡说"无法全面深入地评估政府与牧民之间的互动以及这种互动带来的影响。在坦桑尼亚，绿色经济模式受到广泛推崇，南部农业发展走廊（SAGCOT）将大规模农业投资与环境保护结合起来，并被政府、投资者、援助者以及捐助者视作非洲绿色

---

① 参见 Hussein M. Sulieman, Abdel Ghaffar M. Ahmed. Monitoring changes in pastoral resources in eastern Sudan: A synthesis of remote sensing and local knowledge. *Pastoralism*, 2013 (1).

② 参见 Foggin J. Marc. Depopulating the Tibetan grasslands: National policies and perspectives for the future of Tibetan Herders in Qinghai Province, China. *Mountain Research and Development*, 2008 (1).

③ 参见 Ramiro D. Crego, Joseph O. Ogutu, Harry B. M. Wells, et al. Spatiotemporal dynamics of wild herbivore species richness and occupancy across a Savannah rangeland: Implications for conservation. *Biological Conservation*, 2020 (242).

④ 参见 Ramiro D. Crego, Joseph O. Ogutu, Harry B. M. Wells, et al. Spatiotemporal dynamics of wild herbivore species richness and occupancy across a Savannah rangeland: Implications for conservation. *Biological Conservation*, 2020 (242).

⑤ 参见 P. Robbins. Nomadization in Rajasthan, India: migration, institutions, and economy. *Human Ecology*, 1998 (1).

经济的典范。但是，在处理与牧民的关系时，外部力量把牧民视作环境退化的制造者的观点强化了政府要清除山谷中的牲畜和牧民据点的决心，为农业投资腾出空间并加强环境保护。结果，每一次驱逐都导致牧民向其他地区蔓延，造成了新的农牧民冲突和环境冲突。①

综合以上讨论，"牧区均衡说"的困境的根本在于其过于静态地把握牧区生态、贫困、发展以及社会建设问题，因此很难全面、动态地发现和协调在执行一项良性政策时隐藏的问题或者临时出现的问题，造成某种情境下"均衡"的失灵。要找到困境的突破口，就必须先找到打破其静态模式的切入点。

乡镇政府作为最重要的基层政府，它与牧区牧民群众的对话沟通将为我们提供有益启发。它本身既随时保持着动态性和持续性，又以特定情境下出现的具体问题为依据，以解决问题和走出困境为基本出发点。在实践中，对话沟通本身也是政策有效落实的关键。下面笔者将从脱贫与发展的视角进行进一步展现和讨论。

二、贫困的拼图：来自一个牧业乡的案例

牧区的贫困是发展视野下被高度重视的议题，因为很多研究与实践秉承着一个理念：牧区在整体上是落后的、贫困的，是发展的"危险地带"。笔者认为，这正是一种重大误判。"牧区均衡说"对牧区存在的贫困问题也无法给出有效的解决途径。

J. Davies 和 R. Bennett 指出，众多针对非洲牧区发展的政策有一个假设，即牧民是贫穷的。他们对埃塞俄比亚阿法尔州的牧民生计与风险管理的研究发现，这是一种误解，对传统游牧的描述并不准确。所以，任何旨在援助畜牧社会中真正脆弱群体的工作者必须首先承认：畜牧贫困既不是统一的，也不是普遍的。②

传统的牧区贫困论似乎同质化了"牧民"的概念，抹杀了这个术语所包

---

① 参见 M. Bergius, Tor A. Benjaminsen, F. Maganga, et al. Green economy, degradation narratives, and land-use conflicts in Tanzania. *World Development*, 2020 (129)。

② 参见 J. Davies, R. Bennet. Livelihood adaptation to risk: Constraints and opportunities for pastoral development in Ethiopia's Afar region. *The Journal of Development Studies*, 2007 (3)。

含的多种生计形式以及牧区内的贫富差异。基于此，Peter D. Little 等人强调，必须改变那种把畜牧主义（pastoralism）等同于贫困的发展标签（一种刻板印象），因为这种标签带来的结果只能是外部力量对牧区的强行改变，而不是致力于发展牧区的生计。①

牧区的贫困呈现出各自的特点，找到真正的贫困者以及贫困的原因才能真正解决牧区中存在的贫困问题。牧区普遍贫困的标签暗含着一种"文化霸权"的思维，笔者所提供的霍尔乡的案例将展现这一特点。另外，任何贫困的发生都有着具体的原因，每一户家庭亦是如此，但总体上可归为三类：个体能力因素、自然不可抗因素以及社会结构因素。A. Catley 等人的研究强调了后两者的影响。他们研究了"非洲之角"地区的畜牧生产的长期趋势，发现该地区牲畜和肉类的贸易量虽然大幅增长，但部分牧民的贫穷和赤贫程度在不断增加，一些人存在严重的营养不良。他们发现，导致出现经济增长和贫困日益加剧并存现象的原因是人口增长、干旱以及富裕生产者对牧场和水源的控制。自然的不可抗力以及社会结构因素使一些贫困者被迫放弃了牧业生计②，而后者的影响更为显著。在三类因素当中，如果社会结构性因素得到有效保障，那么，前两个因素带来的影响则会被大大削弱，亦能够被较好地克服。

2016 年，霍尔乡共有 8 个作业组，有牧民群众 546 户，共 2022 人。2015 年，霍尔乡建档立卡贫困户共有 208 户 699 人，其中，一村 115 户 412 人，二村 93 户 287 人。按大的扶贫归类划分，一般贫困户 93 户 337 人，低保贫困户 112 户 359 人，"五保户" 3 户 3 人。致贫的原因主要有九个小类：因病、因残、因学、因灾、缺技术、缺劳力、缺资金、交通条件限制、自身发展动力不足。在那里，贫困的出现是一种复杂的现象（见表 9 - 1），任何想用一种模式概括出贫困家庭的状况与找到脱贫的路径方法的尝试都有较大的风险。譬如，牧场的多少可能会与富裕程度相关，但 BW、DJ、DZ 三户家庭的贫困表明这是一种主观想象。这三户家庭虽然牧场面积均超过 1 万亩，但当时仍然处于贫困状态。

---

① 参见 Peter D. Little, J. McPeak, Christopher B. Barrett, et al. Challenging orthodoxies: Understanding poverty in pastoral areas of East Africa. *Development and Change*, 2008 (4)。

② 参见 A. Catley, J. Lind, I. Scoones. The futures of pastoralism in the Horn of Africa: Pathways of growth and change. *Scientific and Technical Review*, 2016 (2)。

表9-1 2018年霍尔乡部分脱贫建档立卡户简况

姓名	年龄/岁	户主性别	家庭人口数	牧草地面积/亩	致贫原因	脱贫年度/年	脱贫收入构成/元						
							牧业收入	劳务创收	岗位工资补助	定向补助	草场补贴	生态效益补偿金	其他收入
NK	44	女	2	4615.0	缺劳力	2018	0	12000	5000	305	11000.0	2891.6	300
BW	75	男	4	12949.0	因残、缺技术	2018	3000	900	3000	1399	22000.0	11779.2	0
CJ	58	女	1	2117.0	因病、自身发展动力不足	2018	0	225	5000	—	5078.0	1445.8	3700
DJ	62	女	3	15887.5	缺技术	2017	0	0	10000	305	22000.0	4337.4	7500
DZ	58	男	1	10604.3	因病、因残	2018	0	0	10500	—	20510.8	5320.0	3700
GJCR	37	男	4	1497.6	缺劳力	2017	0	15000	5000	610	3990.6	5320.0	500
ZG	76	男	3	9781.0	因残、缺技术	2018	0	0	0	2493	25514.0	4337.4	3783
ZXZM	71	女	1	0	缺技术、自身发展动力不足	2018	0	0	0	1394	0	1445.8	2285

注：数据来源于笔者在当地的调查。

在霍尔乡，当时多数贫困户处于"牧区均衡说"所界定的均衡状态或接近于这种状态，享受草畜平衡补贴，也享受草场生态效益奖励和补偿。但是他们无法从中获取走出贫困的动力。一种过度强调静态的平衡对牧区群众来说并没有实质性的意义，因为他们无法从这种状态中获取生活的福祉。贫困来自生活中的众多动态事件，譬如疾病、灾害，它们不会自动嵌入均衡模型之中，而是通过各种各样的影响带来多样的关系，限制、冲击着群众的身心健康和生活。简言之，处于动态中和复杂关系中的牧民生活状态无法被"牧区均衡说"深刻地揭示出来，人们也无法从中获取走出困境的资源和动力。

三、对话沟通——牧区脱贫与发展的一种关键要素

（一）对话沟通是政策落实的重要手段

2016年，霍尔乡脱贫37户155人，2017年脱贫62户201人，2018年脱贫100户347人，2019年，霍尔乡整体脱贫。2015年脱贫建档立卡时，全乡贫困发生率为32.7%，至2018年年底降为1.175%。在脱贫过程中，乡政府所在地的安居区建设与商业运行（集体经济与个体经营、房屋租赁等）推进良好，并且在总体保持畜牧平衡的基础上维系了较好的季节性放牧，传统的放牧流动性得到较好实现。2018年，全乡人均纯收入超过11300元。以牧业为主的多元生计模式在脱贫中起到了重要作用。这实际上来自以乡政府为主导的实践与牧民群众的实践形成的合力。

以乡政府为落实主体推进的脱贫攻坚实践主要有14个方面，在此选取其中几项做简要说明。①医疗卫生方面。加强了慢性病家庭医生签约工作，2019年家庭医生签约户达47户55人，医生共巡回就诊430人次。②产业脱贫方面。共有三个集体经济组织：奶牛养殖场、"扶贫"宾馆、旅游纪念产品销售店，三者收入的60%向所有建档立卡贫困人口进行分红。③生态脱贫方面。2016年，全乡共设生态岗位653个，其中扶贫户生态岗位564人，共计兑现生态岗位补助资金195.9万元；2017年增加岗位131个，达到784个，2018年又增加24个岗位。④易地搬迁方面。至2019年，共搬迁29户114人。⑤转移就业方面。2018年培训59人，实现了239人就业。任何脱贫都不是轻而易举实现的，每一户的脱贫工作都凝结着政府与牧民群众的共

同努力和辛勤汗水。这些实践以及它们之间的关系表明，只依靠政府或只凭牧民群众，都很难达到较好的脱贫效果。

如何制定出针对不同家庭的脱贫政策，既需要政府认真调查，也需要牧民群众认真配合，形成一种有效的对话机制，做到贫困的原因精准、脱贫的策略精准、脱贫的举措落实精准。为了实现这种对话并达到对话目标，也需要以乡政府工作人员、村"两委"为主的"中介"与平台作用的发挥，即在二者之间搭建桥梁和纽带，化解中间可能发生的话语偏差、利益矛盾等问题。以上工作的开展和有效执行正是来自乡政府与农牧群众之间反复的对话沟通，其间，乡政府、村"两委"、双联户长、村民代表之间开展的相关对话会议多达几十次，甚至涉及每一户的具体问题，包括牲畜迁移的时间和路线，应急饲料的发放方法与价格补贴，房屋修缮的投入与时间要求，村中每个病人的身体情况以及治疗需求，等等。

2018年2月5日，一户牧民家中的260多只羊一夜之间被一只雪豹全部咬死。户主向乡里做了报告，乡政府马上到牧户家中了解情况，并向县林业局、民政局做了汇报，同时联系了保险公司。保险公司工作人员到现场了解情况并核算了赔付金额5.9万元，随后，县民政局发放了1万元的救助金，并且提供了相应的大米和白面救济。这样，就避免了该牧户的经济损失。

在阿里地区，牲畜保险特点十分明显，牧民个人与国家分担保费。牧民个人所出的保费为：牦牛2.52元/头，羊0.24元/只。野生动物伤害造成绵羊损失的，相关单位和部门按250元/只支付保险金，幼羊50元/只；山羊200元/只，幼羊40元/只。相比较而言，因疾病、雪灾死亡的，保险金要成倍增加。

虽然保费极低而保障度和保险金较高，但乡里大多数牧民开始时并不认可。在乡政府工作人员、村"两委"和专门负责霍尔乡保险业务的工作人员岗措等人的共同努力下，乡里所有有牲畜的群众都参加了保险。岗措出生于霍尔乡一村，大专毕业后返回家乡，进入保险公司。乡政府和村"两委"对岗措的工作给予了极大的支持，进行入户宣讲各类政策时也会带上她。在不断的宣传以及与牧民群众的互动中，岗措的工作得到了广泛认可，牧民对保险公司的业务也给予了肯定。2019年1—9月，经岗措之手为雪灾中受损失的牧民投入的保险金超过40多万元。

以上是当地牧民参加牲畜保险的一个案例。该案例表明，有效的对话沟通，尤其是当村"两委"能够有效参与到对话沟通中并发挥良好的中介作用时，政策在落实和推进中就会更为快捷和有效，原有的一些困境或其间遇到的梗阻也就会在这种动态的对话沟通中逐步得到有效解决。当然，这种对话沟通在进行过程中也使得相关的政策措施更好地受到群众的审视与反思，有利于避免措施中的瑕疵和困境。

（二）政策执行中对话沟通的重要性与意义

其一，政策的形成需要重视自下而上的形成路径及信息反馈，这实际上强调了地方性知识的反馈链的需求及重要性。Y. A. E. Elhadary 对苏丹北部格达里夫州布塔纳的 19 个村庄进行的研究发现，自上而下的政策制定方式并不能很好地解决牧区的需求问题，土地改革的相关法案忽视了牧区内部流动性的需求并产生了不利影响，进一步导致了以牺牲牧区为代价的无计划的农业扩张，并加剧了对土地的掠夺。[①]

其二，牧区问题具有复杂性和动态性，政策设计与牧区实际以及牧民需求之间往往存在偏差。这需要通过有效的对话沟通以发现这些问题，并为解决问题提供可能的渠道。S. Desta 和 D. L. Coppock 指出，在较长的时间内，埃塞俄比亚南部出现了人均牲畜占有量和牧民生活水平均显著下降的情况，牧民们努力为生计而想尽办法，包括进行玉米种植和骆驼饲养，但他们与当地城镇之间的经济联系仍然很少。研究指出，由人口压力引起的社会内部经济模式的变化是可以进行预测的，但是，对发展进行干预则是困难的，它需要反映牧区系统的动态性并能够有效解决新出现的问题。[②]

其三，迁移放牧在文化、社会上的重要性并不能掩盖在经济上的可能缺陷，它们之间的关系如何维持均衡是一个需要反复斟酌和对话的过程。M. S. Alireza 等人从经济角度分析了流动性放牧的成本与收益问题。他们指出，虽然放牧尤其是过度放牧可以给牧民带来短期利益，但损害了生态系统。在计算了伊朗中部地区两个牧场的生态系统服务损失所造成的外部成本后，他们认为，生态系统服务损失作为隐性的社会成本在当前牧业系统中是显著的。该研究主张，考虑到气候的干旱、人们的贫穷和公共牧场的情况，

---

① 参见 Y. A. E. Elhadary. Pastoral mobility in a spatially constrained environment: A case of Butana locality in Northern Gedarif State, Sudan. *Journal of Scientific Research & Reports*, 2015 (4)。

② 参见 S. Desta, D. L. Coppock. Pastoralism under pressure: Tracking system change in Southern Ethiopia. *Human Ecology*, 2004 (4)。

游牧制度与在文化和社会方面的重要性相反，在经济上是不合理的。①

这三个方面反映出的问题是深层的、隐匿的，任何解决之策都需要慎之又慎。进行必要的对话检验，以发现设计或政策中可能存在的问题具有积极意义。检验的路径只能是在政策与现实的对话沟通之中进行，具体来说也就是在政府（以乡级政府为主）与牧民群众之间的对话沟通中实现。对此，霍尔乡脱贫案例中已经有了较好的展现。简言之，在政策对话检验期间的主要实践构成至少包括：乡政府和村"两委"作为平台与纽带，外部知识与牧区地方性知识的充分对话；进行对话效果的汇集与分析，并进一步向双方反馈；政策制定者组建专门机构、人员对反馈信息进行充分的分析，并进行必要的政策调整。如此反复，直至二者的对话和相互检验达到较高的统一。

通过对话沟通，政策与牧民群众的地方性知识可以有效结合，各类风险与困境将会得到最大限度的消减或控制，并促进政策的有效落实。从这一点来说，"牧区均衡说"面临的诸多困境也将从这种对话沟通中找到解决的途径或者方法。

四、结语

通过对文献的解读和对霍尔乡的实证分析，可以发现，"人口－草场－牲畜均衡说"有其合理性，人口－草场－牲畜的均衡对牧区发展，尤其是对增收和生态保护具有重要意义；但要警惕其潜在的静态性，更不能忽视其在牧区难以攻破的诸多困境。

把牧区视作一个贫困的共同体，这是一种长期存在的误解。贫富的分化使牧区的贫困问题显得更为复杂。要走出贫困，就要正视并攻破这种复杂性。乡镇政府与牧民群众之间的对话沟通是政策形成与有效落实的关键环节。在"人口－草场－牲畜均衡说"的基础上，加强乡镇政府与牧区群众之间的对话沟通，将为走出"牧区均衡说"的困境，并进一步促进牧区整体良性发展提供一条有效途径。

从这一角度来说，深入研究牧区的对话沟通机制，以及通过这一机制解

---

① 参见 M. S. Alireza, S. G. Mohsen, S. K. Saeed. Negative impacts of nomadic livestock grazing on common rangelands' function in soil and water conservation. *Ecological Indicators*, 2020 (110)。

决"牧区均衡说"困境的具体路径与方法均具有重要意义。希望更多研究者关注本文提出的这一议题,推进更深入系统的研究。

[本部分原由作者与栾殿飞联合发表于《西藏民族大学学报》(社会科学版)2021年第1期。有改动]

第十章 知识与实践：青藏高原农牧区的植物文化

青藏高原高寒缺氧，却是各类珍贵植物的天堂。植物与当地牧民的生活，以及牧区发展有着密切的关系。在一些地方，人们的生计依赖于这些植物，譬如获取食物、药物、木材，进行放牧，并在市场上交易以获得现金收入。那里的植物虽然丰富且具备非常高的利用价值，但受人类文化与生活的影响，表现出极大的脆弱性。[1]

基于相关研究，我们不禁要提出这样的问题：西藏高原农牧区的植物与人类的生活到底是怎样的关系？在半农半牧区与牧区之间，存在着怎样的区别，又产生了怎样的影响？植物文化与经济发展之间的关系是怎样的？从实践角度看，植物文化的演变将经历什么？这些将是本文着重回应的问题。

普兰县位于青藏高原腹地，西藏自治区西南部，县城位于喜马拉雅山脉南侧山谷。在该区域内，文化丰富，生态多样；同时，也有非常高的生态脆弱性。[2]

一、丰富的形态：植物种类与地方性知识

整体而言，普兰县的植被较为丰富，呈现垂直分布规律。主要有两大垂直分布带：一条是纳木那尼山脉—孔雀河谷—古壤斯康日山，另一条是冈底斯山南坡的明哲峰—玛旁雍错一带。这两大分布带基本包含了普兰县所有的植被类型，包括：①主要分布于海拔 5200 米以上至雪线以下的喜马拉雅山和冈底斯山的高山寒冻荒漠区域的高山寒漠植被；②主要分布于冈底斯山南

---

[1] 参见 J. Salick, Z. D. Fang, A. Byg. Eastern Himalayan alpine plant ecology, Tibetan ethnobotany, and climate change. *Global Environmental Change*, 2009, 19 (2)。

[2] 参见 L. Dradul, P. Heng, K. Oli. Traditional knowledge of ecology and environment from Tibetans in the Holy Area of Kailash of TAR. *China tibetology*, 2018 (2)。

坡的高山草甸植被；③主要分布于冈底斯山南麓前山带和山前斜平原的高山灌丛草原植被，西起西兰塔，东至公珠错；④主要分布于喜马拉雅山、冈底斯山之间地势稍平缓区域的高山草原植被，这类分布最广；⑤主要分布于海拔 3800～4400 米的亚高山带以及高山与亚高山过渡带的灌丛草原植被，以变色锦鸡儿和印度锦鸡儿为主，有较强的耐牧力；⑥主要分布于孔雀河下游的海拔 3750～4300 米的科迦村河谷的亚高山草原植被，也称为温性草原类植被；⑦主要分布于孔雀河沿岸海拔 4300 米以下的多砾干燥高阶地的亚高山荒漠草原植被；⑧广泛分布于河沟沿岸、高山谷地等区域的草甸植被；⑨分布于常年积水的低洼地带的沼泽植被，主要分布于冈底斯山山前断裂谷积水处、玛旁雍错北岸湿地积水带，面积较小，主要为隐穗苔草群系。①

高等植物主要有两大类：①裸子类，包括麻黄科；②被子类，包括紫草科、桔梗科、菊科、禾本科等 36 个科。以耐寒耐旱的禾本科、莎草科和菊科中的蒿类为主。②

受海拔与气候的影响，普兰林木资源较少，主要有红柳、变色锦鸡儿、沙棘、金露梅、普兰柳等。从 2016 年以后，较多地引入杨树品种，主要种植于县城街道旁以及通向科迦村的公路两旁。但柳树无疑仍是普兰县最主要的树种，那里的人们把这些柳树叫作"普兰柳"，在水资源较为丰富的地方，其树叶很大，在干旱的地方叶子则较为细小。

因为这些植物曾经作为人们生存的支撑，所以普兰群众对它们有一种特殊的情感，也有他们自己的认知，并形成了当地特有的地方性知识。2019 年 9 月，达瓦带笔者进入纳木那尼山中寻找"帮加"。他是多油村的村民，被大家公认为"知识丰富"，尤其了解山中的各种植物。达瓦的介绍与讲述（见表 10-1）表明，许多关于植物的知识是他们在日常生活中由一代代人长期为应对生存挑战，在放牧与农耕的实践中摸索和积累出来的，打上了那里特有的岁月烙印。后文中将把有天然香气的植物统称为"香草"，其种类要远远多于表 10-1 中所列。

普兰县的天然药物资源十分丰富③，但在调查中，笔者更加关注"帮加"，因为多位老人主动向笔者提起这种植物。民主改革前，在很难得到茶

---

① 参见西藏自治区阿里地区普兰县地方志编纂委员会《普兰县志》，巴蜀书社 2011 年版，第 36～40 页。
② 参见西藏自治区阿里地区普兰县地方志编纂委员会《普兰县志》，巴蜀书社 2011 年版，第 43～48 页。
③ 参见周平安《西藏阿里中药志》，中医古籍出版社 2014 年版，第 3～5 页。

表 10-1 普兰县部分植物的地方性知识

植物的当地名称	功用	是否具有天然香气	应用部位	用途与注意事项	相应的专业名称
当夏	治疗狼咬的伤口（健康）	是	叶子	治疗外伤	—
遮儿阿	人与动物食用，有酸、甜两种味道（饮食）	否	果实	—	西藏沙棘
次就	人与动物食用（饮食）	是	果实	祛痰止咳，捣碎后涂抹治疗疮，提升体力	野豌豆
怎泊	人食用，做调料（饮食）	是	叶子	—	当地称"藏茴香"，但非专业通用名称
撒	人与动物食用（饮食）	否	叶子	茎皮纤维可作纺织原料	高原荨麻
酿落	可替代烟草（饮食）	是	叶子	—	—
莫贼	根部红色的部分取出粘在糌粑或酥油上，供奉在佛像前（宗教法事）	否	根的上端	—	—
离就	人与动物食用，微甜（饮食）	否	叶柄	清热泻火、解毒，叶子不能食用	大黄
朗达玛	冬季时牲畜可食用（饮食）	否	叶子	除冬季时外，其他季节有毒	—
帮加	人与动物饮用、动物食用（饮食）	否	根、茎、叶、全株	人不能饮用熬煮的第一遍汤汁	疑似：伞花绢毛菊（肉菊）

注："—"表示不确定或未获取支撑材料。

叶的情况下，人们只能到山里去寻找这种植物，用以代替茶叶；现在，已经没有人再喝"帮加"。老人们说："还是雅安的茶叶好喝。"这些老人并不知道"帮加"到底是什么，也不清楚谁是第一个以"帮加"代替茶叶的人，亦不清楚熬煮和饮用"帮加"的方法是如何得到的；但他们形成了一种关于"帮加"的共同知识。达瓦带笔者进入雪山，在海拔 5000 多米的山崖上，经过5个多小时的满怀希望的艰苦寻觅，却受阻于山间湍急的河水，我们终未能找到"帮加"，甚至未能看到"帮加"一眼。经过多次访问，与老人们深入交流，笔者梳理出"帮加"的主要特征，并发现伞花绢毛菊极有可能就是"帮加"。当看到7月份开花的伞花绢毛菊照片时，笔者却得到了不同的答案。两位见过"帮加"的村民中，有一位直接确认就是"帮加"，另一位认为很像，但说"帮加"不开花。通过对比（见表10-2），可以发现，普兰县群众对"帮加"的认知与伞花绢毛菊的植物学知识绝大多数是相符的，而当地群众因自身生活生产的局限而远离了植物学知识，这可能是"帮加不开花"观点形成的主要原因。

二、收入构成与差异的形成：植物的商业化之路

普兰县三个乡镇的居民收入构成存在一定差异。以2018年为例，普兰镇居民纯收入为39628259元，巴嘎乡为21424952.25元，霍尔乡为24899623.98元。普兰镇虽然总量上最多，但按人均来算却排在末位（见表10-3）。普兰镇的优势产业是种植业、建筑业、运输业，而劣势在于外出打工的人多和牧业收入少。种植基于可耕作土地，目前其辖下六村很难再开辟出新的可耕作田地。建筑业相对兴旺的原因在于近两年的边境小康村建设引发的建筑需求增加，具备较好的取砂石条件的吉让社区、西德村、科迦村建起了多个砂石场和建筑合作社；但至2019年年底，建筑需求明显下降，而且取砂石在一定程度上对生态环境带来了消极影响，可持续性差。运输业发展得益于当地商业、旅游带来的机遇，但由于普兰地处边境地带，且高原环境对游客的挑战较大，因此，运输业在短期内发生大幅度增长的可能性不大，从业人数也极为有限。譬如，2017年，普兰镇从事运输业的人数为158人，而2018年减至112人。

短期看，想要扭转劣势有较大困难。相对而言，在普兰镇打工的人数并不少。以2018年为例，普兰镇的打工人数为856人，而巴嘎乡为201人，霍尔乡为310人。普兰镇的打工人数占本镇总人数的近23%，巴嘎乡略高于14%，霍尔乡接近16%。从占比情况看，普兰镇打工人数比重较大。打工地主要集中于本镇。牧业受到草场限制，无法在短期内带来更大增收。

表 10－2 "帮加"地方性知识与伞花绢毛菊的植物学知识的对照

植物	名称	味道	煮的次数	煮的汤色	功用	使用部分	获取时间	分布
"帮加"	帮加（藏语发音）	微苦	3次，第1次喂牲畜	红色	代替茶，清热解渴；认为病畜喝了会变得有精神，普通牲畜喝了会变得"聪明"	全株	10—11月河水结冰后	普兰县赤德村靠近边境山区，多油村位于纳木那尼雪山的山坡上
伞花绢毛菊	藏语发音：念图巴①，别名：味苦、性红茶参、雪条凉③ 参②，肉菊②		根据药用要求	红色	清热、止痢、养阴生津；适用于身体虚弱，四肢无力，头晕症状⑤	全株入药⑥，亦可取根药用⑦	7月采集全草⑧	西藏、四川西部、云南西北部⑨

① 参见顾健《中国藏药》，民族出版社2016年版，第139页。
② 参见云南省药物研究所《云南天然药物图鉴》第5卷，云南科学技术出版社2012年版，第189页。
③ 参见顾健《中国藏药》，民族出版社2016年版，第139页。
④ 参见云南省药物研究所《云南天然药物图鉴》第5卷，云南科学技术出版社2012年版，第189页。
⑤ 参见云南省药物研究所《云南天然药物图鉴》第5卷，云南科学技术出版社2012年版，第189页。
⑥ 参见青海省药品检验所、青海省藏医药研究所《中国藏药》第3卷，上海科学技术出版社1996年版，第100页。
⑦ 参见青海省药品检验所、青海省藏医药研究所《中国藏药》第3卷，上海科学技术出版社1996年版，第100页。
⑧ 参见青海省药品检验所、青海省藏医药研究所《中国藏药》第3卷，上海科学技术出版社1996年版，第101页。
⑨ 参见青海省药品检验所、青海省藏医药研究所《中国藏药》第3卷，上海科学技术出版社1996年版，第101页。

表10-3 2018年普兰县三个乡镇收入构成

单位：元

乡镇	种植业	牧业	建筑业	商饮业	运输业	副业	其中：兼营手工业	其他	其中：外出打工	人均纯收入
普兰镇	7357233	4995437.5	5827028	3909120	8926595	7912416	1058	17441708	2363200	10547.85
巴嘎乡	0	6252167.5	306100	14730000	1045000	2485400	0	11484816	13256800	14961.56
霍尔乡	0	16388839.5	0	983650	154836	3485610	0	18260185	8525071	12645.82

纯牧区人均纯收入整体高于半农半牧区域。这一状况在脱贫致富、建设边境小康村的大背景下被赋予了一种结构性的压力。2018年，普兰镇秸秆产量（含青稞秸秆、豌豆秸秆、马铃薯秸秆、油菜籽秸秆）为9665929斤，折合金额为483296元。产出最少的是仁贡村，为917614斤，合45881元；最多的是赤德村，为2009886斤，合100494元。这些秸秆全部为家庭自用。半农半牧区产出大量的自用的秸秆，本应有效减少人们因对饲料、燃料的需求而对自然界植物的索取，但笔者的调查发现是相反的：他们向自然进军的步伐最明显、幅度最大。这种现象是如何发生的呢？

收入差距的发生无法通过发挥普兰镇已经存在的三类优势产业而改变，也无法通过改变劣势产业而得到扭转，在这样的状态下，从事商业经营成为一项重要的选择。普兰县政府、普兰镇政府均大力推进商业经营的政策实施及相关项目建设，包括对唐嘎边贸市场的兴建、生态园旅游宾馆的建设、扶贫综合商务楼的建设等，都印证着这一政策取向。总体而言，普兰镇从事商业经营的条件相对优越。同时，那里的牧业逐渐边缘化，家庭牲畜数量较少，有的人家甚至不再饲养牲畜。2018年年底，普兰镇的六个村共有牲畜存栏11095只（头、匹）；最少的是科迦村，只有481只（头、匹），而户数是150户。人们在农闲时有大量的时间从事商业经营。

另外还需要关注那里的消费。随着城市化消费模式的增强，人们需要更多的收入以满足消费支出。当地有把家庭财富集中于"家传服饰"上的习俗，有名的"孔雀飞天服饰"已经成了普兰镇一张亮丽的名片。每户人家的特色服饰都不是由某一代人完成的，每一代人都把所积累的财富转化为衣服上的珠宝装饰。人们把这种服饰视作家族延续兴旺的符号。这样，被用于其他消费的支出被"家传服饰"的需求大大挤压了，从而在整体上加大了对金钱的需求。基于以上分析，似乎普兰镇的人们走向将植物商业化之路有其内在逻辑。

桑培来自赤德村。2019年8月，他仍是村里的建档立卡贫困户，享受边境补贴、生态岗位补贴、"林补"、"一孩、双女补"、"粮补"、"草补"、"三老补"等15项补助。2018年，这些补助总计为47489.3元。导致桑培贫困的原因不是他有"等靠要"的思想，而是他跳跃的"商业思维"：几年前，他举债到拉萨做生意，结果上当受骗，损失惨重。后来，在村里的帮助下，他在县里打工，也经营拉货送货的生意，但这些均无法让他摆脱巨额负债。后来，制售藏香成为他的一个重要选择。藏香成本很低（只需要几件简易的设备和批量订制的包装袋，香草可以自己采集），而消费量很大（当地家家要用，周边的寺院用量更可观），但县城及周边的生产量很小，人们甚至要购买从边境口岸运来的尼泊尔藏香。他对当地的植物有较好的认知，实在有不懂的，就请教自己的母亲，再加上从书本上自学了一些方法，他很快就开始了藏香生产。根据所用植物的不同以及用量搭配的不同，桑培做出了多种藏香。"诺尔桑大王藏香"是他专门供应寺院的一款藏香，每袋15元，重约100克。使用的主要原料有：①冈仁波齐山坡上的香草、玛旁雍错湖边的香草。桑培的观点是：这两种草香气很好，并认为还有"神灵护佑"之功效，非常珍贵，所以用的量很少。②赤德村周边山坡上的香草。这种草数量较多，用量较大。③牧区采集的香草。其种类很多，数量也较多。他向笔者展示了定做的几款藏香的包装袋以及各种香草的干草、粉碎后的原料。

多油村的桑木顿也储备了许多野生植物，准备做香草和藏香生意。除此之外，他还盘算着如何把"帮加"驯化进行人工种植。他认为，虽然现在人们都不缺少茶叶，但"帮加"也是好东西，别的地方没有，其市场前景肯定很好。

虽然数据统计表明牧区人均收入较高，但牧民们对此并未有深刻感知，也并不满足；而乡政府的目标也不止于此。巴嘎乡依托"神山"冈仁波齐的旅游资源，于2010年以协会形式成立了"岗莎村牦牛运输旅游服务中心"，2018年正式注册为"西藏冈仁波齐转山旅游服务有限责任公司"，岗莎村全村人都参与其中（322户，共1103人），有牦牛2206头、马1103匹，2018年实际收入为1500万元。霍尔乡位于"圣湖"玛旁雍错之畔，也具备一定的旅游优势。村民们虽然没有归属于乡政府和村里的旅游机构，但并没有闲着。出售产自玛旁雍错中的"神鱼"是从2016年之后被广泛认可的一种行为，当然，这些鱼是自然死亡而非捕杀的，捕杀"神鱼"在当地是大禁忌。在2019年8月的调查中，笔者发现霍尔乡群众出售香草和其他植物的现象在增多。在马攸木的219国道边以及其他游客集中的地方，有村民出售"熏烟治病草"。这种草是以干草做成的球状物，无明显香气，当感冒、咳嗽时，点燃这种草并吸入其烟，有助于缓解症状。还可以把这种草放入佛像之中，人们称之为"张藏"，这应该是当地长期流传下来的一种关于佛像的仪轨。

三、对植物的保护与利用：多样化的实践

在阿里，不同的区域总有某种重要的植物。在阿里地区行政中心所在地噶尔县狮泉河镇，被人们提及最多的是红柳，那里的河谷平原上栽种的树以红柳为主，城镇路边栽种的树也以柳树和红柳为主。在7月的开花季节，红柳让这个高原小镇有了一抹艳丽的色彩。日土县则以班公柳为代表，它主要分布于新贡龙巴一带。普兰县城及周边则是以普兰柳为主，普兰柳可算作这个边境小城的一个标志物。2018—2019年对县城主街道的维修导致地下的一条水渠遭到破坏，路一侧的一些高大的普兰柳枯死，当地群众和一些政府工作人员对此颇为心疼。原来，那条暗渠的重要功能之一就是灌溉那些柳树。2019年水渠修复后，大多数柳树得以存活。在纯牧区，牧草尤其是有香气的草类则是代表性的植物。几乎每一个人都认识来自"神山""圣湖"的香草。由于被认为是重要的，所以这些有代表性的植物也受到更多关注，主要体现在人们对它们的保护和利用方面。

（一）关于林木的实践

1998年，阿里地区兴建了面积为300亩的"狮泉河镇中心苗圃"，以种植红柳、班公柳、新疆杨、北京杨为主，年出苗圃10万株。第二年，全区植树225亩，20.3万株。[①]

1. 多种植树项目

2013年，普兰县共有林地296.58万亩，均为灌木林。[②]除孔雀河谷零星分布的野生树外，普兰柳及其他树种主要来自人工种植。从20世纪60年代

[①] 参见阿里地区地方志编纂委员会《阿里地区志》，中国藏学出版社2009年版，第571页。
[②] 参见阿里地区地方志编纂委员会《阿里地区志》，中国藏学出版社2009年版，第570页。

起，普兰县大力推进群众性植树活动，当时的要求是"农、牧、林同步发展"①。农牧群众参与植树的动力主要来自县林业局的项目推进，除了保护和改善生态环境外，项目还有提升农牧群众的林业收入，助力脱贫攻坚的目标。

林业局推进的项目包括防沙治沙工程、消除"无树村、无树户"工程、"十棵树"工程、公益林工程等。在2018年4月实施的防沙治沙工程中，1000亩规模的土地上全部种植了林木：普兰柳63938株、江孜沙棘89172株。同年4月10日至5月10日，还实施了推进落实自治区植树绿化"五消除、五有、五看得见、五确保"的项目，在高海拔区域开展"试种"树木。在巴嘎乡雄巴村试种50亩，有青杨、红柳，共计10385株；在普兰镇仁贡村试种50亩，树种为青杨、红柳，共计9756株。在消除"无树村、无树户"工程中，西德村种植19884株，霍尔乡种植17994株，树种均为红柳；科迦村种植11070株，仁贡村种植11070株，赤德村种植22143株，吉让社区种植25755株，巴嘎乡43836株，树种均为青杨和红柳。

这些植树项目在实施的区域、面积、树种等方面均存在着差异，从项目实施的效果看，存在进一步优化的可能。这种"非最优"状态下产生的差异背后的机制应该予以重视。2002年，普兰县的林地面积为296.5776万亩，覆盖率为12.8%；2013年覆盖率上升为15.86%；2017年为299.199万亩，覆盖率为15.96%。造成2013—2017年覆盖率增长很低的主要原因可能在于过低的成活率。2019年笔者在霍尔乡再次调查时，完全没有见到预期中的年复一年植树后的林木繁茂的景象；相反，没有见到几棵成活的树木，哪怕是枯死的树木也很少。

林业部门也认识到问题所在，譬如，少水干旱、树木不适应气候与土质、成活率低；造林季节和农忙季节冲突；农田用水和造林用水冲突；等等。在每年的工作计划中，有关部门都强调要加大对树苗的浇灌力度，要种植易生长树木，要强化围栏设施，等等，但并未形成有效的实践并产生相应的预期效果。而一些"问题"则似乎偏离了方向，譬如，归因于"农牧民苗圃地出苗率有待提高"的问题，"育苗圃"本身是植树项目之一，而不是导致项目实施出现问题的原因。

---

① 西藏自治区阿里地区普兰县地方志编纂委员会：《普兰县志》，巴蜀书社2011年版，第315页。

2. 扶贫项目的落实

保护普兰柳虽广受认同，但在实践中行动并不统一。2019年，一项扶贫项目经过赤德村村民讨论、村"两委"决议、普兰镇以及县边境小康村建设办公室的研究，向县有关部门上报后收到了批复，但在落实地址建厂时，村委会向县商务局打报告，表示不要这个项目了。据村主任描述，在这个选址上，有几棵很大的普兰柳，有村民提出反对，认为不能把树推倒盖厂房，另外一些村民提出的把树移栽的方案也受到质疑，认为树木移植后有死亡的风险，而且破坏了当地的好的风水。村"两委"内部意见也不统一。

最终赤德村只能向其他村子"推荐"这个项目。此时需要有村子"站出来"，商业气息较为浓厚的多油村成了主角。相比较而言，多油村比赤德村具备更有利的项目实施条件。该项目的核心是油菜籽的生产加工，多油村种植油菜将有助于生产和销售，有利于项目的可持续发展。2018年，多油村的油菜种植面积为13亩，产量为3432斤；而赤德村的种植面积为6亩，产量为1758斤。小康村建设办公室、普兰县政府在考虑该扶贫项目建于哪个村时，必然涉及许多影响因素，但这些因素在实践中并未能按预期反映出来，譬如，欲以此带动赤德村村民入股分红，并为周边村的油菜籽加工提供便利，带动油菜籽经济。

3. 树木的符号化

普兰人对树木的情感更多地体现于对待普兰柳的态度上。如果有人破坏了柳树，就是犯了一个严重的错误，除了直接受到诘问和谴责外，在村里的其他事务上也会被边缘化。在吉让社区、普兰县城以及科迦村、多油村、赤德村，总会看到屋顶上、房间内或一些家中庭院的角落里排列整齐的普兰柳的树根、树枝，有的保存年份长达二十几年，但也有居民会在严寒的冬季以之生火取暖。据人们的描述，其过程并未超出我们的推断：普兰柳死去后（多因为干旱），人们会取其根、树干和枝条并储存起来。现在，在普兰县城周边已很少看到死去的树木了，即使有，也很快就会消失不见。

传说以前普兰县城周边普兰柳繁盛，但由于牧民贫困，在赤贫状态下又无其他燃料可供使用（作为寺院、贵族们的农奴、奴隶，即使牛、羊粪也不能随便使用），为了生存，只得砍伐树木作为燃料。这样，大片的树林消失了。现在，这样的事自然不会发生了。多油村的两代人还给我讲述了同一个故事——"大树逃亡"，但内容有所差异。年轻一代讲的故事是这样的：20

世纪六七十年代，人们由于没有燃料，便到村子周边砍树，导致大片树林快速消失。此时，一棵大树突然觉醒，它决定深夜出逃。结果，当它逃到科迦村斜尔瓦村组的河谷中时，太阳出来了，阳光照到了它的身上，从此它便永久地留在了那里，直到今天。近80岁的其美老人则否定了这种说法，他说故事发生于几千年前，而大片的树林则是生长于纳木那尼山中。差异的出现并不足为奇，因为故事是社会结构下的加工叙述，它向人们暗示了时空条件下规则、资源与人们行动之间的关联。

4. 植树活动与林业收入

霍尔乡、巴嘎乡植树造林效果差可归因于海拔高（平均海拔4600米以上）、天气寒冷、干旱少雨、土地贫瘠等方面，这被林业部门和农牧民们广泛认可。但这种共识未能有针对性地落实到实践上，投入了大量人力、物力、财力，结果却不尽如人意。2019年8月，219国道霍尔乡段两侧新种植的一些树苗因缺水而显得无精打采，而距那里大约200米远处就有一条河流。

比较各村的林业收入发现，植树成效好的村子收入低，而成效差的村子却收入高。以2018年为例，霍尔乡两个村林业平均收入为1464816元，巴嘎乡两个村平均为1686177元，而普兰镇除了以牧业为主的仁贡村外（其林业收入为3023752元，牧业收入为1727101元，种植业收入为456832元），其他5个村的平均林业收入为904651.6元，比牧业村少了很多。植树效果差，不但浪费了树苗资源和人力投入，还消耗了大量的其他成本，但比植树效果好的村子获得了更多的林业收入。① 面对这一现象，一些群众对其合理性提出了质疑。

（二）关于草本植物的实践

无论是半农半牧区还是纯牧区，普兰县各村村民对草类植物都有深刻的认知，这在其植物的地方性知识构成中有较好的体现。但仅凭这一点无法保证形成和支撑统一的实践。

---

① 林业收入一般包括：林业生产收入、林业补贴、林业工资性收入、林地流转收入、生态护林员工资收入、公益林生态效益补偿收入。

1. 牲畜饲养量及与之相关的实践

1962年年底，普兰县境内共有各类牲畜6.23万头（只、匹）。随着1984年实行"两个归户"，牲畜数量增长较快，至1990年达到17.17万头（只、匹）。至21世纪初，牲畜数量在16.0万～17.6万头（只、匹）之间[1991年、1994年两年为14万多头（只、匹）]。① 在实行"草补"、草畜平衡奖励后，牲畜养殖数量有了大幅度下降。2018年年末，全县牲畜存栏量为8.9227万头（只、匹），即使加上当年出栏的2.4403万头（只、匹），数量也只有11.363万头（只、匹）。数量的变化反映了在国家政策的推动下农牧民选择的分化，而二者在整体上是契合的。但传统的农牧知识在这一过程中并没有完全退出。譬如，牧区安居工程的全面推进并没有颠覆原有的放牧模式：围绕季节性牧场的流动性放牧仍是人们的主要实践类型；相应地，随着居住模式的变化，家庭内部人员的分工也产生了分化，并形成了以往返于牧业点与安居房之间为主的新的流动性。这样，传统牧区的某种流动性得到保存，而传统放牧模式中的季节性牧场、牧场轮牧以及相关的牧业知识、植物知识得以保存和传承。

前文已介绍，霍尔乡大多数牧民的牲畜饲养量低于"核定年末草畜平衡载畜量"，并据此获得草畜平衡奖励以及禁牧补助。2018年，二者合计，全乡共发放9359362.45元。但有9户牧民的养殖数量严重超过了其承包牧场的核定载畜量，共超过3024.84个绵羊单位，未获得这笔可观的收入。他们这样做的原因主要在于：规模扩大到一定程度，获取的牲畜市场利润（主要来自皮张、肉类、奶类、毛类收入）要远高于补贴和奖励收入。他们有办法支撑这些超载牲畜的食物需求，所以并未任意在草场上放牧：加大人工饲料、草料的补饲力度，并加大承包草场的育肥力度（牛羊粪补肥、控制鼠兔破坏等）以提高承包草场的载畜量。乡政府于每年年底推出的应急饲料，他们都积极购买，实际购入价格约为市场价格的一半。

2. 珍贵草本植物的商业化及与之相关的实践

2016年之前，与普兰镇6个半农半牧村的群众相比，霍尔乡、巴嘎乡4个纯牧业村的群众似乎对野生植物的利用价值并不在意，这与非纯牧区的情

---

① 参见西藏自治区阿里地区普兰县地方志编纂委员会《普兰县志》，巴蜀书社2011年版，第308～311页。

况形成了对比。究其原因,可能与传统的生活方式有着一定关系。譬如,农牧区的村民可以体验粮食的生产、加工,以及蔬菜类植物和相应的菜品制作等,这些会促进人们与植物接近和对植物的利用;而牧区的放牧生活相对单调,人们主要以肉类为食,这种生活模式可能对人们与植物的接近及对其利用存在某种阻断作用。安居房出现后,生活模式的相对变化也促进了牧民与植物关系的变化。

县城及其周边的人们显示出更强的商业化趋向。除了几户村民生产藏香外,还有一些村民在私下收购、收集各种香草干草和切碎的原料。藏香在当地及西藏其他地方、尼泊尔、印度都有广阔的市场,而仅仅普兰县境内的寺庙需求就足以吸引人们不断采集、收购各种原料投身于藏香产业。位于科迦村的科迦寺有一个寺属藏香加工厂,其建立的时间也只有4年左右。也有一些来自尼泊尔的边民自行到"神山"附近去采集香草或者私下收购香草,然后经简单加工,做成粉状藏香,在边贸市场内或门口售卖。在县城周边,似乎已经形成了一个以草本植物为原料的藏香产业链。

3. 获取植物的方法

在桑培的储存各类香草的小库房中,笔者看到了他初采的原料,无论高低大小,并没有带根的植物。他向我强调:一定要保护这些草,不然后面就没有了。另外一户村民虽然家里储存的原料不多,但他已经制售了3种不同的藏香。在那些不多的原料中,笔者看到了植物的根部。他向笔者说:有些香草的根是非常香的,做出来的藏香质量也非常好。他并不赞成笔者强调的不取根的做法,认为这些植物是能够自我繁殖的。"'帮加'曾经被大规模挖出煮汁代茶,但现在仍然存在",这是他反驳笔者的一个论据。

2000年7月国务院出台的13号文件明令禁止采挖野生雪莲,2001年卫生部160号、188号文件严令禁止以野生雪莲及其产品为原料生产保健食品。[①] 但每年到了9月,雪莲也会出现在普兰县的市场上。每年的4—10月间,都会有货车拉着满满的货物,经过艰难的旅程,从尼泊尔抵达这里的市场,其中就有雪莲。我们不知道市场上每株5元的价格是如何形成的,但这看似低廉的价格并不能打消人们上山采挖的冲动。受访者中,多数人知道在哪里可以找到雪莲,哪里的雪莲最方便采挖。走在普兰县城主街道上,就可

---

① 参见乔世明《民族自治地方野生动植物保护法治化研究》,中央民族大学出版社2012年版,第151页。

以发现商家在其门口晾晒刚采挖的雪莲。或许，人们虽然知道雪莲生长条件的严酷以及繁殖的困难，也知道其珍贵之处，但在现实中，还是形成了分化：采挖的、售卖的、旁观的、劝阻的、购买的，等等，利益使然。

四、"行动者的实践"：一种研究视角

有观点认为，牧区形成的生态文化可以有效调节人、植物、牲畜之间的关系。譬如，在高寒的草场放牧牦牛，在干旱的山坡上优先放牧山羊和绵羊，而混合放牧可以更好地利用草地资源。另外，自然灾害的发生也是调节牲畜数量与草地关系的一种方法："年老、病弱的动物会被雪灾、强风、霜等自然灾害消灭。如果多年不发生自然灾害，牲畜的数量就会急剧地增加，牧场变得过度放牧。"① 虽然有很大的启发意义，但此时，我们应该警惕把生态文化功能万能化的倾向。经济社会的变动导致一些地方性知识以及原本的生态关系受到严重的挑战，譬如，虽然地方性知识仍然留存其价值性以及某些启发性，但整体上它们已无法为新问题提供全部答案。关注牲畜结构以及生态位的方法前提是假设游牧状态存在，但在牧民广泛定居、牧场确权后，游牧状态发生了怎样的变化？而在发生变化后这样的方法仍然完全适用吗？任何简单的回答都可能隐藏着风险。

如果传统文化并不能一直持续传承，并解决人们面临的所有问题，那么我们就需要审慎地对待这种文化的变化以及考虑如何解决面临的一个个的实践问题。政府、农牧民全力推进经济社会建设的结构性条件，构成了解决我们所提出问题的关键。这关系到人与自然关系的动力学问题，其中不可避免地涉及实践中人们的能动性的发挥及其与结构的互动。若只看到一种曾经强大的传统文化推动或引导牧民的实践选择，那么，或许静态的思维已经主导了分析者的可能选择。我们常常会从一种看似既定的文化来推断牧民的选择与实践，预测他们可能会怎样做，这样隐藏着一种风险：忽视了牧民生活方式、社会交往、思维模式以及当地经济社会发展形成的新的规则与资源等方面的影响；牧民们并不是封闭在那些看似既定的文化中的牧民，而牧区社会

---

① L. Dradul, P. Heng, K. Oli. Traditional knowledge of ecology and environment from Tibetans in the holy area of Kailash of TAR. *China tibetology*, 2018（2）。

也已经发生了某些或细微或巨大的变化。生态文化产生的有效调节能力是有限的,甚至有时只不过是一种表象。基于这一理路,在关注文化的同时,以"行动者的实践"为分析单位,研究如何形成某种实践,并寻求这种实践的积极性后果,应该具有良好的研究价值。

我们若追寻一种价值性的目标(而这通常是在普遍意义上存在的),那么就会寻找达到该目标的途径和手段,它们就是实践的外在形式;无论出于何种原因,总会存在各种各样的人类实践,也就是说不论有效程度、效率如何,实现价值目标的实践(途径和手段的本体)是多种多样的。进而,我们可以提出这样一种假设:如果我们抓到了其中有效程度和效率都较高的实践,那么必然会形成和牵引着相关的途径和手段,将有助于更好地达成价值性的目标。

基于本文对普兰县的人与植物关系的考察,结合以上所提出的假设,开展对普兰县的人与植物关系实践的研究,至少要考虑当地植物地方性知识的体系与变化,也要考虑不同类型的行动者,譬如县里的农民、牧民,牧业乡的牧民、村"两委"、政府工作人员,等等,但是应该谨记:"人类个体和群体与客观环境之间,是不会像试管中的化学物质那样相互发生反应的。"[①] 因此,我们不能仅仅以这些为依据来判断和预测某类行为的出现,不能简单地根据他们的理解及可能采取的行动确定他们的态度以及可能的实践,而应该就不同行动者如何形成确定的"实践"展开分析,这蕴含着针对实现价值目标提升的实践的有效程度与效率的取向。

以下将以政府对农牧民实践取向引导的实践为例进行说明。这些实践中包含着以地方性知识和市场机制为主要背景的政府与农牧民的关系、农牧民之间的关系。"政府部门的实践"的一项基本要求可定位于:协调好、运用好这些关系,并提升实践效果。

作为宝贵而有特色的资源,普兰县对其范围内植物的保护和利用的程度都在提升,植物走向商业化的趋势尤其明显,在民间形成了强大的吸引力。可以预见,如果开发利用的速度与规模超过平衡状态或某种界线,将引发一系列问题,譬如,植被被破坏、气候变化加剧等。因此,通过对实践的引导与型塑,争取达到生态、经济、社会之间的某种平衡非常重要。基于此,政府的实践也显出更为重要的意义,譬如,推进不同领域内的综合科学论证、

---

① [美]巴林顿·摩尔:《民主与专制的社会起源》,拓夫、张东东、杨念群等译,华夏出版社1987年版,第394页。

强化植树的后期管护、引导农牧民关于植物的商业行为、促进地方性知识与新牧业发展之间的有效融合，等等。

（1）科学研究、积极改进植树工作，形成合理的资金投入、收益分配模式，提升植树效果。①县政府应积极寻求相关领域机构的支持，做好林木资源调查，形成科学的树木分布、品种分布数据库以及不同区域的植树规划；②制定新植树木的后期管理办法，落实主体责任，加强后期管理，提高树木的成活率；③制定明确办法，提升农牧民植树的热情与参与力度，引导农牧民群众对苗木进行有效灌溉和管护，并结合效果进行收益分配；④加大林业收入政策的宣传力度，使农牧民群众知法、懂法、守法。

（2）科学组织植物产品开发与宣传推广。①对当地植被资源进行系统深入的调查，并与农牧民实践相结合，梳理与建立当地植物资源的地方性知识库；②做好对这些植物知识与文化的保护与宣传工作，形成当地特有的植被资源景观，提升生态旅游的吸引力；③根据科学研究和农牧民长期积累的植物利用方面的地方性知识，与相关机构或企业合作，推进特色植被资源的开发利用，形成特色生态产品；④通过对口支援单位支持，发挥市场机制，帮助和激发农牧民推广其生产的特色植物产品。

（3）大力推进植被生态与产业之间的平衡与协调。①通过多种宣传形式，向农牧民群众和外来经商者宣传植物采集时"留根保土"的重要性；②制定相关管理办法，并做好宣传，加强当地群众对野生植物采集品种、方法的管理；③组织成立野生植物采集与交易的管理巡查机构，定期、不定期到主要交易地以及植物采集地进行巡视或检查，加大法律执行力度；④组织力量，在具备条件的区域推进暖棚种植，增加主要商用野生植物的人工种植量和产量，提高农牧民收入，减少对自然的负载。

（4）推进特色植物文化产业的集体化道路。①县政府应根据特色野生植物资源的分布情况，协调三乡镇建立乡一级植物文化产业合作社，或成立县一级合作社，以更有效地改善农牧民生计；②通过对口支援等渠道，进一步打造和宣传基于合作社的特色植物文化品牌；③通过对口支援等渠道，加大与区外具有强大研发实力和市场竞争实力的企业合作，打造喜马拉雅山谷中的特色植物"生态产品"品牌。

虽然政府的这些实践在植物文化的保护与开发中具备重要性，但要达到预期的目标还需要其他"行动者的实践"，尤其是农牧群众的实践。此时，需要在政府的实践与农牧民群众的实践之间形成一种链接机制，使得当地的传统植物文化与现代生态理念、发展理念之间能够实现有效的对话，实现一种良性的文化、规则、资源的互动。结合普兰县当地实际,当地政府把要推进的实践方案通过乡政府和村"两委"传递到各村,在一定的时间内,由村"两委"、乡政府人员进行走访和了解,并开展意见交流和讨论,通过多种形式检验政府方案实践的科学性和可行性,尤其是在与当地地方性知识的互动中的可能后果,我们可将其中的机制性称为"先行实践对话机制"。

五、结语

青藏高原农牧区的植物文化是一种动态的文化,其中既有长期以来形成的地方性知识,也有当下生活、生产中的市场元素。与当地植物相关的实践呈现出多元性,它们产生的影响也是多维度的。其中,与生态有关的维度关系着农牧区的未来生态境况,也关系着生态与经济社会发展之间关系的走向。

作为世界上生态最好的区域之一,青藏高原农牧区的生态既是最宝贵的,也是最脆弱的。从全局上引导与生态有关的各类实践,既保护好生态,又把生态与产业相结合,把生态环境转化为生产力,促进农牧民过上更好的日子,这是农牧区最重要的民生事业。把握好生态与产业发展的平衡点被赋予了极重要的意义,而当地政府的实践以及农牧群众的实践是达到平衡的决定性因素。

地方性知识与实践——尤其是结构视角下人们在经济社会发展中的实践——有着密切关系,把二者作为两端,或"择一取之、择一弃之",都有巨大的风险。认识到这种关系是对青藏高原农牧区植物文化的保护与利用的关键,也是促进形成更为有效的、效率更高的"行动者实践"的关键。

我们似乎应该牢记:虽然政府的实践对农牧民的实践发挥着引导、型塑的作用,但二者没有级别之差,而是需要有机衔接以产生同向合力;形成有效的实践对话机制,尤其是尝试实行"先行实践对话机制"具有积极意义。

第十一章 栅栏生态文化学：
基于栅栏与野生动物关系的一种研究视角

在半干旱、干旱牧区草原系统，增殖的人类活动加大了人类与野生动物之间的冲突，[①] 主要原因在于野生动物生存空间与人类活动空间的重叠。[②] 随着经济社会建设的持续推进，人类活动对广大牧区的影响也在加大，畜牧业与野生动物的冲突应引起高度重视。

青藏高原畜牧系统是世界上最大的畜牧生态系统之一[③]，西藏是其主体部分。西藏牧区草场的管理与使用可归为四类：①自然保护区内的草场由牧户承包；②自然保护区周边草场多由牧民承包；③无人区草场未承包；④一些地区保留了公用草场。[④] 除第三种情况外，其他三种情况均存在对草场的界线划分。界线约束了野生动物的行动，使畜牧业与野生动物的冲突更加明显，但也存在有利于野生动物的因素。绝大多数的草场分界是以栅栏的形式出现的。栅栏的设置与畜牧业和野生动物之间均存在着密切的关系。

栅栏对野生动物和生态系统的影响是全球关注的问题。在广大农牧区，栅栏作为一种基础设施无处不在，且具有跨时空性。在相关研究中，植被恢复、牲畜保护以及流动性等方面获得了大量关注，而对栅栏如何影响动物个体、种群或生态系统过程的研究不足，所以，Andrew F. Jakes 等人呼吁加大

---

① 参见 Jeremy S. Perkins. "Only connect": Restoring resilience in the Kalahari ecosystem. *Journal of Environmental Management*, 2019 (1)。

② 参见 B. Ma, Y. X. Xie, T. Z. Zhang, et al. Identification of conflict between wildlife living spaces and human activity spaces and adjustments in/around protected areas under climate change: A case study in the Three-River Source Region. *Journal of Environmental Management*, 2020 (262)。

③ 参见 G. Miehe, S. Miehe, K. Kaiser, et al. How old is pastoralism in Tibet? An ecological approach to the making of a Tibetan landscape. *Palaeogeography, Palaeoclimatology, Palaeoecology*, 2009 (1-4)。

④ 参见达瓦次仁《西藏羌塘地区草场管理模式与围栏建设对野生动物和自然保护区的影响》，载《西藏研究》2009年第3期。

对栅栏影响的研究，尤其要关注畜牧业与野生动物之间的冲突。[①]

本部分将主要关注栅栏在畜牧业与野生动物之间的关系中产生的影响，并在已有文献和田野调查的基础上进一步概括栅栏生态学的范畴，提出一种基于实践视角的栅栏生态文化学研究取向。文中使用的"野生动物"一词，主要指有蹄类草食动物[②]、中小型肉食动物，也包括小型草食动物和鸟类，由于种类较多，分析时以前两者为主。

一、流动性与定居：两类理论取向中的栅栏研究

（一）流动性理论取向

该取向强调流动性是解决畜牧业与野生动物冲突的关键，主张拆除所有的或者不必要的栅栏，避免草场碎片化，以使野生动物保持自然流动状态。这一取向在对非洲牧区的研究中得到了广泛应用。

自然栖息地的碎片化、退化甚至丧失被认为是东非大草原野生动物保护和畜牧业发展的主要威胁。[③] 在肯尼亚南部的热带草原生态系统中，牧区的碎片化和定居化对野生动物的数量和生产有重要影响。在私有牧场上，野生动物数量急剧减少，牧民的定居化以及定居分布导致了牧场的破碎化，被切割的牧场成为野生动物数量下降的主要原因。[④]

人口增加、居住区和种植农场的扩大、公路网以及无处不在的栅栏给东非野生动物保护和流动畜牧业带来了不利影响。在肯尼亚阿蒂－卡普提伊生态系统（Athi-Kaputiei ecosystem）中，人们大量建造栅栏，从而导致野生动

---

① 参见 Andrew F. Jakes, Paul F. Jones, L. Christine Paige, et al. A fence runs through it: A call for greater attention to the influence of fences on wildlife and ecosystems. *Biological Conservation*, 2018 (227).

② 有蹄类草食动物指以植物为食并长有蹄子的哺乳动物，如藏野驴、藏羚羊、藏原羚、野牦牛，它们的体形一般较大。

③ 参见 Mohammed Y. Said, Joseph O. Ogutu, Shem C. Kifugo, et al. Effects of extreme land fragmentation on wildlife and livestock population abundance and distribution. *Journal for Nature Conservation*, 2016 (34).

④ 参见 D. Western, R. Groom, J. Worden. The impact of subdivision and sedentarization of pastoral lands on wildlife in an African Savanna ecosystem. *Biological Conservation*, 2009 (11).

物栖息地的严重破碎化。鉴于些,有研究主张,要启动多项举措,扩大空间覆盖范围,并投入更多资金,以确保为野生动物和牲畜提供足够的开放流动空间。①

Samantha Russell 等人提出了这样一个问题:牧区管理系统能否通过牲畜的季节性迁徙创造并维持空间和时间上牧场的异质性?他们提出这一问题的依据是:土地利用的变化以及草场的均质化、退化导致牲畜和野生动物的生产能力下降,通过牲畜的季节性迁徙,野生动物和牲畜在牧场上的相互作用有可能为解决这一问题和促进畜牧业发展提供一种视角。他们认为,具备牧场异质性的传统畜牧系统不仅可以养活牲畜,还可以支撑大量的野生动物。因此,要保持野生动物和牲畜的流动性,尤其是湿润季与干旱季之间转换的通道,以保持牧区生态系统的恢复能力,并促进畜牧业和野生动物混合共生的牧区生态。②

(二) 定居理论取向

该取向强调集中定居更有利于畜牧业,尤其是对牲畜的管理,也有利于避免干扰野生动物的栖息地,栅栏是实现这一目的的重要手段。该取向下所说的栅栏主要指的是防止野生动物袭击牲畜和限制牲畜进入野生动物栖息地的栅栏,以及用于保护野生动物的栅栏(譬如自然保护区使用的栅栏)。

人、牲畜和野生动物共享同一自然区域造成了冲突的出现。在非洲,由于野生动物仍主要在保护区之外游荡,所以人与野生动物的冲突很常见。Joseph M. Mukeka 等人利用肯尼亚野生动物管理局 2001—2017 年在纳罗克(Narok)县收集的数据,分析了当地人与野生动物冲突的情况,譬如冲突中野生动物的种类、年份的差异、季节和地区上的变化等。研究认为,应尽量避免牲畜转换栖息地,促进土地的分区使用,尽量减少人、牲畜和野生动物之间的接触,并加强牲畜栅栏建设,以减少野生动物对牲畜的伤害。③

---

① 参见 Mohammed Y. Said, Joseph O. Ogutu, Shem C. Kifugo, et al. Effects of extreme land fragmentation on wildlife and livestock population abundance and distribution. *Journal for Nature Conservation*, 2016 (34)。
② 参见 S. Russell, P. Tyrrell, D. Western. Seasonal interactions of pastoralists and wildlife in relation to pasture in an African Savanna ecosystem. *Journal of Arid Environments*, 2018 (154)。
③ 参见 Joseph M. Mukeka, Joseph O. Ogutu, Erustus Kanga, et al. Human-wildlife conflicts and their correlates in Narok County, Kenya. *Global Ecology and Conservation*, 2019 (18)。

由于不当的放牧管理,许多牧场面临着大面积的退化,损害了牧场作为野生动物和社会经济发展的福祉。基于此,Wilfred O. Odadi 等人主张一种有计划的放牧管理,其核心是控制时间的轮流放牧。经过对肯尼亚北部牧区的研究,他们发现,计划放牧改善了植被条件,增加了野生有蹄类动物的存在度(44%)和物种丰富度(53%),而且促进了体弱的牛的体重增加,并声称这些结果首次证明了在非洲开展公共牧区计划的积极效果。①

在过去的 50 年里,非洲用于保护野生动物的公园和保护区面积增加了一倍,一些公园面积也在扩大;但只有不到 20% 的国家公园和野生动物保护区效果明显,未受偷猎。所以,Jerry Holechek 和 Raul Valdez 主张实施以社区为基础的野生动物保护项目,这样可以避开保护区的弊端,在经济和生态上有效维持和增强非洲野生动物的多样性;他们也主张牲畜和野生动物共享牧场,这种共牧模式将使牧场得到最有效的利用,能够促进牧民的收入多元化并有效降低风险。②

(三)评述:坚持两种理论取向相结合

绝对对立并不是两个理论取向所坚持的立场。从它们所关注的重点来看,流动性更关注野生动物与牲畜和牧场的协调性,注重牧民传统放牧知识的运用;安居取向更强调如何让野生动物与牲畜各安其分,以人为的规划来调节冲突。视角和关注重点的不同并不能掩盖二者内在的关联性,至少它们均把流动性、安居、栅栏以及如何避免冲突等牧区生态与发展的要素纳入研究视野。因此,有必要寻找能够将敌对关系转变为互惠关系的制度框架,该框架可以保证人类与野生动物和平共处,而不会破坏可持续的生计以及动物们的栖息地。③

在两个理论取向下如何构建一种对畜牧业与野生动物均有利的互惠关系,至少需要改变孤立看待其中关键要素的做法,在传统地方性知识(主要

---

① 参见 Wilfred O. Odadi, Joe Fargione, Daniel I. Rubenstein. Vegetation, wildlife, and livestock responses to planned grazing management in an African Pastoral Landscape. *Land Degradation & Development*, 2017 (7)。

② 参见 J. Holechek, R. Valdez. Wildlife conservation on the Rangelands of Eastern and Southern Africa: Past, present, and future. *Rangeland Ecology & Management*, 2018 (2)。

③ 参见 M. Seifu, F. Beyene. Local livelihoods and institutions in managing wildlife ecosystems: The case of Babile Elephant Sanctuary in Ethiopia. *Journal for Nature Conservation*, 2014 (6)。

为农牧民拥有并实践)与现代科学(主要为政府占有并实践)之间搭建一座坚实的桥梁,协调好关键要素之间的联系,建立起生计与生态之间的有机联系。社区与传统领域的分离是人们与当地环境的一种"脱钩"现象,需要从保护区中识别出潜在的利益,它代表了与当地社会生态系统"挂钩"的机制。因此,有必要建立一种生物多样性保护的协同景观模型,其特点是社区保护区域之间的制度联系和整合。① 在众多的牧区实践中,"脱钩"已经造成了诸多不良后果,"挂钩"则代表着一个有益的方向,但如何有效实现则需要付出大量的努力。

二、畜牧业中的栅栏对野生动物的影响

栅栏的设置对野生动物的影响具有两面性。而两面性中的任何一面内部都存在着发生程度与所需条件的差异,断定某些现象一定发生于某一个栅栏区域内的做法并不可取。这里所说的同一面内的差异性需要高度重视;同时,它也是引导和推进实践中的关键问题。做两面性的划分和归类,只是为了强调两面性及其中要素的存在与转化可能。

根据设置的主要目的的差异,西藏牧区的栅栏主要可分为六类:①牧场界线栅栏。主要用于区别不同牧民家庭的牧场,也有一些以界桩标示。②生态湿地保护区栅栏。主要用于隔离保护区,譬如玛旁雍错生态湿地保护区栅栏。③生态恢复区和防风固沙项目的实施区栅栏。主要用于保护沙化草场恢复区。④防护隔离栅栏。主要用于公路旁以及人工种草区域的隔离。⑤水源保护栅栏。主要用于饮用水源头及易受污染、干扰区域的隔离。随着河长制的推行,此类栅栏也出现在大量非饮用水河流的平缓地带,以加强对河流水质的保护。⑥优质小块牧场的隔离栅栏。主要指牧民在自家承包的大片牧场中隔离出的小块区域,以防止野生草食动物进入觅食。

铁丝网栅栏是这些栅栏的主体;在高山坡上也存在以石头堆砌的栅栏,譬如,普兰县多油村在纳木那尼山附近的高山牧场。当地村民告诉笔者,那些石头栅栏主要是为了阻止肉食动物袭击牲畜和人。在一些林木丰富的牧

---

① 参见 A. Hoole, F. Berkes. Breaking down fences: Recoupling social-ecological systems for biodiversity conservation in Namibia. *Geoforum*, 2010 (2)。

区，亦有较少的木质栅栏。

(一) 积极性的一面

除了水资源保护栅栏、优质小块牧场的隔离栅栏外，其他四类栅栏对野生动物均存在积极的一面。减少野生动物与家畜的接触，减少疾病的交叉感染和传播，是其显著影响之一。F. Jori 等人指出，在南部非洲所使用的一种兽医用栅栏发挥了良好作用，其主要用途是把野生动物与家畜进行隔离，以防止传染病的大范围传播。这种围栏也是世界动物卫生组织认可的一种控制传染病的方法，在牛肉出口国建立的牛肉生产的无病区应用广泛。[①] 另外，减少家畜对公共牧场的使用，从而减少了野生草食动物食物来源的压力，这也是重要影响之一。其他积极作用见表 11 - 1，但这些作用的发挥及其可持续性还有待进一步观察。

表 11 - 1 西藏牧区栅栏类型及对野生动物的积极作用

类型	设置者	可穿透性	积极影响
牧场界线栅栏	以牧民为主	有蹄类体形较大动物、大体形食肉动物难穿透；旱獭、鼠兔等小型草食动物和狐狸、狼等中小型肉食动物易穿透	减少野生动物与家畜接触，减少疾病的交叉感染和传播
			减少家畜对公共草场的使用，减少野生动物食物来源压力
生态湿地保护区栅栏	县、乡(镇)政府	有蹄类体形较大动物、大体形肉食动物难穿透；旱獭、鼠兔等小型草食动物和狐狸、狼等中小型肉食动物易穿透	有利于保护区内中小型动物(含鸟类)的生长繁殖
			一定程度上促进了周边区域动物的迁移
生态恢复区和防风固沙项目的实施区栅栏	县、乡(镇)政府	有蹄类体形较大动物、大体形肉食动物难穿透；旱獭、鼠兔等小型草食动物和狐狸、狼等中小型肉食动物易穿透	有利于保护区内中小型动物(含鸟类)的生长繁殖
			一定程度上促进了周边区域动物的迁移

---

① 参见 F. Jori, D. Brahmbhatt, G. T. Fosgate, et al. A questionnaire-based evaluation of the veterinary cordon fence separating wildlife and livestock along the boundary of the Kruger National Park, South Africa. *Preventive Veterinary Medicine*, 2011 (3 - 4)。

(续表 11-1)

类型	设置者	可穿透性	积极影响
防护隔离栅栏	县、乡(镇)政府	大多数动物很难穿透	减少了动物交通事故
水源保护栅栏	以县、乡(镇)政府为主,河长	大多数动物很难穿透	—
优质小块牧场的隔离栅栏	牧民	有蹄类体形较大动物、大体形肉食动物难穿透;旱獭、鼠兔等小型草食动物和狐狸、狼等中小型肉食动物易穿透	—

注:"—"代表无明显积极影响或相关影响尚未发现。

(二) 消极性的一面

栅栏设置目的中的积极性并不能排除对动物造成伤害的意外后果。相关研究也成为牧区研究中的一个重要分支。达瓦次仁指出,那曲、阿里的许多地方建立了大量的栅栏(围栏),对野生动物产生了大量的负面影响,譬如直接对野生动物造成伤害、非法捕猎者利用围栏猎杀野生动物、为保护草场驱赶野生动物以及压缩野生动物的生存空间等。[1]

Andrés Rey 等人关注到铁丝网栅栏对野生动物造成的伤害。他们发现,铁丝网栅栏造成的一岁龄野生动物的年死亡率为 5.53%,远高于成年动物 0.84% 的死亡率。表明在野生动物成长过程中,栅栏的伤害是极大的。所以,他们主张用一种与野生动物关系更为友好的栅栏代替铁丝网栅栏,譬如高强度的电栅栏。[2]

虽然栅栏可以用于保护濒危野生动物,但 Bruno O. Ferronato 指出了其中的风险,即对非目标本地物种的影响知之甚少,它是一种广泛而未被认识到的威胁,他建议正在进行的和未来的栅栏项目应考虑并重视这一风险。[3]

---

[1] 参见达瓦次仁《西藏羌塘地区草场管理模式与围栏建设对野生动物和自然保护区的影响》,载《西藏研究》2009 年第 3 期。

[2] 参见 A. Rey, A. J. Novaro, M. L. Guichón. Guanaco (Lama guanicoe) mortality by entanglement in wire fences. *Journal for Nature Conservation*, 2012 (5)。

[3] 参见 Bruno O. Ferronato, John H. Roe, Arthur Georges. Reptile bycatch in a pest-exclusion fence established for wildlife reintroductions. *Journal for Nature Conservation*, 2014 (6)。

J. Sun 等人强调中国的"围栏放牧－排斥"政策的双重后果，积极的一面主要是保护了退化中的高寒草甸，消极的一面体现于长期之中，而且更为复杂。他们认为，长期设置的栅栏阻碍了野生动物的迁徙，增加了非栅栏地区的放牧压力，降低了牧民的满意度，并增加了地区乃至国家巨大的经济成本，所以无生态和经济效益可言。①

综合而言，栅栏对野生动物的影响可以主要从身体、精神、行为三个角度进行解读，三者之间的关系不存在明确的施动和接受关系，亦无明确的先后发生顺序。三者的生成是复杂的，而它们之间的关系也是复杂的。最终，这些负面影响通过加速个体间接和直接死亡、种群变异、种群繁衍失衡以及草场食物链的异常或断裂等过程，会加速动物种群的衰退甚至灭绝（其机制与过程详见图 11-1）。

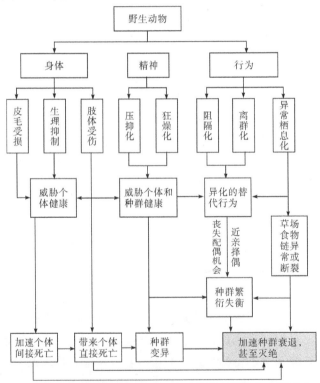

图 11-1 不同的牧区栅栏对野生动物呈现的综合负面影响

注：本图参阅了 Andrew F. Jakes, Paul F. Jones, L. Christine Paige, et al. A fence runs through it: A call for greater attention to the influence of fences on wildlife and ecosystems. *Biological Conservation*, 2018 (227)。

---

① 参见 Jian Sun, Miao Liu, Bojie Fu, et al. Reconsidering the efficiency of grazing exclusion using fences on the Tibetan Plateau. *Science Bulletin*, 2020 (16)。

三、栅栏生态文化学的实践研究视角

（一）栅栏生态学需要关注实践

相关栅栏的政策条款多是宏观导向性的，缺少明确的、具体的指标。譬如，《西藏自治区实施〈中华人民共和国草原法〉办法》第 21 条要求："实行草原承包经营责任制，应当兼顾野生动物的食草、饮水和迁徙等生存条件。"该条隐含着对栅栏使用的慎重性要求。

从栅栏设置对野生动物的正向和负向影响的实践视角研究野生动物生态状况虽然重要，但它并不是栅栏生态文化学的全部内容。本文所使用的栅栏生态文化学指涉的是以牧区栅栏设置带来的对相关牧场区域内包括野生动物、饲养牲畜、草场、土壤、生态成本、生态伦理、性别分工等方面的影响，它是一种基于牧区整体生态的广义概念，关注的中心是人与自然和谐共处以及在此基础上的牧区群众福祉的提升。

前文的分析表明，牧区的栅栏与野生动物的关系是在复杂的变动着的牧区建设与发展中出现的，在这些复杂的过程中，牧民、政府、社会组织等各类实践者都发挥着一定的作用，或者可以说，正是它们关于栅栏的实践促成了栅栏对野生动物影响的发生。

实践研究视角的关键在于发现参与者的价值并充分发挥这种价值。有研究指出，在缓解与野生动物冲突、促进农村地区发展方面，仅仅消除体制障碍并不能取得预期的效果；当地村民和其他利益攸关方的积极参与可以促进方案的成功；利用好本地知识有助于在利益相关者之间建立持久的关系。[①] 针对人与野生动物的冲突，G. Matseketsa 等人主张采取多维度策略解决冲突。他们从三个方面评估了津巴布韦南部的一个保护区：①确定造成破坏的主要野生动物种类；②确定与野生动物发生冲突的性质和程度；③当地居民为减少冲突所采用的措施。他们主张建立"复合行动"（multi-action），最重要的是，在关键区域做出恰当的土地使用规划，推行适当的举措从而减少竞争和

---

① 参见 S. R. Noga, O. D. Kolawole, O. T. Thakadu, et al. "Wildlife officials only care about animals": Farmers' perceptions of a Ministry-based extension delivery system in mitigating human-wildlife conflicts in the Okavango Delta, Botswana. *Journal of Rural Studies*, 2018 (61).

利益的重叠，维护和使用好栅栏。① 他们所主张的"复合行动"的关键在于政府与当地居民的共同参与、共同实践。

在我国，中间组织（非政府组织）在牧区栅栏方面的作用似乎并不明显，在西藏牧区更是如此，因此更具重要性的是牧民与政府的实践。政府一般代表科学一方，多从牧区的生态和牧民的生计考虑推进政策；长期积累的牧区管理地方性知识则是牧民们的优势。在牧区，任何举措的形成和落实都不应缺少二者中的任何一方的实践。而且，各方实践之间充满了反复的对话、协商。那种以流动性下降或为了保持流动性而否定或肯定栅栏的做法都存在着风险，因为它们可能忽视了牧区中的各类实践或者对其重视不足。事实上，并没有一个统一的指标可以涵盖不同牧区、不同牧户中流动性的特点。②

在西藏牧区，牧民对野生动物保持着一种较为友好的传统，即使传统的猎人（现在已经消失了）也遵循着一些有利于野生动物繁殖与均衡的原则。笔者调查发现，在现实生活中，牧民们仍在以各种形式利用着野生动物，主要用之于制药和换取现金。在普兰牧区，野牦牛的心脏血（称为"促格宁查"）用于治疗各种心脏病，每克的价格高达上百元。鹰爪（称为"夏尔各"）用于镇痛止惊，每一只也要上百元。狐肉（称为"洼"）用于治疗水肿、胃痛，每只近千元。另外还有狼头、野牦牛头、野兔眼、野兔心等。这些器官并非来自捕杀的野生动物，而是来自受天气等诸多因素影响而死亡的动物。

但是，这些死亡的动物数量每年到底有多大？各种动物之间的构成比例如何？"自然死亡"成分的大小与栅栏之间是否存在着某种内在关系？对动物利用的地方性知识是如何生成的？它们对当地牧民的生计、当地生态环境有何影响？这些问题的答案只能从牧民群众和当地乡（镇）政府的具体实践活动中才能够获得。把这些问题都搞清楚的过程，也就是在牧民群众与乡镇政府之间进行较为深刻的对话的过程，而原有做法的利弊特点也就较为容易被找出来，从而有利于弥补缺陷，更好地推进畜牧业与野生动物关系的协调发展。因此，可以认为，牧民群众的实践和乡（镇）政府的实践是处理畜牧业与野生动物关系中最基础、最重要的两类实践。

---

① 参见 G. Matseketsa, N. Muboko, E. Gandiwa, et al. An assessment of human-wildlife conflicts in local communities bordering the western part of Save Valley Conservancy, Zimbabwe. *Global Ecology and Conservation*, 2019 (20)。

② 参见 L. Chuan. Quantifying multi-scale pastoral mobility: Developing a metrics system and using GPS-Tracking data for evaluation. *Journal of Arid Environments*, 2018 (153)。

（二）栅栏生态文化学的实践范畴与要素

本部分进一步提炼牧区实践视角下的栅栏生态文化学的范畴与要素，这些将是推进栅栏生态文化学研究的重要线索。应指出的是，这种提炼只是建立于目前田野资料与文献资料支撑的基础上的，在相关研究中，它绝不是一个固定的框架，而只是处于动态之中的一种尝试。

表11-2简要展现了栅栏生态文化学的相关实践范畴与要素。总体范畴可归纳为六类：栅栏系统、牲畜系统、野生动物系统、综合生态系统、社会世界和经济系统。这六类范畴以栅栏产生的生态影响为中心，指出了实践知识的主题，即实践的核心关注点，有助于研究者做深入系统的研究，也有助于政策制定者在制定有关栅栏的政策时全面系统地考量实践后果。在六类范畴之下，提炼出20个实践知识主题，并将其作为研究特定实践的核心部分。主题之下是研究主题的要素和解读角度。

表11-2 栅栏生态文化学的实践范畴、知识与相关要素

范畴	实践知识主题	要素与解读的主要角度
栅栏系统	栅栏的范围与状况	空间分布的数量、密度
		历史动态特征
	栅栏的类型	针对不同目的的细类
	栅栏的有效性	不同细类的目标实现度
牲畜系统	牲畜整体状况	空间分布的牲畜种类、数量、疾病情况
		各年份、不同季节的流动性（在季节性草场上的分布）
	牲畜管理	合作社管理、家庭管理，管理的有效性
		牲畜管理方法的可替代性及有效性
野生动物系统	心理	各类动物对栅栏类型的感知、反应
		对栅栏造成的食物构成、能量供给变化的心理反应
	数量	栅栏造成的身体伤害及反应，死亡率
		造成相关后果的物理和生物因素
	行为	各类动物对栅栏做出的对应行为，间接导致的行为
	空间分布	栅栏对野生动物分布产生的影响及带来的问题

（续表 11-2）

范畴	实践知识主题	要素与解读的主要角度
综合生态系统	栅栏生态影响	各类栅栏本身的景观化及其影响
		各类栅栏对牲畜、野生动物造成的生态影响
		各类栅栏对其他生态群落的影响
	栅栏生态过程	栅栏对牲畜和野生动物取食模式的影响，对种子传播的影响，对各类食物链的影响，对各类养分流动的影响
	畜草平衡情况	畜草是否达到平衡，对应的禁牧区及面积，平衡奖励及生态补偿情况
	土地	土壤成分变化，土壤干湿变化
	植被	栅栏对不同区域植被构成的影响，对植被演替的影响
	疾病形成与传播	动物系统内疾病的形成与传播，人畜共患病的形成与传播，栅栏对疾病传播变异的影响
社会世界	地方性知识与文化	制度强势介入下牧民对牧场区块化的心理变化、对拥有牧场的意义变化
		对"生态伦理"的挑战及在日常生活中的转化
		栅栏导致冲突的各类社会与文化因素
	性别分工	畜牧业中的男女分工变化
		生活模式变化引出的新角色
经济系统	生态成本	栅栏、植被、土壤、疾病、野生动物等维度的生态成本
	经济投入	经济风险成本、激励投入、奖励投入等
	经济收益	畜牧业收益、生态收益、旅游收益等

注：本表参阅了 Andrew F. Jakes, Paul F. Jones, L. Christine Paige, et al. A fence runs through it: A call for greater attention to the influence of fences on wildlife and ecosystems. *Biological Conservation*, 2018（227）。

笔者已经强调，栅栏生态文化学范畴中的最基本的实践类型是牧民实践与乡（镇）政府实践，这两类实践直接关系着政策的执行及其效果。因此，栅栏生态文化学中的范畴和知识主题的实践主体都是农牧民群众和乡（镇）政府，在某类范畴内可能会以其中某一方为主，但都不能缺少二者的对话与合作。

我们理解这些范畴与要素的关键至少包括两方面。一是需要把握栅栏引发的牧区动态性特征，包括野生动物、牲畜、牧民、草场、植被、种子以及土壤等许多方面要素。D. J. Augustine 等人指出，因为栅栏影响牲畜与野生动物的迁移，所以当地的生物多样性、生态过程（种子传播、土壤养分转移等）也会随栅栏的设立而发生变化。① 二是要把握牧民与牧区及动物的一体性。无论把动物视作人类食物的来源，或是作为一种神圣的存在而膜拜，还是作为思考对象，抑或作为朋友、伙伴，当我们关注人类的身体健康时，绝不能忽视动物作为人类社会的一部分的事实。②

在"社会世界"范畴的"地方知识与文化"实践知识主题中，"对生态伦理的挑战及在日常生活中的转化"是一个重要维度。在某种程度上，密度过大的栅栏如同切割了牧民群众与大自然的原有联系一般，会冲击他们处理生态问题的地方性知识体系。"基于身体知觉的藏族天人生灵合一的生态伦理"③ 提出，对动物身体的知觉构建了人们与宗教和外部行动之间的一种中介。但是，栅栏的密布以及外部文化进一步融进生活使原有的伦理取向渗入了较多的市场元素，以经济效益为主要评价标准的做法值得警惕。似乎仅仅依靠"生态伦理"本身以及牧民的自觉实践应对来自社会结构性的压力并不明智，此时，政府实践显得异常重要。

四、结语

全球气候变暖和气候变动性的影响范围在扩大，干旱的发生将越发频繁和严重。④ 畜牧业的利益与牧区野生动物的利益重叠性将进一步加大，冲突也可能随之加剧，栅栏生态学的意义也更加突出。如何把握实践，引导实

---

① 参见 D. J. Augustine, D. G. Milchunas, J. D. Derner. Spatial redistribution of nitrogen by cattle in semiarid rangeland. *Rangeland Ecology & Management*, 2013 (1)。

② 参见 Molly H. Mullin. Mirrors and windows: Sociocultural studies of animal-human relationships. *Annual Review of Anthropology*, 1999 (28)。

③ 参见赵国栋《"神鱼现象"：藏族原生态文化解释的一种机制隐喻》，载《原生态民族文化学刊》2019 年第 4 期。

④ 参见 David K. Nkedianye, Joseph O. Ogutu, Mohammed Y. Said, et al. Livestock-wealth inequalities and uptake of crop cultivation among the Maasai of Kenya and Tanzania. *World Development Perspectives*, 2019 (14)。

践，在实践中少走弯路，实现较好的结果，就是栅栏生态学要关注的一个中心议题。

从一般意义而言，栅栏生态文化学需要强调风险和相关事项。一是要注意牧区条块分割的程度，应掌握不影响流动性的生成、不打击地方的有效的生态文化机制原则；同时，努力更好地产出生态效益与经济效益，适当促进牧区的多元化生计。二是形成科学的牧区生态与生计评估机制。定期评估与应需、应急评估相结合。至少要评估公共草场、保护区、禁牧区、恢复区以及主要牧户的承包草场生态情况，探索根据动植物生态变动情况禁牧以及禁牧区域转换的机制。三是从实践角度时刻警惕牧区范畴和知识主题的失衡风险，探索牧区生态-生计的相互促进效应机制。

对牧民实践和乡镇政府实践应给予更大的重视、更大的信任，赋予更大的权限，并注重推进二者之间的对话，促进农牧区生成基于生态与生计相结合的权责利新机制，为有效解决农牧区生态保护、经济建设与社会发展中出现的问题提供动力与途径，并最终提升农牧区生态与经济社会的综合福祉。

（本部分原发表于《青海民族研究》2021年第2期。有改动）

第十二章 西藏农牧区的茶叶消费：一种身心生态的微观视角

茶叶最初进入西藏时，更可能是药用和社会地位符号的混合体[①]，随后又深刻融入日常社会生活、政治、经济、宗教等各个领域，发挥着重要的纽带作用。时至今日，茶叶依然是西藏各族群众日常生活中的重要元素。笔者将主要关注西藏偏远农牧区的茶叶消费与茶馆的情况，呈现二者正在经历的变化，以及从"身心生态"（主要包含身体与心理方面）角度阐述这种变化包含着的发展趋势和可能的启示。

一些研究关注到西藏茶叶消费与茶馆文化。关于前者，笔者对西藏茶叶消费过程进行分析后认为，农村地区的茶叶消费需求仍未得到满足，应引起重视。[②] 关于后者，笔者强调，西藏茶馆不但是饮茶之地，更是一个社会空间，有效地促进了西藏农牧社会的整合，如何平衡好市场空间与社会空间中茶馆的发展是一个重要命题。[③] 另外，笔者也从产业与生态的视角强调了茶产业、茶叶消费的重要性，提出从三个维度推进茶产业发展："原地浓缩型策略""整合提升型策略"和"建设利用型策略"。[④] 这些研究虽有启发意义，但并未在茶叶消费与文化变迁中专门针对"身心生态"进行探讨。

一、西藏茶叶消费的总体状况

在西藏，茶叶的物质实用性是茶叶消费、茶叶贸易的基础，而后两者又

[①] 参见赵国栋《西藏茶文化》，西藏人民出版社2018年版，第3～7页。
[②] 参见赵国栋、于转利、刘华《社会学视角的西藏茶消费变迁研究》，载《西藏民族学院学报（哲学社会科学版）》2011年第6期。
[③] 参见赵国栋《西藏茶馆及其社会空间》，载《西藏研究》2014年第6期。
[④] 参见赵国栋《生态红利：西藏茶文化与产业发展：基于政策的制定与运行视角》，载《农业考古》2019年第5期。

反映出人们对茶叶物质实用性的高度认可,并巩固着茶叶的社会位置。① 西藏的茶叶消费主要体现于茶馆消费与家庭消费两大场域之内。

有记载显示,西藏民主改革前,西藏每人每天平均的饮茶量是较高的,虽然很难估计不同阶层之间的消费量差异。② 在当时,"茶"并非单独指涉茶叶实体,还包括文化,甚至是一种"茶粮"的简称,所以能够"茶饱肚"。随着人均收入的增加,人们的物质生活丰裕度有了大幅度的提升,这对西藏人均饮茶量有何影响还未有深入研究。从 2007—2018 年的数据对比看,城镇与农村的人均可支配收入呈逐年增加的态势;人均茶叶消费量虽然也较高,但并未出现与人均可支配收入相同的递增趋势。(见表 12 - 1)

表 12 - 1　不同年度西藏人均茶叶消费量与可支配收入

茶叶消费与收入	2007 年	2010 年	2015 年	2016 年	2017 年	2018 年
城镇人均茶叶消费量/千克	0.7	2.7	2.2	2.2	2.9	1.8
城镇人均可支配收入/元	11337	14980	25457	27802	30671	33797
农村人均茶叶消费量/千克	8.11	6.64	5.22	3.56	2.8	2.2
农村人均可支配收入/元	2777	4123	8244	9094	10330	11450

注:数据整理自各年度的《西藏统计年鉴》。

不同年份之间城镇人均茶叶消费量的变动趋势并不明显。从 2007 年到 2010 年,有较大幅度的增加;而从 2017 年到 2018 年,下降幅度较大;其他年份变动较为平缓。城镇居民茶叶消费存在较大差异。2017 年,按人均收入水平把城镇居民划分为六组,其中的最高收入组的人均茶叶消费量为 6 千克、高收入组为 3.2 千克,其他组均未超过平均水平 2.9 千克③(中等偏上组为 2.9 千克)。2016 年呈现同样的趋势,最高收入组的人均茶叶消费量为 5.8 千克,高收入组为 2.5 千克,高于平均消费量 2.2 千克,其他四组均低于平均水平(见表 12 - 2)。

城镇人均茶叶消费结构可能意味着:①人均可支配收入对茶叶消费有着重要的影响,提高收入有助于促进茶叶消费;②最高收入组、高收入组的更高茶叶消费量的促成因素还可能包括:更为丰富的茶叶品种、更加丰富的家庭茶事活动以及向亲朋好友的馈赠等,即整体上对茶叶的运用范围更大、频

---

① 参见赵国栋《西藏茶文化》,西藏人民出版社 2018 年版,第 81～82 页。
② 参见赵国栋《西藏茶文化》,西藏人民出版社 2018 年版,第 83 页。
③ 参见西藏自治区统计局、国家统计局西藏调查总队《西藏统计年鉴 2018》,中国统计出版社 2018 年版,第 137 页。

度更高；③茶叶消费量与收入的正相关关系可能表明，城镇居民的茶叶消费需求（含种类、质量、数量等）未得到充分满足；④城镇居民内部的茶叶消费分化较为牢固，2016年、2017年两年间的分化不大，趋势基本相同；⑤茶叶消费处于复杂的社会结构和消费多元化、丰富化的状态之下，可支配收入可能被用于更多消费性支出项目，从而削弱茶叶消费支出的比重。这种复杂的结构性值得重视。但由于本文主要探讨农牧区的茶叶消费，因此，后文不再对城镇茶叶消费做过多讨论。

表12-2 西藏城镇居民按人均收入分组的人均茶叶消费量

单位：千克

年份	低收入组	中等偏下组	中等收入组	中等偏上组	高收入组	最高收入组
2017年	2.1	2.4	2.6	2.9	3.2	6.0
2016年	1.6	1.5	1.6	1.9	2.5	5.8

数据来源：《西藏统计年鉴2017》第141页，《西藏统计年鉴2018》第137页。

从表12-1的各年份分析可以看出，农村年人均茶叶消费量高于城镇，但2017年、2018年两年进一步接近，有可能表明城镇与农村的茶叶消费存在某种趋同性，该趋同性可能体现于消费量、消费模式等多个方面。农村的茶叶消费似乎未发生明显的分化，但人均茶叶消费量随年份呈明显递减态势，这值得高度关注。茶叶消费量的这种减弱表明在茶馆和家庭中消费的茶叶总量是逐渐减少的，茶馆和家庭中茶叶消费量的具体变化还有待进一步分析。

虽然茶叶消费量在减少，但笔者在普兰县的农牧区调查发现，农牧民群众的饮料消费并未减少，甚至出现了大幅度增加的现象。他们消费的饮料十分丰富，主要来自当地茶馆、超市、饭店以及朗玛厅（歌舞厅）。这可能表明，同城镇居民一样，农牧区群众增长的人均可支配收入被多元化消费，尤其是被茶叶的替代品——各种饮料进一步切割，用于茶叶消费的支出也相应下降。其中，茶馆中饮用其他饮料似乎挤压了传统的茶叶消费空间，酥油茶消费受影响最大。这一现象蕴含着复杂的机制，也意味着某种喜忧参半的后果。后文对此进行进一步讨论。

二、茶的药用功能

《汉藏史集》中有"神鸟衔茶救国王"的故事：国王都松芒布杰得了重病，一只小鸟衔来茶叶，国王因茶叶而得救。① 这一记载具有广泛的影响，许多研究把它作为茶叶传入西藏的证据。② 但很少有人关注和研究这则故事中茶叶的药用功能。《唐国史补》中有常鲁公与吐蕃赞普赤松德赞关于茶叶的一段对话。当时赞普虽有多类茶叶，却发出这样的疑问："此为何物？"③ 无论如何理解这一发问，至少表明当时吐蕃的用茶之法与唐朝应存在一定区别，在雪域之地，人们可能以珍贵之物与药用之物为主的角色来定位茶叶。④ 如果茶叶在西藏最初的角色与药用有关，那么这一角色除了受"汉地"（主要指华夏文明区域）茶文化的影响外，可能更多地来自应对青藏高原高寒缺氧环境对身体造成的不良影响，因为这种环境状态容易诱发多种高原病，尤其是慢性疾病。

J. W. Larrick 认为秘鲁印第安人和青藏高原居民在文化适应方面的主要差异之一是后者大量消费茶叶，而茶叶中含有足够数量的生物活性物质甲基黄嘌呤，它可以减轻缺氧和高寒环境对身体的影响。因此，对西藏游牧群体能够更好地适应青藏高原的环境来说，虽然这不是唯一的，却是一个非常重要的原因。此外，大量食用茶叶也可能是亚洲地区慢性高原病发病率较低的一个因素。⑤ 西藏居民日常饮用的茶叶，尤其是制作酥油茶所用的茶叶绝大部分是紧压形态的黑茶（以砖茶为主），是由茶叶固态发酵而成，而微生物发酵是控制黑茶品质的关键因素，包括一系列改变茶叶化学成分的反应。⑥ 成品黑茶通过抑制脂质吸收和生物合成，降低血清总胆固醇、甘油三酯、低

---

① 参见达仓宗巴·班觉桑布《汉藏史集：贤者喜乐赡部洲明鉴》，陈庆英译，西藏人民出版社1986年版，第92～93页。
② 参见赵国栋《西藏茶文化》，西藏人民出版社2018年版，第17页。
③ 李肇等：《唐国史补 因话录》，上海古籍出版社1979年版，第66页。
④ 参见赵国栋《西藏茶文化》，西藏人民出版社2018年版，第3页。
⑤ 参见 J. W. Larrick. The methyl xanthine hypothesis: Does tea consumption by Tibetan natives blunt the effects of high altitude? *Medical Hypotheses*, 1991 (2)。
⑥ 参见 M. Z. Zhu, N. Li, F. Zhou, et al. Microbial bioconversion of the chemical components in dark tea. *Food Chemistry*, 2020 (312)。

密度脂蛋白胆固醇（LDL-C），具有降低肥胖的作用，同时也具有抗菌、抗氧化和抗诱变活性。①

虽然人们很难说出喝茶与身体健康关系密切的机理，但几乎每位身处农牧区的藏族群众都坚信：喝茶可以抗高原反应，可以让身体舒畅。西藏主要有三大茶汤种类：清茶，由盐和茶汁混合而成；酥油茶，由酥油、盐和茶汁混合而成；甜茶，由糖、奶和茶汁混合而成。一位专门制茶的藏族姑娘告诉笔者：三者都具有一定的抗高反功能，但酥油茶是最好的。② 这可能意味着"酥油+盐+茶汁"的组合是一组最佳搭档。普兰县多油村群众桑木旦告诉笔者，他和家人每天早上必须喝酥油茶、吃糌粑，要不然一天都会不舒服。③

酥油具有滋润肠胃、和脾温中、补充能量的功用；中医认为，盐性咸而微凉，具有调味和中、催吐利水和润燥通便功效；而茶则能够开胃明目、补充多种维生素，激发人体的精神活力，提升免疫力。三者对人体健康都是有益处的；同时，三者的结合也可能形成某些更有利于人体在高原生活的成分，从而超越三者简单地相加的效果。当然，酥油、盐与茶相结合后的功能也只是笔者根据在高原农牧区内调查认知的一种推测。

三、氟摄入量的威胁

有研究指出，"西藏是砖茶氟中毒的流行地区"④。J. Cao 等人对西藏 3 个地区的氟中毒现象进行了流行病学调查。研究发现，从氟的可能来源表明，水和其他食品材料以及燃料中的氟含量均是微不足道的，只有砖茶的氟含量较高。他们认为，西藏地方性氟中毒发生的主要原因是大量食用砖茶；同时，高海拔、恶劣的生活条件和不良的营养状况加剧了氟中毒。⑤ 郭宝峰

---

① 参见 L. Zhang, Z. Z. Zhang, Y. B. Zhou, et al. Chinese dark teas: Postfermentation, chemistry and biological activities. *Food Research International*, 2013（2）。

② 采访时间：2019 年 9 月 27 日；地点：西藏拉萨市色拉路某茶馆。

③ 采访时间：2019 年 9 月 7 日；地点：西藏阿里地区普兰县多油村村民桑木旦家中。

④ 参见 J. Cao, Y. Zhao, J. W. Liu, et al. Environmental Fluoride Content in Tibet. *Environmental Research*, 2000（3）。

⑤ 参见 J. Cao, Y. Zhao, J. W. Liu. Fluoride in the environment and brick-tea-type fluorosis in Tibet. *Journal of Fluorine Chemistry*, 2000（1）。

等人选取了20家国家定点砖茶生产厂家,采集了每个厂家生产量大和销售量大的主流砖茶1~5个品种进行测试分析,他们发现,砖茶氟含量相对较高,合格率较低,因为牧业人群饮用砖茶量大,所以存在健康风险。① 2020年,西藏自治区人民政府印发了《关于进一步做好"健康饮茶"工作实施方案(2020—2025年)》,该方案对"健康茶生产销售"和"健康饮茶习惯培养"两个环节进行了规划设计,目的是进一步促进饮茶安全,使通过饮茶摄入氟的含量控制在安全水平。

但是,对人体健康而言,氟并非绝对有害。氟是人体必需的一种微量元素,摄入适量的氟可以促进骨骼健康,有利于防止龋齿和骨质变形的发生。作为一种富氟的饮用物,茶叶为人体提供了必要的氟,保护了人体健康;但是,过量饮茶,尤其是饮用氟含量高的粗老茶叶就会对人体造成伤害。② 因此,茶叶是尤其砖茶的氟含量以及人们的茶叶饮用量至关重要。

关于茶汤和氟的摄入量,笔者曾专门进行过研究。世界上大多数国家对食品中的氟含量做了规定,世界卫生组织推荐的氟摄入量为成年人2~4毫克/天、儿童为1~2毫克/天。一般认为,成年人每天氟的摄入量长期超过4毫克,就会导致氟中毒。曾有人建议我国氟的安全摄入量限制在3.5毫克/天以下。农业部行业标准(NY 659—2003)规定,每千克茶叶中的氟含量不得超过200毫克。③ 有研究指出,依据我国目前主流砖茶的平均氟含量分析,每年人均砖茶消费量以不超过2.8千克为好,即若茶叶的含氟量达到行业标准,那么每天的氟摄入量不到1.6毫克。在饮用的砖茶符合行业标准的前提下,成人每年砖茶消费量以不超过4.3千克为宜。④ 问题的关键是,人们饮用的砖茶的含氟量是否能够符合行业标准。

---

① 参见郭宝峰、李程程、梁丽娜等《砖茶氟含量调查研究》,载《中华地方病学杂志》2019(6)。

② 参见阮建云、杨亚军、马立锋《茶叶氟研究进展:累积特性、含量及安全性评价》,载《茶叶科学》2007(1)。

③ 参见赵国栋《茶叶中的氟以及如何喝到低氟茶》,见中国西藏网:http://www.tibet.cn/cn/news/yc/202007/t20200712_6817202.html,2020-07-12。

④ 参见郭宝峰、李程程、梁丽娜等《砖茶氟含量调查研究》,载《中华地方病学杂志》2019(6)。

四、茶馆：农牧区茶叶消费的一面"镜子"

在传统的西藏社会中，茶馆可被视作一种以茶为中介的生计与消费的复合体。对以茶馆为谋生者而言，它是一种谋生手段，亦是一种经营空间；对到茶馆的消费者而言，它又是一种满足喝茶、用餐的消费渠道和空间；同时，茶馆也为各类消费者之间的信息传播与交往沟通提供了方便。在某个阶段，酥油茶和甜茶代表着相异的价值与生活取向，前者代表着坚持传统的执着，有某种仪式象征意义；后者暗含着一种现实的娱乐消遣，曾被大多数人排斥，僧侣们亦不喝它。[①] 但这种分野很快在现实生活中被弥合，甜茶以其柔和香醇的口感和更具休闲的特色进一步影响着茶馆的整体发展取向，以"甜茶"为名的茶馆很多，而极少有茶馆冠以"酥油茶"之名。在那些以早餐（早茶）为主的茶馆中，酥油茶似乎才有其必要性。进一步世俗化、大众化的消费取向使茶馆变得更加具有包容性，人口流动在茶馆中得到了较好展现，人口的信息场域的形成意味着茶馆公共空间的意义愈发突出。

公共空间不但具有空间性，更具有公共性。在农牧区，公共性的实现在多数时候需要人们"在场"，通过"在场"实现互动与沟通。从传统意义上来说，佛事活动、节庆活动以及重要农牧活动的集体性仪式（譬如为耕种土地而举行的望果节、牧区一年一度的赛马节等）是实现"在场"公共性的三个主要类型。除了佛事活动外，其他两大类以情感释放的欢娱为主。啤酒、青稞酒、甜茶以及各类饮料似乎比酥油茶更适合这种场合氛围。随着节庆活动的增加，茶馆越来越受到人们的青睐，成为欢庆活动的首选之地。[②]

作为一种公共娱乐空间，茶馆的娱乐性呈现出一种增加的态势。可以从以下方面来理解这种增加的趋势：第一，旅游业与其他产业快速发展，农牧民群众与外部的交流沟通机会成倍增加，相应导致外来文化影响、市场影响的增加，一定程度上促进了相对质异的娱乐性文化向农牧区生活的渗透；第二，政府投入大量资金推进的边境小康村建设和脱贫攻坚激发了人们对一些

[①] 参见赵国栋《西藏茶馆及其社会空间》，载《西藏研究》2014年第6期。
[②] 笔者在西藏阿里地区普兰县调查时，多次在茶馆中遇到多油村不同村组的节庆活动，一些节日是近几年村中自行设立的。

物质性、娱乐性文化的关注；第三，经济收入的增加一定程度上促进了物质性和娱乐性消费，并为这种消费提供了可能。这三个方面既是茶馆公共娱乐性色彩增加的原因，亦是这种变动取向的促进因素。茶馆公共娱乐性色彩的出现和增加对茶馆内的茶叶消费可能产生两种主要后果。

后果一：啤酒、青稞酒、甜茶以及各类饮料的消费在茶馆消费中占据绝大部分，酥油茶消费的数量和消费频次减少，二者有助于减少特定人口的氟摄入总量，降低氟中毒的风险。[①]

后果二：酥油茶在茶馆中相对淡化，可能带来某种未知的风险。未知风险主要来自酥油茶作为一种人与生态环境相适应的媒介的减少、饮用模式的变化以及农牧民对待酥油茶的心理变化，可能涉及农牧民身体机能、农牧民与生态环境相处的结构性变化等方面。

与茶馆的变化和后果相伴存在的是农牧区家庭生活中对酥油茶的运用，其中，对酥油茶的定位至少有两点值得关注。第一，制作饮用酥油茶被视作一种家庭空间内的私人性的、家庭性的活动；相对地，农牧民在家中很少自行制作甜茶，也很少在家中饮用甜茶。第二，酥油茶是农牧区家庭款待客人的最重要饮品，向客人敬奉酥油茶是一种既广泛存在又有重要意义的礼仪。[②]这一状况可能意味着，在家庭空间内，制作酥油茶的茶叶的消费量未必减少很多，甚至可能会稍有增加。以此而言，结合前文对茶叶消费量的逐年分析，农牧区茶馆中茶叶消费量呈现逐年减少的趋势的可能性是极大的。

五、"身心生态"：一种身体与心理的视角

以茶馆和家庭两个场域为主，农牧区茶叶消费的变化以及与之相关的其他变化产生了一种涉及农牧民身心生态的范畴，这些范畴在对牧区的文化与

[①] 一般而言，所选用的茶叶原料的粗老程度与成品茶中的含氟量有着密切关系，由嫩芽或嫩叶制成的成品茶比由粗老叶制成的成品茶含氟量要低。供应西藏的传统砖茶使用的原料一般比制作红茶的原料更为粗老。由于甜茶多用红茶汤，因此饮用甜茶引发的氟摄入量要远小于饮用酥油茶带来的摄入量。

[②] 笔者在西藏阿里地区普兰县农牧区调查时，入户200多家居民，每一家主人都向笔者敬上酥油茶。有时，还未来得及喝上一口，主人家就打好了新的酥油茶换上。当地人说，这是一种极高规格的礼仪，象征对客人的高度尊敬。

生态研究中并不多见。这种身心生态范畴主要涉及身体生态（健康、营养、抵抗力、身体各类机能等）与心理生态（关注度、认同感、价值意识等），并存在相应的内在逻辑（见图12-1）。本部分仅对部分重要逻辑及其影响进行讨论，但这并不代表未被分析的逻辑与内容不重要。

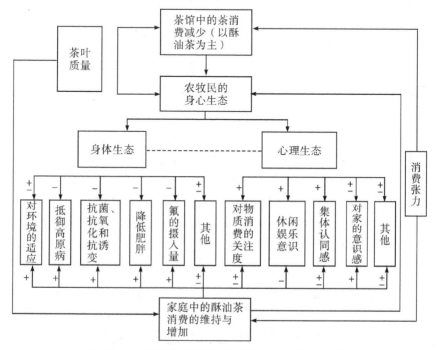

图12-1 西藏农牧区茶叶消费构建的"身心生态"

注："→"表示具有影响；"＋"表示主要呈现增强的影响；"－"表示主要呈现减弱的影响；"±"表示增强与减弱影响均不同程度地存在，并且其机理与影响大小需要进一步研究，可视为未知风险。

从茶叶消费的视角分析，农牧民身心生态主要来自茶馆中的茶叶消费、家庭中的茶消费以及茶叶质量本身三个维度。茶叶质量是一项基础的且重要的要素。消费中出现的劣质茶、霉变茶会直接而强烈地作用于茶馆中的茶消费、农牧民的身心生态以及家庭中的茶消费，对三者均产生消极的影响；优质茶同样对三者产生影响，只不过影响的方向相反，呈积极取向。

对农牧民的身体生态方面可主要从六个角度来分析（见图12-1）。在环境的适应性方面，目前在茶馆中饮用酥油茶的减少以及饮用啤酒和其他饮料的增加对身体与环境之间的关系的影响尚不清晰，需要进行一个相当长时间的跟踪研究才可以发现其影响的后果。在其他影响方面，包括许多身体生态的视角与内容，但它们影响的形式与后果还十分模糊。酥油茶作为当地的一种饮料和食物，在长期的饮用过程中对农牧民身体的影响应该是深刻的和复杂的，而当人们对外来饮料、食物的偏好进一步加强后，原有的影响必然产生相应的变化，这种变化又将使其对身体生态的影响的复杂性进一步提升。另外要注意的是，茶叶质量也关系着其他诸多影响的方向与大小等各个维度。

心理生态方面的影响可主要从五个角度进行分析（见图12-1）。集体认同感主要指对作为集体的村庄以及作为集体的合作社等组织的认同感，在处于相对封闭的农牧区茶馆中形成的各类互动是这种认同感的重要来源渠道之一。家的意识感指对家作为私密空间、礼仪空间的重视程度，这种意识感更关注家作为保存传统文化与生活习惯的场域的角色。家庭中的茶消费趋向于增强家的意识感；而茶馆中茶消费及相关变化的影响则并不明朗，存在未知风险。另外，家庭茶消费与茶馆茶消费之间的张力值得重视，因为它关系着茶叶消费量的大小以及消费模式的变化，二者的均衡以及如何维持好均衡关系是西藏农牧区茶叶消费形成的身心生态的另一个关键。从茶馆和家庭两个角度看，对心理生态方面的其他诸多影响亦应重视，同身体生态相似，还有很多内容与影响尚不清晰。

整体上，有必要强调的是，茶馆茶叶消费量的减少，尤其是酥油茶消费量的减少更可能呈现负向的效果。有研究通过实验探讨了饮茶与创意发散思维之间的关系，结果发现，喝茶可以提高发散思维的创造性。[1] 那么，减少茶的摄入量，尤其是与身体生态密切相关的酥油茶，有可能对发散思维产生负面影响。

另外，重要的一点是，2007—2018年，农牧区茶叶消费量呈递减趋势，表明在相应年度内家庭茶叶消费量可能减少，或者有所增加，但增加量要小于茶馆中茶叶消费量的减少。这一现象发生的机制并且对应加剧的一个重要后果是：在茶消费构建的身心生态图中，茶馆产生的影响（无论增强、减弱，还是不明确）要强于家庭产生的影响。这是一个需要高度关注的问题，因为这可能意味着一种以家庭为主要细胞的农牧区（尤其是牧区）社会结构模式的重要转型。

---

[1] 参见 Y. Huang, Y. Choe, S. Lee, et al. Drinking tea improves the performance of divergent creativity. *Food Quality and Preference*, 2018 (66)。

六、结语

西藏农牧区茶馆、家庭中的茶叶消费与相关的消费变动呈现出身体生态的一些内容和逻辑,它们关乎着农牧民群众的切身福祉。茶叶质量、家庭与茶馆之间的消费张力是农牧民身心福祉的关键,提升茶叶质量以及使家庭茶叶消费与茶馆茶叶消费之间达到一种互补、协调、均衡的状态至关重要。同时,身心生态的内容与逻辑并不是独立存在的,而是在西藏高原农牧区整体建设与发展的大背景下紧密结合在一起的。

酥油茶消费是西藏农牧区茶叶消费的核心部分。作为一种传统的地方性文化形态,酥油茶文化的变动是复杂的,以简单的"文化惯性"或"文化传承"加以概括很难反映出这种复杂性。正如摩尔所说,从物理学中引申出来的"文化惯性"的概念存在一个有问题的假设,即"对社会状态的延续无须解释,人们设定在这种情况中没有什么疑难问题,而社会的变化才需要加以分析"[1]。酥油茶文化的传承、变化与创新实际上是相关主体各类实践的综合体,没有对这些主体的实践进行深入的分析,任何对其方式与后果的判断都有武断的风险。

农牧区饮食文化具有独特性,形成了人体与生态、文化之间的密切关系。一项对内蒙古锡林郭勒草原牧区和农牧交错地带饮食的研究表明,当地为其居民提供了所需要的大部分饮食,饮食消费模式也与之相适应,但其居民对外部地区生产的食品有一定的偏好,这种需求正在逐渐增加。[2] 这一点与笔者在普兰县的调查相印证。对此,应该引起重视:在较为偏远的农牧区域内,面对原有的人体与生态、文化之间复杂的关系以及大量涌入的新兴饮食文化的影响,从身心生态视角推进微观化的研究具有重要意义;而面对西藏城镇居民更为复杂的茶叶消费现状,推进相关研究也有其迫切性与价值性。

(本部分原发表于《西藏研究》2021年第1期。有改动)

---

[1] [美]巴林顿·摩尔:《民主与专制的社会起源》,拓夫、张东东、杨念群等译,华夏出版社1987年版,第394页。

[2] 参见 W. Yang, L. Zhen, Y. J. Wei. Food consumption and its local dependence: A case study in the Xilin Gol Grassland, China. *Environmental Development*, 2020 (34)。

第十三章 西藏农牧区生态文化的二重性

西藏有丰富的生态文化，农牧区尤其如此。在关于西藏生态文化的研究中，大多数充分肯定了其中人与自然和谐相处的生态智慧成分，也有一些研究指出了存在的欠缺之处，譬如对风险性研究的欠缺以及对现代化模式的过度推崇等。

对西藏生态文化的研究存在五类取向：①整体化取向。强调生态文化的整体性、基础性作用。②维持进取取向。强调生态文化的积极改变以及对经济、社会建设的积极反作用力。③现代化模式取向。强调应按现代化要求对待生态文化。④附属范畴取向。认为生态文化处于生活末端，附属于经济、社会。⑤风险取向。强调生态文化中风险的产生与影响。

不考虑它们之间的交叉，这种类型划分可以为我们有效把握这一领域提供一种视角。

这五种类型均承认生态文化不是静止的，也不是固定的，而是处于变动状态之中的。大多数研究强调经济发展、生活模式变迁以及旅游业的推进、乡村振兴的实施等方面都深刻地影响了生态文化的变动，但从学理上似乎并未有效揭示其深层机制，譬如，在变动中人与自然的关系到底是怎样的，农牧民群众与政府之间的关系是怎样的，如何从机制上理解引导不良的变化趋向，等等。

结合笔者长期在西藏农牧区的田野调查，本文将基于社会学家吉登斯的"结构二重性理论"提出一种分析视角，主要呈现和探讨西藏农牧区生态文化变动性中的二重性问题，展现二重性的主要方面，并针对生态文化变动的发生、变动的方向性以及影响方向性的主要力量等，提出一种分析框架。本文所用资料和数据主要来自笔者2016—2019年在西藏阿里普兰县农牧区的调查。

一、西藏农牧区生态文化及相关研究取向

对生态文化的理解一般有宏观和微观两种观点。"宏观说"认为生态文化是一种文明形态[①]，涵盖整个人类行动范畴；"微观说"认为生态文化是人与自然相处过程中产生的具体文化形态，表现出多种多样的形式，并强调其与日常生活的相关性。对西藏生态文化的研究同样具有这两种取向，宏观论强调生态文化对生活模式、状态以及未来可能的影响，从佛教、苯教的角度突出其价值性；微观论更注重人们日常生活实践，强调在生活细节上体现出的规范与价值。

此处所使用的"西藏农牧区生态文化"既涉及宏观，也涉及微观，但并不局限于其中某一类。这一界定与生态文化本身的多样化、多元性相适宜，也与本文研究视角的选择相匹配。具体而言，西藏农牧区生态文化包括以下要点：以人与自然的关系为中心，这种关系深嵌于日常生活并通过日常生活直接或间接地体现出来；一般涉及思想意识、行为方式、制度和物质等多个维度；存在于结构与行动者实践之中，具有长期的、动态的过程性。

对它的动态性需加以强调。在受到市场化潮流深刻影响之前，偏远农牧区的生态文化具备一种重要的特征，即人与自然是相融的——无论这种观念是自发的还是自觉的，包括自己在内的人总是被放置在自然之中看待。在"藏族朴素的基于身体知觉的天人生灵合一生态伦理"中，人与所有生灵形成一个生灵圈，并在其中找到了自身的生态位；该伦理机制存在自身的有机性和功能性，柔化了宗教在人们生活中的作用，并成为影响人们日常生活行为的直接因素。[②] 随着市场化思维影响的加大以及行动空间中市场化逻辑的增强，作为行动者的农牧民似乎正在远离这一伦理机制的影响。在阿里普兰县，对当地珍贵的野生植物的利用程度正在大幅度提升，虽然人们的经济收入在快速增加，但脆弱的植被生态遭受着威胁和侵蚀。虽然这只是生态文化变动性的一个维度，但隐含着很大的生态风险。

[①] 参见李忠友《生态文化及当代价值研究》，吉林大学 2016 年博士论文。
[②] 参见赵国栋《"神鱼现象"：藏族原生态文化解释的一种机制隐喻》，载《原生态民族文化学刊》2019 年第 4 期。

Lhorong Dradul、Peng Heng 和 Krishna Oli 对西藏阿里普兰县的"神山圣湖文化区"的生态文化进行了系统调查和研究,展现了生态文化与当地社会生活之间的密切关系,但对当地生态文化的变动性以及相关风险未做深入分析。① 该地也是本文研究的田野场。在以问题和风险为取向的研究中,P. K. Gautam 通过对西藏环境的分析,认为汉族人口进入西藏加剧了西藏生态崩溃的风险;② Marius Warg Næss 认为中国牧区的安居工程会导致牧区人口流动性的下降,进而加剧对气候变化的负向影响。③

这些研究拓展了研究维度,也有一定的启示意义,但并未深入涉及实践与结构化等领域。对一些风险研究取向中得出的结论,慎重对待、深入分析是应有的一种态度,因为风险的存在并不是我们否定某种实践的根本的、唯一的依据。譬如,包智明、石腾飞提出"牧民的流动性"是可以再造和维持的。④ 似乎 Næss 提出的牧区人口流动性下降的说法并不牢靠。研究中应该时刻谨记:风险无处不在。

二、西藏农牧区生态文化二重性的基础与范畴

此"二重性"建立于吉登斯结构二重性基础之上。吉登斯认为,结构二重性不同于结构二元论,它是一种动态的一体的过程,在其中,微观与宏观之间得到了统一。他认为,社会理论中都包含着结构二重性的特征,比如从行动者的心理、行动到时间和空间以及权力和社会再生产,均是如此。所以,结构化理论在社会科学研究中有着广泛的应用前景。⑤

---

① 参见 L. Dradul, P. Heng, K. Oli. Traditional knowledge of ecology and environment from Tibetans in the holy area of Kailash of TAR. *China tibetology*, 2018 (2)。
② 参见 P. K. Gautam. Climate change and environmental degradation in Tibet: Implications for environmental security in South Asia. *Strategic Analysis*, 2010 (5)。
③ 参见 M. W. Næss. Climate change, risk management and the end of Nomadic pastoralism. *International Journal of Sustainable Development & World Ecology*, 2013 (2)。
④ 参见包智明、石腾飞《牧区城镇化与草原生态治理》,载《中国社会科学》2020 年第 3 期。
⑤ 参见[英]安东尼·吉登斯《社会的构成:结构化理论纲要》,李康、李猛译,中国人民大学出版社 2016 年版。

(一) 微观与宏观的内在有机性

结构二重性明确反对任何微观与宏观式的叙事,除了批判二元对立观点外,吉登斯也对柯林斯的"微观转译(microtranslation)说"进行了批判。柯林斯认为,在结构性的存在与微观性的行动之间具有某种联系,并可以把结构现象转译为微观行动,即假定"宏观社会过程"是"微观情境"的互动"结果"。吉登斯指出,社会制度无法从各种"微观情境"的聚合中得到有效解释,并且如果"微观情境"限定在共同在场,那么这种考察就无法对制度给出充分的全面的描述;同时,"即使是那些最为变动不居,范围有限的'微观情境',也深刻蕴含着制度化的行为模式"[1]。

(二) 实践与结构的内在有机性

吉登斯指出,结构化理论中的"结构"指的是社会再生产过程中反复涉及的规则与资源;结构空间指的是在某一固定范围内一系列可以允许转换的生成框架,也指左右这一生成框架的转换规则。结构化理论认为"结构始终兼具促动性和约束性"[2]。吉登斯强调,"结构并不'外在于'个人:从某种特定的意义上来说,结构作为记忆的痕迹,具体体现在各种社会实践中,'内在于'人的活动,而不像涂尔干所说的是'外在'的"[3]。

(三) 两个值得探讨的问题

在吉登斯的二重性理论框架中,有两个问题并未给予重视或深度回应。

其一,人与生态环境关系的问题。吉登斯提出"生存性矛盾"(existential contradiction),指的是"在与自然界或者说物质世界的关系方面,

---

① [英] 安东尼·吉登斯:《社会的构成:结构化理论纲要》,李康、李猛译,中国人民大学出版社2016年版,第134页。

② 参见[英] 安东尼·吉登斯《社会的构成:结构化理论纲要》,李康、李猛译,中国人民大学出版社2016年版,第160页。

③ [英] 安东尼·吉登斯:《社会的构成:结构化理论纲要》,李康、李猛译,中国人民大学出版社2016年版,第23页。

人的生存的一项基本属性"①。他认为，对人类境况来说，存在两种对抗着的相反的力量："生活一方面依赖于自然界，另一方面又不从属于自然界，而且与自然界相互抵触"②。虽然提出了"生存性矛盾"，但吉登斯并未真正把环境议题纳入研究视野，或者未深刻反思人类与环境的关系，而只是一笔带过。随后，他就开始了对关于人类社会的构成性特征的"结构性矛盾"的分析。

其二，实践的解释力或影响力问题。巴林顿·摩尔在《民主与专制的社会起源》中一再强调：一国的历史本身会制约着这个国家现代化的路径。也就是说，一个国家成为什么样子，是历史中众多因素共同作用形成的。③ 这些共同因素的作用不可能是一模一样、大小相同的。从结构二重性下，看待实践与结构的关系就会涉及解释力或者动力问题，譬如，在特定的历史进程中，谁更具解释意义、谁提供了比较大的变动动力，等等。吉登斯并未对这些给出深入的阐释。

这两个未被吉登斯深入讨论的问题指向的是：①人的生态位和作用力问题；②如何看历史进程中的动力，以及如何划分实践、哪些实践发挥更为重要的作用问题。笔者将基于吉登斯结构二重性的两个要点，以及他在研究中所忽视的两个问题，探讨关于西藏农牧区生态文化的二重性与实践的生成框架。

三、西藏农牧区生态文化二重性的要点

本文所说的生态文化，不是在一个既定的静止的框架内的陈述，不应该固化地、静止地看待它；同时，它也不是以这种状态存在的。所以，本文所说的西藏农牧区生态文化二重性也是动态的，要在动态中把握其规律性。以下将展现三个维度的二重性要点及这样的二重性是如何以及以何种形态存在的。

---

① [英]安东尼·吉登斯：《社会的构成：结构化理论纲要》，李康、李猛译，中国人民大学出版社2016年版，第213页。

② [英]安东尼·吉登斯：《社会的构成：结构化理论纲要》，李康、李猛译，中国人民大学出版社2016年版，第213页。

③ 参见[美]巴林顿·摩尔《民主与专制的社会起源》，拓夫、张东东、杨念群等译，华夏出版社1987年版。

（一）人的生态位：在确定与模糊之间

与生态现代化理论取向主张以技术、经济的工具理性为关键解决环境问题相比，人类生态学理论更倾向于把人作为自然的一分子，关注的核心是"整个人类生态系统的互动"。前者并未试图改变自然所扮演的依附性角色，而后者则突出人类与其他生物的共性特征。①卡顿和邓拉普以"人类例外范式"（HEP）概括研究中广泛存在的"人与自然分离"的倾向，并认为应以"新生态范式"（NEP）取而代之，主张"人类有突出的特征（文化、技术），但他们依然是互相依赖地包含在全球生态系统中的众多物种之中的一员"。② 20 世纪 70 年代，挪威哲学家阿恩·奈斯（Arne Naess）指出，只认识到人类不应凌驾于自然之上以及不应把大自然作为人类的服务者虽然具有积极性，但并不深刻，属于"浅层生态学"（shallow ecology），应秉持一种"深层生态学"（deep ecology）理念，看到生态系统中每个物种都具有内在价值，在处理人与环境关系时，应采用"生态中心"原则。③

无论人类生态学、"新生态范式"，抑或"深层生态学"均强调人与自然的一体性，突出人与自然深层的关系，但这并未有效改变在经济和社会建设大潮中人与自然相对立的根深蒂固的思维与实践模式；体现于西藏农牧区生态文化中亦是如此。

在西藏农牧区生态文化中，人的生态位作为实践主体，在不同的时空范畴内、不同的具体的生态文化形态中，处于确定与模糊之间，即人们对自身与自然关系的界定并不是清晰的和一致的，各种作用力会不同程度地影响人们的选择。

许多生态文化是"生态中心"式的，人在自然之中，并与自然形成协调共生关系。在人们生活、生产、娱乐等实践活动中，自然界中的生灵万物并不是作为为人类提供服务的角色，而是被视为与人类共构共享的存在。"藏族朴素的基于身体知觉的天人生灵合一生态伦理"作为解释这种关系的一个视角，它指出，以对身体的存在与价值（身体-主体）的知觉为支撑和发起

---

① 洪大用、马国栋：《生态现代化与文明转型》，中国人民大学出版社 2014 年版，第 12～13 页。
② 洪大用、马国栋：《生态现代化与文明转型》，中国人民大学出版社 2014 年版，第 36 页。
③ 参见 A. Naess. The shallow and the deep, Long-range ecology movement: A summary. *Inquiry*, 1973 (16)。

点,形成一个"生灵机制作用圈",该作用圈以人为核心,以人与生灵的互动、互构为机制,把观念层与生活世界层更为有机地凝聚到一起。① 在普兰县,人们既保护着因产卵逆流而上的"神鱼",又拾回死掉的鱼熬汤给人或牲畜治病,就是一个突出的例证。

然而,随着大规模经济建设在农牧区的推进,人在生态中的位置,在"生灵机制作用圈"中的位置变得模糊了,甚至消失了,人与自然的分离或相对立似乎越来越明显。经济能力的增强给放生羊数量的增加提供了可能,而放生羊正在逐渐失去调节家中牲畜结构、促进改良野生羊群结构、平衡畜牧关系的功能,反而因为"半放生自养羊"数量的极大增加而加剧了草场负担和家庭饲养负担,此时,放生者似乎看不到自己或者已经站在一个"外人"的位置上。

在市场元素进一步渗入西藏农牧区、人们以"增收致富"为主要实践导向的大背景下,需要对这种特定区域内人的生态位的二重性保持高度警惕,尤其要高度重视在"人类中心主义"以及"现代化取向"影响下,建设、旅游与消费大潮向农牧区强力渗透以及由此产生的对人的生态位的排挤。

(二)涉及生态文化的实践与结构是共生的

D. Yin 和 J. X. Qian 着眼于中国的生态文明建设,把云南的玛咖经济作为一个嵌入当地社会、政治、经济和生态条件的历史偶发过程进行分析,旨在反思自然话语和实践在边疆开发中的作用。研究发现,随着资本的进入,那里成了地方当局、私人开发商和农民既相互竞争也相互妥协的竞技场。研究指出,对生态文明的强调确实使环境保护成为备受瞩目的国家战略,但也加快了自然商品化的进程,把荒芜的山脉和流淌的河流视为等待激活的休眠资产。② 可以说,该阶段性后果的出现是实践与结构的共生且相互作用的结果。任何实践都在改变着自身和可能相关的"外部",实践发生的同时,与之相关的结构也在相应地发生变化。应该时刻谨记:结构并不"外在于"个

---

① 参见赵国栋《"神鱼现象":藏族原生态文化解释的一种机制隐喻》,载《原生态文化学刊》2019 年第 4 期。

② D. Yin, J. X. Qian. Frontier development in the midst of ecological civilization: Unravelling the production of maca in Yunnan, China. *Geoforum*, 2019 (106)。

人。① 所以，实践在现实中总是存在某种意义，将其置于与结构的关系中来看待会更有利于发现它的意义。生态文化是一种实践的文化，必然也是实践与结构结合的文化，在看到结构的约束性时，不能忽视对横切面上的生态文化的促动性。

仍以放生羊为例。传统中人们的放生是在特定时空下发生的，存在着相关的规则、资源及其转换条件。譬如，过多的放生羊导致草场压力过大，可归属于人的生存结构；为家中的祈福活动而放生，可归属于社会关系结构；野生动物减少，打猎效率下降，以病弱羊饲野生动物或以强壮羊改良野生羊群，则涉及动物和人的生存结构。这些结构作为放生实践发生的规则、资源与转换条件，在放生羊实践发生时，也相应地发生变动。譬如，在不考虑其他因素变动的情况下，减少放生羊就会减轻草场压力，人的生存结构就会发生变化。一般情况下，实践可能促进结构向着进一步协调的方向变动，但并非绝对。2019 年，笔者在普兰县调研时发现，放生的实践和与之相关的结构与传统社会中的相比均发生了较大变化。打猎活动已经消失了，以放生来保护和维持野生动物的需求也不复存在。在这样的结构下，放生除了满足当地居民的集体心理需求外，给草场以及牧民生计都带来了压力，而这又直接影响了当地牲畜销售的结构。

当然，不同类型的实践在这种共生关系中的作用是不同的，主导性的实践可以对其他类型的实践起引导或者规范作用，从而更深刻地影响结构的阶段性取向与面貌。后文对此进行进一步分析。

（三）二重性的影响

不同形态的生态文化在相对的时间、空间内存在着二重性的影响，即同时存在多向度的功能取向。

虽然存在不同向度的功能，但在不同形态的生态文化中，或者在不同的时空状态下，这种二重性也呈现出不同程度的作用，即不同向度的功能在表现上也是存在差异的，这也是生态文化动态性的重要表现。

本书第一章讨论的牛粪文化就是直观的例子，人们拾走草场上的牛粪，对土壤和草场来说至少有两类重要影响（见前文）；对农牧民以牛粪作为炊

---

① 参见［英］安东尼·吉登斯《社会的构成：结构化理论纲要》，李康、李猛译，中国人民大学出版社 2016 年版，第 23 页。

事燃料来说同样如此。在农牧区封闭性较强的居所内，使用牛粪作为燃料产生的污染直接伤及人体。炉具密闭性能的改善，可以在较大程度上改善直接造成的居所内的污染。2019年，普兰县许多农牧民家庭中的炉具密封性能已经有了大幅度提升；在普兰边贸市场里，各类商家销售的炉具基本具有较好的密闭性能。

功能向度的程度差异在水文化的变动中也有明显体现。我们以前文讨论的水生态内容简要呈现。普兰县霍尔乡的巴琼藏布是一条重要的河流，其水源来自冈底斯山的冰雪融水，流经霍尔乡政府所在地，同时也是全乡的集中安居房所在地，蜿蜒汇入"圣湖"玛旁雍错。2018年之前，农牧民群众把这条河视作"生活之河"，除了满足生活饮用水的需求之外，它还是人们洗衣服、洗脚，甚至洗车的地方。2016—2017年，当地洗衣液的使用量大幅度增加，日常生活垃圾包括尿不湿、塑料瓶等被大风吹入河中，这些均加剧了对河水、湖水的污染；同时，由于当时有较多的流浪犬，许多犬要饮用河水，人和犬共饮河水的现象引发了当地较高的包虫病发病率。2018年之后，普兰县进一步加大对生态环境的保护与治理，河长制被严格推行，村级河长在改变传统的实践方面发挥了重要作用。此后，河道两旁又分段围起了防护围栏，有效阻止了流浪犬对河水的污染，但同时也削弱了这条河对它们生存的支撑作用。

从这些生态文化二重性分析可以发现，看待西藏生态文化不能从"人类中心主义"视角出发，也不能简单地从"深层生态学"视角出发，而是要看到其中的有机联系，并基于这种联系分析和把握实践。

其一，基于人的生态位处于确定与模糊之间，应更加关注实践的取向问题。要看到，生态文化是人在生态中生成的文化，各种各样的实践是改变这些文化的力量，在其中发挥着不同程度的作用，并不会因为这种生态位状态而发生改变。但清晰的生态位定位无疑将有助于型塑良性的生态实践。

其二，看待一种生态文化时，既要看与之相关的特定的类型化实践，也要看特定的社会结构约束与促动——这种社会结构主要指在特定时空中的规则、资源及其转换机制。实践与结构并不是分离的，所以在生态文化的变动中不能局限于就实践谈实践，就结构谈结构，而应把二者结合起来探索影响生态文化变动的机制与路径。

其三，看待一种生态文化时，应避免陷入诸如判断对错、正反、好坏的二维模式之中，而应时刻留意同时存在的多向度的功能以及它们在时空上、能量上、影响上等多方面的变动性。承认功能的多向度性，更有利于把握人的生态位，有利于看清实践与结构共生的图式。

四、增进综合生态福祉：一种二重性的实践取向

这里所说的"综合生态福祉"，是指把人作为生态中的一分子，在承认人的实践能动性作用、结构的约束与促进作用前提下，对包括人在内的生态福祉的范畴的统称。增进综合生态福祉只能是基于作为行动者的人的实践，因为实践只能是人的实践，所以，这种定位与综合生态福祉的获得仍然需要从类型化实践中获得。以下将从四个方面讨论增进综合生态福祉的必要性。

（一）增进人的身心生态福祉

身心生态包括身体生态与心理生态。身体生态指身体的健康状态，而心理生态指人的内心感受，尤其是偏向于心理的健康状态。人的心理健康既是一种生理现象，也是一种社会现象，因此，把心理健康排除在生态文化范畴之外的做法并没有充分的依据。

基于生态文化二重性的视角，西藏农牧区生态文化中可能存在对农牧民身体健康不利的向度，因此，引导并型塑这些不利于身体健康的向度向有利的方向转变的实践具有积极意义。譬如，针对牛粪文化中存在的对空气的污染情况，加大炉具的密闭性、寻求便捷高效并且适用于高原环境的替代能源等方面的实践会起到关键作用。当然，政府推动的科学认识、利用牛粪的宣传活动也是关键，它对促进与农牧民的对话，尤其是使农牧民群众自觉减少污染和探索新的牛粪利用方式具有积极作用。

在"藏族朴素的基于身体知觉的天人生灵合一生态伦理"机制中，人与动物、植物、山水等有着密切的联系，人们在长期实践和在各种社会结构中形成并适应、应用着这一机制。在该机制中，农牧民群众形成了有较为确定的位置感与存在感。这种机制一旦被冲击、打破，人们就可能在这种变动中感到迷茫，不确定感有可能增加，心理健康问题则会随之出现。在对酥油茶文化变化的研究中，笔者发现了这种变化对农牧民心理的影响。茶馆中各类新兴饮料大幅度增加，酥油茶的销售以及饮用量大幅度减少，这种二重现象在一定程度上导致农牧民的内心焦虑感。在普兰县一茶馆中，一位群众告诉笔者：

现在总是在茶馆里喝啤酒，肚子也大了，还总是打嗝，虽然喝的时候很舒服，但不知道对身体是好是坏……现在只有在吃饭时喝点甜茶。不知怎么回事，人们有点不喜欢喝酥油茶了，好喝的饮料太多了……①

基于这种微妙的焦虑感，这一现象也可能导致更为复杂的阶段性后果，譬如会影响农牧民对物质消费的关注度、对集体的认同感、对家的意识感以及休闲娱乐意识等，这些影响造成的后果在长期处于相对封闭状态的西藏偏远牧区是不容小觑的。

由于心理的变化并不直观，不容易被发现，而且较难有效测量和把握，所以在目前的研究与实践中，人们更多是关注身体生态福祉，而较少关注心理方面。但是，一旦心理发生大的变动，不但会影响身体，而且会影响实践的向度。所以，从人的身心整体健康和实践角度来说，心理生态绝不应该被忽视。

（二）增进动物的身心福祉

虽然西藏广大农牧区加大了对野生动物的保护力度，但在生态文化的变动中，会有一些看似"积极"的向度给动物身心带来负面影响，譬如对流浪犬的治理，牧场、湿地保护区等设置的各种各样的栅栏对野生动物的影响，等等。需说明的是，此身心福祉与人的身心福祉所指内容相同，只不过它的主体是各类动物。

在西藏农牧区文化中，犬是一种与人为善的动物，而且在传说中还有以犬驮着亡者灵魂升天之说，只不过因为路途遥远、速度太慢而改成由"神鹰"完成。②但在现实中，人与犬的关系并非想象中的那么和谐。由于流浪犬的生存压力以及与人的频繁接触，加之犬类的"先天释放机制"——遇到适当刺激时会释放出先天性的潜在反应③，农牧区乡镇存在着一定的犬伤人、人伤犬的现象。包虫病是一种人畜共患病，在青藏高原流行度非常高。④ 感

---

① 采访时间：2019年8月，地点：西藏阿里地区普兰县一家茶馆，受访者：多油村村民平措。
② 参见南文渊《藏族生态伦理》，民族出版社2007年版，第14页。
③ 参见赵国栋《"流浪犬现象"：西藏高原牧区生态文化的另类叙事》，载《西藏民族大学学报（哲学社会科学版）》2019年第3期。
④ 参见王国强《全国包虫病流行情况调查报告》，上海科学技术出版社2016年版，第30页。

染了包虫病的流浪犬的粪便是人患包虫病的最主要感染源。在当地流浪犬收容中心作用发挥并不理想的情况下,为了农牧民群众的安全和身体健康,一些农牧区乡镇政府每一两年就会组织打杀流浪犬,以快速减少其数量和对人类的威胁。抓捕与打杀直接断绝了流浪犬的生存可能,需要找到切实的解决办法。

前文已讨论过栅栏的设置在农牧区产生的普遍性影响(见第十一章)。无论设置栅栏的目的是为了保护湿地、保护生态恢复区,还是为了防御野生食肉动物袭击家畜,如果当地政府和农牧民不能清晰地认知这些多向度的影响而盲目实践,那么栅栏文化可能就会成为当地野生动物种群的杀手。

(三)增进植物的福祉

增进植物福祉就是加大对农牧区植物的保护,使当地植被生态免遭破坏。在国家大力推进生态文明建设的进程中,西藏农牧区的植被生态整体上得到了有效保护,但致富取向以及发展经济的任务促使农牧民和当地政府在不断探索如何更好地深度利用植被生态资源。目前,当地正通过多种方式努力避免植物资源利用中的破坏效应以及其他负效应的出现,但由于二重性中功能多向度的存在,无法否定其中可能隐藏着某些生态风险。

本书第十章讨论了普兰县的植物。普兰县有大量的香草资源,甚至有位于玛旁雍错畔的神秘的"醉香山"[①],是许多普兰人的骄傲。当地人有关于如何利用植物的丰富的地方性知识,这些地方性知识和植物曾经给他们的生活提供了强大的支撑。譬如,具有香气的"怎泊"不但可以作为蔬菜食用,用石头将其捣碎后还可以做成美味的调料。"酿落"也具有天然香气,人们曾经以其代替烟草吸食。直至今日,一些农牧民依然延续着使用"怎泊"的传统,譬如做肉汤或炖牛羊肉时会加入一些,但已经很少有人再吸食"酿落"了。

新农村建设的大力推进和增收需求的提升并未减少人们对野生植物的利用,这种利用反而在大幅度增加,只不过原因已经不再是"为生活所迫"了。在普兰县,制作藏香的香草原料丰富,生产工具简易,成本很低,加之市场对藏香的需求量大,导致从事藏香生产、经营的农牧民群众的数量在大幅增加。各种各样的香草是制作藏香的必备原料。来自"神山""圣湖"区域的香草被视作最佳的藏香原料。需求量的增加导致采挖香草现象的增加,

---

① 参见普兰年鉴编委会《普兰年鉴2016》,西藏人民出版社2017年版,第68页。

而且采挖香草时,为了获得更高的香气,一些群众甚至把香草连根拔起,这就使香草植物的数量锐减。

过度的采挖,尤其是连根拔起的做法对当地植被造成了严重的负面影响,除了直接削弱、破坏这些植物的生长和繁殖外,还破坏了水土结构,在雨水、大风、暴雪等天气下容易造成较大的水土流失,侵蚀植被生长环境,加大风沙化风险。由于这些行为具有隐蔽性、碎片化特征,所以不易被政府相关部门发现。考虑其一直在持续性地进行,所以,即时引导、改变这些不利的行为迫在眉睫。

(四)增进其他生态的福祉

生态要素离不开山、水、空气。虽然在"美丽西藏"建设进程中,它们都得到了政府管理部门的高度重视,农牧民群众在各类实践活动中也注意保护生态,但生态仍然存在着被破坏的风险,应予以关注。

譬如,群众在转山、转湖过程中,存在着一定的乱扔垃圾导致环境受到污染的现象,这些垃圾一般会被风吹到山沟或其他低洼之地大量堆积而污染环境;在一些丧葬活动中,也存在随意丢弃衣物的现象,带来一定的污染;一些地方的农牧民仍然存在在河流中洗衣服、以河水洗头等现象,河水、湖水水质受到影响;以牛粪、煤炭为主要燃料的现象仍然十分普遍,燃烧时向空气中排放大量有害气体,对空气质量带来不利影响。

无论这些现象存在的范围大小、程度高低如何,都存在着一定的破坏生态的风险,应该从政策和实践角度予以高度重视。

五、西藏生态文化二重性及类型化实践的框架与机制

西藏生态文化的二重性是一种弥散机制,它的三个主要构成部分彼此关联,并弥散于整个结构化的空间之内;同时,它们与类型化实践密切关联并相互生成。类型化实践指的是按行动者的类型划分的实践,譬如,农牧民群众实践、驻村干部实践、公益组织实践、乡镇政府实践等。当然,这些类型化实践还可以按不同的标准进行大量的细分,亦可以合并成更具涵盖性的上层类型。

类型化实践只是相对界定了实践的主体特征和表象上的可能实践的大致方向，并不能从中推定结构限定的、希望其发生的实践的必然性。在周雪光的研究中，以基层政府的实践为例可以清晰地看到：

> 政府官员为多重官僚逻辑所约束，因此表现出"拼凑应对"的行为特征……在过程中因条件变化而不断调整策略，因此表现出前后不一致的行为轨迹。然而，虽然基层政府行为表现出了多变性和不一致性，但这些特点却是建立在稳定的组织制度之上的……①

由于类型化实践的这一特征，所以在其中会存在多种"行动者的实践"向度，而这些实践向度的作用力也是有所差异的。"行动者的实践"是行动者与确定的实践的结合体，是一个整体，即特定的行动者所发生的确定的实践，它构成一个确定的单元。在特定的结构化空间中，有极多的这样的单元（下文简称"实践单元"）。

在类型化实践中，存在着"作为核心动力的类型化实践"。关于哪些类型化实践可能充当核心动力，这是一个复杂的问题，涉及具体事件、具体过程、不同阶段等诸多条件因素，但是县乡基层政府实践和农牧民群众实践在其中的作用均不可低估。在乡村要振兴、农牧民群众要脱贫致富的大背景下，政府对农牧民群众的实践总体发挥着强大的引导、型塑作用，县乡政府的实践更具有核心意义。但并不是说政府的引导与型塑是单向的，因为政府实践与农牧民群众实践之间的对话总是存在的，而且这种对话是进一步获取科学实践的前提条件和基础工作。

"作为核心动力的类型化实践"对其他类型化实践具有一定的吸引力与凝聚力，而在其中生成的每一个实践单元都具有更大的影响力，这些实践单元的向度越是相同或相似，对其他类型化实践的影响也就越大。当实践单元向度集中于综合生态福祉取向时，更容易聚焦其他类型化实践的力量与向度，也更能促成实现增进综合生态福祉的阶段性后果。

因此，在政策设计与实践型塑方面，要做的就是在各种类型化实践中引导生成满足某种需求或向度的确定性的实践单元；在涉及西藏生态文化的乡镇政府实践、农牧民群众实践等各类型化实践中，引导和生成以增加综合生

---

① 周雪光：《中国国家治理的制度逻辑：一个组织学研究》，生活·读书·新知三联书店2017年版，第239页。

态福祉为向度的实践单元是问题的关键。

结构化空间是在特定时空下的规则、资源及其转化机制的总体,它既是实践的空间要素和条件,也是时间要素和条件,同时还是机制要素与条件。结构化空间受到各种类型化实践、实践单元的刺激,并借助手机、电脑、电视、广播等各类信息传播介质,会生成一种关注引力和实践引力;同时,这些刺激与引力对特定时空下的规则与资源产生影响,使它们在发挥约束、规范性作用的同时产生相应的动态性。

结合前文分析,可以生成西藏农牧区生态文化二重性及类型化实践图式(见图13-1)。该图式的田野支撑材料来自西藏农牧区。虽然该图式针对的

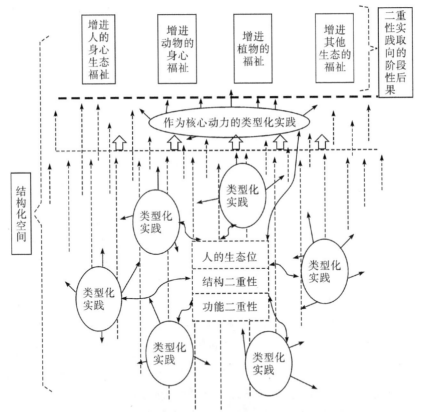

图 13-1 西藏农牧区生态文化二重性及类型化实践图式

注:"⟶"代表"行动者的实践"(简称"实践单元")的向度,箭头长度代表作用力的强弱;"⟷"代表二者紧密关联及相互生成取向;"----▶"代表结构化空间的结构化过程及对实践(包含类型化实践与行动者实践)的引力方向;"-----"代表相对范畴的存在,虚线的粗细程度代表相对性的大小;"⇨"代表作为核心动力的实践类型产生的吸引力、凝聚力。

是西藏农牧区生态文化范畴，但其内在机制可能具有更广泛的价值。譬如，把图式中相关要素换作"农牧区社区建设"，那么，在考虑二重性特征和主要内容的基础上，结构化空间以及二重性实践取向的阶段性后果也发生相应的变动，但类型化实践"作为核心动力的类型化实践"以及"实践单元"具备同样的内在作用机制。

六、结语

对西藏农牧区生态文化的研究有许多视角，各有价值。我们提出的生态文化二重性视角强调避免孤立地、单一维度地、静止地看待生态文化。通过关注生态文化的二重性可以发现关于人的生态位、实践与结构、功能多向度等深层内涵。基于此，我们应该引导、型塑朝向综合生态福祉阶段性后果的实践。这种实践需要进行必要的类型化，并且突出"作为核心动力的类型化实践"的关键作用，最终着力于积极向度的"实践单元"的生成。

文化作为人类实践的产物，伴随着实践而变化；同时，它又作为规则与资源作用于人的实践。文化的变动不是任意的，也不是沿着既定路径的，而是在实践与结构的共同作用下的复杂过程。本文从类型化实践和行动者实践的角度为分析这种复杂过程提供了一种视角，表明该视角对西藏农牧区生态文化的研究具有一定的可行性和价值性。从广义而言，这为进一步探索生态文化变化、生态环境变迁、社会发展、经济建设提供了一种可供尝试的视角。

（本部分原发表于《河南牧业经济学院学报》2021年第3期。有改动）

第十四章 一种深化实践研究的视角

无论是安居、流动、生态，还是文化，它们在青藏高原牧区的存在都不是绝对的和孤立的，它们只是作为一种范畴在实践中被提炼成一个个主题，而并不代表它们是一个个孤岛。在实践活动中，它们是相互关联、相互影响的，而实践则是我们研究这些范畴的一个重要视角，或者说，实践直接影响着它们，同时它们也反作用于实践。

本书已经开展的讨论展现了这一理论研究取向的关键之处及相关要点。以下专门从生态环境角度讨论其价值性与可行性。之所以选取以生态环境问题的解决为讨论对象，在于生态环境是农牧区建设的核心之一；同时，牧区生态环境也是本研究主要探讨的对象之一。

环境问题发端于基于人的实践活动的环境与社会的关系，指向的是环境问题的产生及其社会影响。洪大用教授强调，不能忽视环境问题中人与人关系的协调："环境问题不仅表现为人（社会）与自然的矛盾，而且越来越表现为人与人之间的矛盾。"[①] 关于资本主义制度下生态危机问题，西方生态马克思主义者研究认为其关键亦是社会因素，"资本"居于核心位置。David Pepper 根据对资本主义"成本外在化"的研究进一步指出，所谓解决生态危机的"绿色资本主义"只不过是一个骗局而已。[②] 在"资本"的背后，是一系列制度的问题。Paul Burkett 指出了资本主义制度下资本积累引发的危机以及城市与乡村分野形成的危机[③]，认为环境危机是内在于资本主义制度下的，而且是它的根本性危机。基于这样的分析，西方生态马克思主义者主张只有消灭资本主义才有可能解决生态危机。也就是说，他们最终指向了社会状态

[①] 洪大用：《社会变迁与环境问题：当代中国环境问题的社会学阐释》，首都师范大学出版社 2001 年版，第 5 页。

[②] 参见 D. Pepper. *Eco-Socialism: from Deep Ecology to Social Justice* (London and York: Routledge, 1993)。

[③] 参见 P. Burkett. *Marx and Nature: A Red and Green Perspective* (Macmillan Press LiD, 1999)。

下的人与人关系的问题,其中的一个基本面是"人的实践"问题,也可以理解为行动者正是通过实践而形成了人与人之间的关系。

大卫·雷·格里芬通过对气候变化以及美国各类力量的态度和应对的分析认为,面对空前的生态危机,需要各种力量参与进来,特别需要政府力量的引导和支持,除了改革农业和帮助世界重造林木外,政府必须做好三个方面:"(1)取消对化石燃料的补贴,(2)对碳实行分组税收,(3)在全国以及全球,尽量加快向100%清洁能源经济的过渡。"① D. W. Orr 强调"生态素养"(ecological literacy)的重要性,并以"旨在治愈、连接、解放、授权、创造和庆祝"的课程来替代传统教育模式,应对生态危机。② 这两项研究展示了对作为行动者的国家、普通民众以及其他力量的重视,并把生态危机的解决之途寄希望于它们的共同努力。廖国强、何明、袁国友用这样一句话来形容藏族传统的生态文化:"自然与文化的吻合是一种必然,生存环境决定生存风格。"③ 它也体现着一种行动者实践的视角,即传统藏族人民的实践是以适应生存环境为主的,他们尚无法大规模或在较大程度上改变自然环境。随着生产力的发展,不同行动者的实践对生存环境的影响大大加强。

麻国庆、张亮指出,在内蒙古阿拉善盟,为了保护草原而进行的搬迁面临着诸多困境:"每户牧民个人发展意愿都不同,有的愿意搬迁,有的则不愿搬迁";由于各旗采取整体退牧、彻底禁牧的办法,以及政府的补偿标准与牧业大户的期望存在差距等情况,出现了"相当一部分愿意主动搬迁的牧户轮不上,而不想搬迁的牧户又被强制搬迁"。研究认为,这一现象出现的根源在于"不同的发展观",政府一方代表现代主义的观点,而在民间话语中,个人生活质量的提高才是"发展"。④

该研究引出了一个值得反思的问题。同样都是草原牧户,在实践上却发生了分化,如果在研究中把"草原牧户"当作一个整体就发生了错误,因为在搬迁问题上,他们并未形成一个共同的意见,且实践发生了分化;即便我

---

① [美]大卫·雷·格里芬:《空前的生态危机》,周邦宪译,华文出版社2017年版,第472页。

② D. W. Orr. *Ecological Literacy: Education and the Transition to a Postmodern World* (Albany: State University of New York Press, 1992).

③ 廖国强、何明、袁国友:《中国少数民族生态文化研究》,云南人民出版社2006年版,第42页。

④ 参见麻国庆、张亮《进步与发展的当代表述:内蒙古阿拉善的草原生态与社会发展》,见陈祥军《草原生态与人文价值:中国牧区人类学研究三十年》,社会科学文献出版社2015年版,第23页。

们掌握了它的重要原因——"不同的发展观",也不能肯定只有这一个原因,或者这个原因是最主要的。如果我们基于"不同的发展观"进行分析,那么有时结果会让我们迷惑:有相同或相似的"发展观"的牧民的实践呈现出多样性,当地政府的实践在不同层级,甚至同一层级、同一部门也表现不同。

因此,面对生态危机,仅凭热情鼓吹"人类"应该怎样做便显得意义苍白。威廉·福格特的论断:"人类由于生育过度和滥用土地已陷入了生态陷阱"①,以及他给出的方案:"人类肩负责任的重要性不论怎样估计也不会过高……如果我们必须使用我们的全部智力炮火,那么同时也必须有良心来作为指导"②,并未深刻揭示危机的真相,也无法真正解决危机,甚至无法形成一些有效的实践。汪丹关注白马藏族的"自主性发展",并提出"一代人有一代人的期许"③。这里以"代"来划分似乎掩饰了一个问题:"每一代人"并不是一个整体,他们态度的差异是和他们的实践联系到一起的,用行动者实践差异似乎更能表现其不同,它表现于现实之中,而不依据时间决定,也不依据群体决定,它在实现时才成为它本身。

后现代主义、解构主义、女性主义的兴起进一步突出了一种从"均值人"向"离散人"的转化角度,无论这在研究上的意义如何,正如叶启政在其"均值人与离散人的观念巴别塔"研究中所强调的,"统计概念并不是如实证社会学者们一向所以为的,可以超越特定时空场域而有着普遍而客观的有效性。它是特定文化与历史背景的孕生品,也是特定意识形态的产物,一直就沉重地负载着特定哲学人类学存有预设的观念包袱。若非从历史的角度来认识统计概念的内涵,永远都会有误用或滥用的风险"④。各类行动者实践的重要性在这样的研究视角下应被进一步评估,用叶启政的话说:"离散的现象才得以有机会以'秩序'(而非混沌无序)的姿态呈现出来,而不必依附在过去一直位居中心地位之'均值人'或'均值'的概念的卵翼下。"⑤

那种面对生态环境或文化问题只顾大喊"团结起来"的做法显得多少有些无力。孙大伟指出,虽然生态危机的持续和蔓延威胁着人类生存,但更严

---

① [美]威廉·福格特:《生存之路》,张子美译,商务印书馆1981年版,第267页。
② [美]威廉·福格特:《生存之路》,张子美译,商务印书馆1981年版,第3页。
③ 汪丹:《高原上的财富:白马藏族经济生活方式变迁六十年》,见陈祥军《草原生态与人文价值:中国牧区人类学研究三十年》,社会科学文献出版社2015年版,第120页。
④ 叶启政:《实证的迷思:重估社会科学经验研究》,生活·读书·新知三联书店2018年版,第204页。
⑤ 叶启政:《实证的迷思:重估社会科学经验研究》,生活·读书·新知三联书店2018年版,第204页。

重的问题是:"尽管人们为保护环境已经采取了诸多行动,但这些行动与生态危机持续和蔓延的形势相比却显得十分无力。"① 对此,这样的思考应该有所助益:这可能与一种整体化,或者说未着力于类型化的清晰的行动者实践有关。审视一些研究和实践,我们发现,这种泛化的整体实践观念似乎较为普遍地存在。大卫·雷·格里芬指出,资本家以及其追求的利润左右着社会并蒙蔽着人们,从而导致气候变化带来的生态危机,所以所有人要认清这一事实:"我们应尽快地、尽量全面地动员起来,以赢得这场生死之战。"② "我们"与"行动起来"都被看作一个整体,而且直接将二者对应。可现实果真如此吗?冯仕政通过对2003年全国综合社会调查数据的分析发现,在城镇居民遭受环境危害后,有38.29%的人进行过抗争,有61.71%的人选择沉默;其中关键的影响因素是不同社会、经济地位的差序格局导致不同的人通过社会关系网络支配和调用的资源不同。③ 陆益龙通过对2010年全国综合社会调查数据的分析发现,意识和感知到水环境问题的有22%左右的居民,90%以上的人认识到水污染的危害性;在遭遇环境问题时,只有18%左右的人能够行动起来。④ 两项关于生态环境问题的研究表明,"我们"并不是一个整体,而与之对应的实践存在着明显的分化。

关于政府的实践,学者一般把其看作一个体现制度和行动一致性的整体,但许多研究指出了其中的问题。周雪光指出,在国家的治理逻辑内,在不同层级之间存在着"上下级谈判""共谋""拼凑应对"等现象。⑤ 在研究基层政府的行动逻辑时,渠敬东指出了一种"项目制"下基层行动的分化⑥,这与社会学研究中的一种解释逻辑相关,该逻辑认为中央政府与地方政府是两个有着不同利益的行动主体,"地方政府的行动是在这种互动中而不是制度和政策中进行解释"⑦。制度虽然是相对确定的,但在执行中存在着

---

① 孙大伟:《生态危机的第三维反思》,社会科学文献出版社2016年版,第9页。
② [美]大卫·雷·格里芬:《空前的生态危机》,周邦宪译,华文出版社2017年版,第471页。
③ 参见冯仕政《沉默的大多数:差序格局与环境抗争》,载《中国人民大学学报》2007年第1期。
④ 参见陆益龙《水环境问题、环保态度与居民的行动策略:2010 CGSS数据的分析》,载《山东社会科学》2015年第1期。
⑤ 参见周雪光《中国国家治理的制度逻辑:一个组织学研究》,生活·读书·新知三联书店2017年版。
⑥ 参见渠敬东《项目制:一种新的国家治理体制》,载《中国社会科学》2012年第5期。
⑦ 周飞舟:《以利为利:财政关系与地方政府的行为》,上海三联书店2012年版,第8页。

各种实践路径,也存在着时间先后,亦有临时情况的发生促动的临时操作。政府的行为并不是铁板一块,譬如,政府中的不同类别的部门,同类而不同级别的部门,还有同一部门的不同工作人员,这种状态会导致从制度、行政命令转化至实践时产生差异。

阎云翔在《中国社会的个体化》一书中指出,布迪厄以"实践性亲属关系的概念"强调个体在实践中的能动性,但他关于实践性亲属关系属于私人生活领域,而正式亲属关系属于公共生活领域的二分法并不明智,因为个体在实践中所发挥的能动性导致了亲属关系的流动性和灵活性,譬如,个体根据实践需要,不一定总是与近亲保持一致来反对远亲。① 无论二者谁更合理,它们都强调了实践与亲属关系的不可能是固定不变的匹配。

若把关注的重点放在实践上,那么把实践类型化具有积极意义,前文已经展现并分析了这一思路。本文认为,从这一视角出发的分析将有利于发现西藏生态文化变化的背后机制,并将有助于解释为何变、变的状态、变的取向以及变化中的关键力量等问题。但是,把不同类的行动者与确定化的实践相对应,或者说把有某种"行动取向"的行动者与该"行动取向"可能对应的实践进行固定化匹配,这种做法隐藏着风险。在西藏生态文化研究中,对当地群众的实践以及当地政府的实践的研究均是如此。基于此,本研究提倡把"行动者实践"作为一个化解这一困境的研究视角。笔者认为:"针对行动者与实践,无论能否组合或以什么样的形式进行组合,这种思路本身就出现了问题,因为一旦进入这样的分析路径,那么就意味着我们已经不自觉地把它切割成了行动者与实践两部分。"笔者在"抗击新冠肺炎疫情的结构化分析"中划分出多类"行动者实践":"感染者的实践""医务工作者的实践""社会主导治理者的实践""未发现感染症状者的实践"以及"其他参与疫情防控者的实践"等,并展现了这一分析的思路及可能优势。②

也就是说,"行动者实践"将被视为一种研究的基本视角,或者作为一种研究单元。这样,无论研究者从微观角度还是宏观角度,无论从内在因素角度还是外在因素角度进行分析,最终关注的中心将是特定行动者的具体的、特定的实践,这样分析的针对性将会增加,实践后果的不确定性将会得到较好控制,并可以通过不同的行动者实践进行对比分析,有助于发现人类

---

① 参见阎云翔《中国社会的个体化》,陆洋等译,上海译文出版社2012年版,第13页。
② 参见赵国栋《支配与本体性:人类社会的二重性研究——以抗击新冠肺炎疫情为讨论中心》,见中国高校人文社会科学信息网:https://www.sinoss.net/show.php?contentid=93196,2020-03-27。

行动更深层次的机制。

具体而言,这里的"行动者"指的是在行动中的群体,它至少包括两名以上的行动者个体。"行动者实践"作为分析单元存在多个层级,譬如,牧区县政府工作人员的实践,其下可按部门分为民政局工作人员的实践、农业农村局工作人员的实践等,而它们还可以进一步划分。作为分析单元的"行动者实践"具有流动性,而不是局限于微观或者宏观,这也意味着它与人类社会中复杂的实践可以找到契合点。在特定的时空下,每一类行动者实践对应着特定的行动引力与需求(可视为与特定时空条件下的实践相对应的特定的结构性存在,主要指相关制度)。在各类行动者实践中,充满了发自个体行动者的各类张力(也可称为向度,主要与能动性有关),各种张力间相互作用,并产生不同向度的力量。作为分析单元的"行动者实践"之间的对比分析、作用机制分析,以及对各单元内部的张力研究,应处于这一研究视角的中心范畴(见图14-1)。

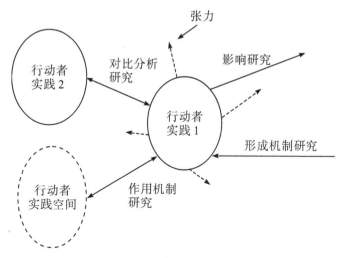

图14-1 "行动者实践"研究范畴

这里所强调的"实践"主要是在吉登斯的"结构二重性"[①] 基础上的运用。如果说"文化是人类的适应方式……文化是从事某事、使人类生命及其

---

① 参见[英]安东尼·吉登斯《社会的构成:结构化理论纲要》,李康、李猛译,中国人民大学出版社2016年版。

自身不朽的组织"①，那么它的假设是：人的能动性是在文化结构之下的，具有某种"被动性"特征。但是，从结构二重性理论看来，能动性与结构应该具有某种一体性，至少应看到"特定的适应"本身就是一种实践，而"作为行动者的特定的实践"发生时，它与结构本身、它们二者之间的关系已经在发生着改变。

之所以基于结构二重性视角，既是为了避免陷入微观－宏观的二分法，也是为了突出行动者实践的研究意义。吉登斯主张，社会科学研究的基本领域就是"在时空向度上得到有序安排的各种社会实践"，而不是个体行动者的经验，也不是任何形式的社会总体。② 刘少杰指出，吉登斯这种本体论倾向受到马克思关注人类本体重大问题的影响。③ 马克思在评价波拿巴王朝时说："波拿巴王朝所代表的不是革命的农民，而是保守的农民……不是农民的现代的赛文，而是农民的现代的旺代。"④ 这种分析表明了马克思对类型化实践的重视。

但是，这里提供的只是一种视角，对其中更为深入的机制研究、影响研究等方面还需要研究者做出大量的工作。此外，有必要强调：对待该研究视角，倾向于避免"如何形成一种实践"的思维，这样既容易返回从结构视角探讨实践的生成，又容易限制这一视角下可能的机制、影响和比较研究。

---

① ［美］托马斯·哈定、［美］大卫·卡普兰、［美］马歇尔·D. 萨赫林斯等：《文化与进化》，韩建军、商戈令译，浙江人民出版社1987年版，第20页。

② ［英］安东尼·吉登斯：《社会的构成：结构化理论纲要》，李康、李猛译，中国人民大学出版社2016年版，第2页。

③ 参见刘少杰《后现代西方社会学理论》，社会科学文献出版社2002年版，第338页。

④ ［德］马克思：《路易·波拿巴的雾月十八日》，中共中央马克思恩格斯列宁斯大林著作编译局译，人民出版社2001年版，第106页。

第四编 研究方法

第十五章 科学与艺术：测量在社会科学研究中的应用

Davis 认为，社会学的问题之一是常常避免谈内容的东西，而多讲理论和方法，因为谈内容容易出错，正是对理论的崇拜与对实质内容的惧怕影响了学科的发展。那么内容是如何得来的呢？最主要是通过多种手段观察得到的，对中层理论来说更是如此。他也主张社会学要通过调查来支撑理论——虽然这并不太适合宏观的社会问题或理论。[①] Davis 的观点表明了社会学研究的内容及系统观察的重要性。社会学是社会科学的重要构成。在社会科学研究中，系统的观察表现为测量。测量"是根据一组特定的法则，对物体、事件、人以及性格等分派符号或数字的行为"[②]；量化研究主要以数据化呈现，质性研究则主要以语言表述与逻辑实现。

测量与人类社会有着根本性的关系，它起源于人类的认知活动，或者说人类社会就是在不断测量中推进着自身对世界的认知，从而型塑社会，并发展出知识体系。中国历史上度量衡统一的重大意义在于它提升了人们进行测量的标准化程度，使人们的社会活动规范性得到强化，而人们对缺斤短两的憎恨则表明它是对普遍认可的测量的破坏，是对社会公正的挑战。这样，测量就和社会不平等产生了某种关系，对社会平等的要求推进着测量要精确、公平、有效；而测量的不断推进又反过来彰显了社会的不平等，也在某种意义上为不平等提供了工具，比如资本家越来越深刻地发现通过精确的测量可以扩大自我利益和对工人的剥削。不难发现，测量在本质上具有社会特性，是社会科学的重要研究工具。

社会科学测量常区分为量化测量（定量）和质性测量（定性）；前者多受推崇，大多数涉及测量的研究也是以其为主要讨论对象。本文则认为质性测量在社会科学研究中不可缺少，譬如，彭玉生分析了西方社会科学经验研

---

① 参见 J. A. Davis. What's Wrong with Sociology? *Sociological Forum*，1994（2）。
② ［美］伯克·约翰逊、［美］拉里·克里斯滕森：《教育研究定量、定性和混合方法》第4版，马健生等译，重庆大学出版社2015年版，第122页。

究的方法论范式,并将其命名为"洋八股"①,其中第四股(资料的描述)、第五股(概念的测量和操作化)、第六股(方法设计)和第七股(经验分析)都具有测量的含义。以对日常生活的细微之处进行研究著称的戈夫曼认为,传统实证研究方法存在着重大的缺陷,至少它对人们理解日常生活的人际互动没有什么帮助。② 基于此,他努力突破传统的实证方法,发展了民族志田野研究、系统性的参与观察、非系统性的自然主义式观察和文献研究③,这些研究都成为他测量人际互动微观世界的重要方法。

那么,在社会科学中,量化测量与质性测量之间有怎样的关系,又应如何看待和处理二者的关系?如何在测量中应对限制因素的影响,实现有效测量?有没有一种测量机制在参与观察中体现出独特的优势从而有效推进整体研究?这些将是本部分重点讨论和回答的问题。

以下将展现的主体结构为:①文献综述部分介绍社会科学中的测量及相关要素、量化研究与质性研究的关系及其关键纽带;②讨论限制社会科学中测量的三个因素;③以参与观察西藏生态文化的相关研究为例回应如何破解测量的限制因素;④为提升参与观察研究中测量的信度和效度,探讨发展一种参与观察研究中的反思性逻辑链,并展现这种逻辑的意义;⑤结语和讨论部分将展现反思性逻辑链与整体研究中的典型性、理论等要素的对话,获得一些更具启示意义的推论。另需说明的是,由于集中于对测量的讨论,因此对整体研究的其他要素和环节不做过多分析;同时,由于研究问题和研究对象的有机性,本部分中所涉及的研究对象被视为与研究问题的一种结合,只有在研究问题与研究对象的有机体中,研究和测量的发端才是有效的。后文中将不再强调研究问题的提出。

一、社会科学中关于测量的综述与相关讨论

在社会科学研究中,无论测量反映在数据上还是文字描述上,整体上都是在测量人、群体和社会。因此,这些测量和拿着尺子进行物理测量是不同

---

① 参见彭玉生《"洋八股"与社会科学规范》,载《社会学研究》2010年第2期。
② 参见 E. Goffman. *Relations in Public*: *Microstudies of the Public Order* (New York: Basic Books, 1971)。
③ 参见王晴锋《戈夫曼社会研究方法述评》,载《中国社会科学评价》2018年第3期。

的。它只能通过人为构建出相应的测量原则和指标,再通过一定的逻辑和程序实现测量。因此,社会科学研究中的测量是一种间接的测量,它融入了人类对知识的构建。

(一)社会科学研究中测量及相关要素

除哲学之外,获取经验材料以支撑研究是被广泛认可的做法。自然科学主要通过实验和观察获得支撑材料以推进其发展,而社会科学则还会以抽样、对比、文献等方法推进研究的开展。可以说,研究活动中开展的操作化实践是研究对象得以测量的必经程序,这种操作化实践必须具备一定的可信性和有效性,即测量的信度和效度。如何提升信度和效度,则是对测量的质量要求,也是测量中关键的部分;同时,从测量的本质而言,还存在一个精度的问题,后文将对此进行讨论。

在分析研究材料时通常有四类变量:定类、自序、定距和定比;相应地,有人认为测量也就是对这些变量的测量,形成四个测量维度。它们的包容度和信息丰富程度依次上升。因研究目的的不同,研究者可以把高层次的变量转为低层次的变量使用,但这样无疑会损失变量中较多的信息。从理论上说,解释力强的理论才更具价值,解释的广度是评价解释力的维度之一,即适用性问题;在同样可以提供有效解释的前提下,解释的问题越多的理论,相应地就越强大。因此,一般而言,一个测量能够获取的信息越多,那么以该测量建立起来的结论就越具有解释力。理想的状态是,研究者尽量获取更高层次的变量,以获得更多的信息,进行更丰富的操作,从而更深刻地剖析变量,以获取对研究对象的深入认知。

量表与测量密切相关,它是测量初级阶段上的汇总,并为进一步的测量提供支撑。仇立平将广义量表定义为:"在量化研究中所有用来收集资料的工具都是量表或'量器'。"[①]他把问卷也归为一类量表,认为可"通过问卷的方法去测量研究对象的特征或社会现象之间的关系"[②]。根据测量指标的不同,量表可分为客观量表和主观量表。吴增基等人强调量表的三个突出特点:①是在经验层次上形成的;②是对社会事实进行主观评价的工具;③具

---

① 仇立平:《社会研究方法》(第2版),重庆大学出版社2015年版,第197页。
② 仇立平:《社会研究方法》(第2版),重庆大学出版社2015年版,第197页。

有结构强度顺序。① 综合以上两种观点，有四点需要注意：一是问卷是不是一种量表；二是量表和变量之间的关系；三是量表是否必须有结构和强调不同赋值；四是量表的维度。

整体上，如仇立平所说，问卷可归入量表范畴内，但应该注意其中的过程。问卷本身强调的是可使用性以及完成问卷的实践，把一份问卷作为一个量表，其价值并不大，只有达到足够的规模，才能把它的可使用性及样本实践反映出来；此时，要把规模问卷进行适当的技术处理并进一步转换为更为有效的量表，使其成为常规量表。同时，也可以对设计的问卷进行信度和效度检验，以达到优化问卷量表的目的。② 所以，可把问卷看作量表的特殊形态，但从问卷到常规量表需要进行必要的处理，主要是进行适度抽象的汇总。吴增基等强调量表的可操作性，认为量表是"通过赋予变量的不同反应模式相应的分值，使不同选项反映变量变异程度的强弱"，而问卷则不具有这个特征，这也成为二者的主要差异。③ 问卷中设置的变量具备强弱顺序，但并未实现对所有变量的不同反映模式赋值。实现赋值的过程就是从问卷到常规量表的过程，所以，此处强调的差别是由问卷设计到适度抽象的汇总的过程性造成的。

变量是量表的支撑，但最直接的支撑是变量中的具体指标。量表更多地关注主观评价，尤其是态度倾向，但变量及具体指标既可以是主观性的，也可以是客观性的；同时，量表中变量或指标按强弱顺序被赋予相应的分值。通过对量表、变量和指标的分析可以支撑测量的实现。

量表是对测量的初级阶段的总结，并为进一步测量搭建更为有效的平台，因此，结构性是其重要的特征，即把变量或指标有效、有目的地进行逻辑性组合。变量的四个类型中，定类变量不具备顺序性，但在量表中，它同样要以指标展现，从而又出现不同的赋值。譬如，对新生儿性别的测量使用分类评级量表，其中要对男性和女性进行不同的赋值。④

量表具有维度性。研究者从事一项测量，多使用单一维度的量表，如测

---

① 参见吴增基、吴鹏森、苏振芳《现代社会调查方法》（第4版），上海人民出版社2014年版，第55页。

② 参见蔚海燕《知识转移与资本化进程企业并购视角》，科学技术文献出版社2016年版，第105~107页。

③ 参见吴增基、吴鹏森、苏振芳《现代社会调查方法》（第4版），上海人民出版社2014年版，第55~56页。

④ 参见阿琳·芬克《调查研究实操指导：细节与示例》，齐心译，重庆大学出版社2016年版，第53页。

量工作态度的量表。但有些变量是复杂的，譬如，对家庭的测量就会包括成员、经济、文化等多个可测维度，这时就需要多个子量表来共同完成对变量的测量。从概念上说，这些子量表应是相互独立的，但并不一定是非相关，每一个子量表可与其他子量表并行设计。①

综上，可以发现，测量实际上是通过长期积淀下来的研究规范和构成要素进行一种系统化的资料和信息加工处理，这种加工处理具有过程性，其间获取的信息将成为支持整个研究的重要基础。系统性是测量的根本特性之一。

（二）量化研究与质性研究

量化与质性是否相互排斥？风笑天认为二者的差别主要体现在四个方面：回答的问题不同、研究的程序不同、研究的策略不同、研究的工具不同。② 但许多社会科学研究者仍主张把定量研究和定性研究相结合，风笑天亦是如此。嘎日达从自然科学中的量化研究入手，认为其作用在于：①"在定性分析的基础上，用数学语言精确地描述事物的状态和变化"③；②"量的研究用于整理实验数据，概括和提炼自然现象的本质与变化规律"④。他的结论是：二者在自然科学中是相辅相成、彼此互补的。过分强调定量而忽视质的方面，就会影响对事物全面的理解，甚至迷失研究方向。⑤ 陆益龙对定量研究和定性研究的特征进行了梳理和对比，认为二者不但可以结合，而且"在社会科学研究中，将定性研究和定量研究有机结合的意义非常重要"⑥。嘎日达又通过社会理论的新综合趋势以及科学研究是连续统一体的双重角度

---

① 参见［美］保罗·E.斯佩克特《评分加总量表构建导论》，李兰译，格致出版社、上海人民出版社2017年版，第73页。
② 参见风笑天《定性研究与定量研究的差别及其结合》，载《江苏行政学院学报》2017年第2期。
③ 嘎日达：《方法的论争：关于质的研究与量的研究之争的方法论考察》，文津出版社2008年版，第167页。
④ 嘎日达：《方法的论争：关于质的研究与量的研究之争的方法论考察》，文津出版社2008年版，第167页。
⑤ 参见嘎日达《方法的论争：关于质的研究与量的研究之争的方法论考察》，文津出版社2008年版，第170～171页。
⑥ 陆益龙：《定性社会研究方法》，商务印书馆2011年版，第28页。

肯定了定量与定性之争的偏颇之处。① 他们认为，在社会科学研究中，量化研究与质性研究并不排斥，二者的结合有助于推进研究。②

即使如此，对于如何把二者相结合却难有结论。Ragin 在 1994 年时就主张根据研究目标安排研究策略，并提出量化研究与质性研究的"连续-互补"模型，该模型以研究对象特征的多少和样本数量的多少为两个维度。当样本数量多、对象特征少时，研究者采用量的研究；而当对象特征多、样本数量少时，则采用质的研究；位于中间地带的，则可以灵活应用，但应以某一种模式为主。③ 该模型具有启发意义，但其中的连续和互补仍然是选择性的，本质上仍然认为二者是对立的，各处于两端。笔者在此做一个尝试，即提出量化研究和质性研究相辅相成的一种"二元有机连续统模型"（见图 15-1）。该模型在 Ragin 模型的基础上把量化与质性研究作为一个有机体，在内部能够根据研究对象特征和样本特征进行动态调整，这样就避免了二者对立的传统模式。

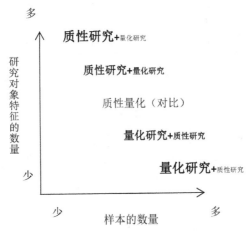

图 15-1　量化研究与质性研究的"二元有机连续统模型"

注：黑体及大字表示在动态调整中的地位优势的程度。

现在要反思这一模型的机制是什么，这就回到了讨论的主题：测量。从

---

① 参见嘎日达《方法的论争：关于质的研究与量的研究之争的方法论考察》，文津出版社 2008 年版，第 177～187 页。
② 参见彭玉生《"洋八股"与社会科学规范》，载《社会学研究》2010 年第 2 期。
③ 参见 C. C. Ragin, *Constructing Social Research* (Thousand Oaks, California: Pine Forge Press, 1994)。

整体研究的视角看，量化研究和质性研究都属于观察和数据的收集[1]，是完成研究目标的重要测量环节。这一角度为我们打开了一扇天窗：无论量化研究还是质性研究，都是为了更好地实现测量以达到研究目标，那么作为类似测量手段的性质就决定了二者是统合于测量研究之中的。

在本模型中，提出这样两个问题，即若研究对象的特征及样本的数量都很少，应如何处理？反之，都很多的情况又应如何？当然，看似后者的情况更普遍。关于前者，从静态的角度看，由于无法把握研究对象的主要特征，似乎就失去了研究的可行性和价值性。该困境表明，"二元有机连续统模型"具有的更多的是类型学意义，帮助研究者看清二者以测量为中心形成的关系。关于如何破解此困境，本文认为面对具体研究问题和研究对象时，必须把研究建立于不断深入研究对象的过程中，无论从特征角度还是从样本角度均是如此，以打破模型造成的静态困境，从研究的动态过程性来寻找突破。这就启发研究者在研究中不断接近、分析和反思研究对象以及研究者自身。整体上，后文的"反思性逻辑链"分析及两个相关图式就是对这一问题的回应。

下面再从具体视角探讨量化研究与质性研究在测量中的关系问题。量化是测量的重要组成部分，很多研究者把量化与测量的关系看得很重，甚至把量化研究等同于测量。但前文的分析表明，量表只是测量的一个组成部分，如何把量表以及处理过的赋值转化成有意义的分析，还需要其他手段，这一手段可总结为"质性"手段。风笑天对测量的定义也肯定了质性研究在测量中的地位："所谓测量，就是根据一定的法则，将某种物体或现象所具有的属性或特征用数字或符号表示出来的过程。"[2] 该定义中，所谓用数字或符号来表示属性或特征，就包含了量化（数字）与质性（符号）的可选择性与可结合性。质性手段包括逻辑归纳、逻辑推论、民族志分析、结构分析、功能分析等，这些内容均可视作某种意义上的研究符号。以此而言，量化研究与质性研究共同构成了测量的全体。

在民族志研究中，研究者常常以民族志全面、细致的深描和逻辑刻画实现其对研究对象和变量的测量；有人则认为这样做缺少有效的量化测量，会导致对测量信度和效度的质疑。同时，量的研究中也有主观性和价值性因

---

[1] 参见 G. King, R. O. Keohane, S. Verba, *Designing Social Inquiry: Scientific Inference in Qualitative Research* (Princeton: Princeton University Press, 1994).

[2] 风笑天:《社会科学研究方法》，中国人民大学出版社 2001 年版，第 89 页。

素,譬如观察渗透着理论和价值,涂尔干的经典著述《自杀论》实际上也未逃出这一逻辑。研究中的心理因素也不能忽视,研究者的心理预期以及被研究者的心理意识也会使量化过于表面化。① 因此,即使量化与质性的结合可推进测量,也存在着一定的风险,测量本身并不能通过把二者结合而实现完美无缺。这就需要研究者从更深层次反思如何不断地接近完美。后文的分析也是对此问题的回应。

至此可以这样认为,总体上,量化研究和质性研究的结合可以更有效地推进测量,通过系统性操作使测量达到某种较好的状态,从而提升测量的信度和效度,并为有效实现测量的"适恰精度"提供支撑。

二、社会科学测量中的三个限制因素

《科学基础方法论》提出,在人文社会科学领域中存在着认识的非中心化现象,除了研究对象的非完全控制性外,还有三个要素影响这一现象的发生:系统测量语言的缺乏、计(测)量单位的贫乏以及思想观念上实验落后于推理。② 诚然,这三个因素对社会科学中的测量产生了一定的限制。

研究对象的选择更多地涉及典型性问题,即从个体或局部上升到社会全体的问题,《迈向社会全体的个案研究》③ 一文对此做了专门讨论。本研究在结语部分将就参与测量机制结合典型性问题进行讨论,此处不做分析。

有研究者认为系统测量语言就是测量的法则④,在自然科学中,测量仪器本身即构成法则,但社会科学中尚不具备这样的"硬"法则;同时,社会科学中的测量对象主要是人、社会群体、社会现象、社会互动或社会结构等,这些测量远比自然科学中对能量、密度、质量等的测量更为复杂。

总体而言,系统测量语言的缺乏是社会科学研究的双刃剑。其优势在于

---

① 参见嘎日达《方法的论争:关于质的研究与量的研究之争的方法论考察》,文津出版社 2008 年版,第 159~165 页。
② 参见陈其荣、曹志平《科学基础方法论:自然科学与人文社会科学方法论比较研究》,复旦大学出版社 2004 年版,第 185~189 页。
③ 参见渠敬东《迈向社会全体的个案研究》,载《社会》2019 年第 1 期。
④ 参见陈其荣、曹志平《科学基础方法论:自然科学与人文社会科学方法论比较研究》,复旦大学出版社 2004 年版,第 186 页。

为更深刻地阐释研究对象与变量提供了可能与空间,即可能突破常规系统语言带来的约束,实现具有新意的阐释。从库恩科学史的角度来看,这种突破并不一定意味着发生了科学革命,因为"从属于同一个范式中的科学家们并不一定非要遵守同样的规则"①,但意味着在解决"问题"。然而,缺乏必要的规范性的测量语言会造成对研究对象和变量测量表述的多元性,从而影响测量的可重复性,削弱有效的学术对话,同时也会导致测量中的错误大量反复地出现,譬如区位谬误、简化论,甚至测量本身的错误(数据、路径等)。

测量单位的缺乏是测量语言贫乏的重要原因之一。可以这样理解:测量单位是开展测量的基础,是为得到可以被他人理解和检验的结论而生成的一种操作单元。皮亚杰曾强调人文科学中主体与客体结合的特性,并在研究中受限于计量单位。② 社会科学亦是如此。自然科学中存在规范的测量单位,从而使其测量语言达到较为清晰和系统的程度。而社会科学要建立统一的测量单位,首先,受限于研究对象的复杂性和不确定性,寻找相匹配的测量单位并不容易。其次,社会科学中的测量对象或变量是处于动态结构中的,因此,过程中的测量多是处于动态之中并与行动、观念或结构相关的。最后,为社会科学多元的研究对象创建独有的测量单位更加困难,这种困难可能来自:①对变量检验的限制,人的能动性和社会结构的变动性可能会使检验失效;②测量的发生与一定的理论相关联,譬如对人们互动程度的测量可能与符号互动论相关,那么测量单位的选取就要融入该理论的解释框架。

思想观念上实验落后于推理容易导致出现推理先行的现象,测量也就在这一过程中不知不觉地被推理所取代,这是社会科学研究中经常发生的一类现象。原因主要有三个:①这是精神的自然倾向;②实验比推理具有更大的复杂性;③缺乏用于实验的概念框架。③ 这三个原因可归结于实验在社会科学中具有较大的难度④,难度主要来自它的研究对象常常是主客观的结合体,以及其背后的结构和机制具有复杂性和动态性。从这一角度而言,社会科学

---

① [日]野家启一:《现代思想的冒险家们——库恩:范式》,毕小辉译,河北教育出版社2002年版,第136页。

② 参见[瑞士]让·皮亚杰《人文科学认识论》,郑文彬译,中央编译出版社2002年版,第34页。

③ 参见陈其荣、曹志平《科学基础方法论:自然科学与人文社会科学方法论比较研究》,复旦大学出版社2004年版,第189页。

④ 人文学科与社会科学之间在测量时存在较多共性,但也有较大差异,譬如布洛维强调二者对工具性知识的运用不同(见[美]麦克·布洛维《公共社会学》,沈原等译,社会科学文献出版社2007年版,第43页)。本文只研究社会科学的测量,对人文学科不做讨论。

的测量无法摆脱逻辑归纳和推理。后文对此再加以讨论。同时应该承认,这三方面的限制在以量化为主的测量中要轻于在质性为主的测量中。

三、如何应对测量限制:以西藏生态文化参与观察研究为例

(一)系统测量语言的运用

测量语言是用于描述测量的语言,主要涉及对测量对象的表述、对测量法则的表述以及对测量过程的表述。

西藏高原牧区的乡镇有许多流浪犬,笔者在阿里牧区调查时发现了看似充满矛盾的"流浪犬现象",解读这一现象背后的机制就需要先进行测量,要测量就需要对这一现象进行有效的表述。吉登斯在《论治学之道》一文中就强调了学术语言不一定意味着艰深,更不是玄虚的行话,而应以清楚、准确为要。① 所以表述并无固定规则,但简洁、清晰、明了则是一项基本要求。笔者的表述如下:

> (Ⅰ)绝大多数(a)流浪犬生活在乡里,食物主要来自当地居民、商贩、工作队等的施舍(a);(Ⅱ)流浪犬偏向于(b)袭击当地牧民,据说(c)经常发生袭击事件;(Ⅲ)一些当地牧民害怕流浪犬,甚至用石头进行驱赶(d)和袭击(e);(Ⅳ)据说(c)流浪犬并不袭击游客,和游客关系非常友好;(Ⅴ)存在(a)乡政府工作人员袭击流浪犬的现象;(Ⅵ)每隔一段时间,会发生清理行动,每次的数量超过100只(f)。②

把社会现象用测量语言表述出来,对学术研究来说具有偶然性,更不具备专用的模板。本表述中,存在大量的隐含范畴与边界性,它们的形成依据

---

① 吉登斯在《论治学之道》中格外强调了"学术语言"问题。他告诫说,要克服学术的乏味化,就要避免"学术腔势",而应以精确的介绍为目标(见[美]米尔斯《社会学的想像力》,陈强、张永强译,生活·读书·新知三联书店2001年版,第237~238页)。

② 赵国栋:《"流浪犬现象":西藏高原牧区生态文化的另类叙事》,载《西藏民族大学学报(哲学社会科学版)》2019年第3期。有调整。

的是对现象进行界定的需要,即符合被发现的现象。简要分析如下:(a)代表范畴的弹性,如果不使用这些或诸如此类的语言,那么就偏离了研究对象,甚至导致错误的发生;(b)代表行动取向的概率,表明除当地牧民被袭击外,还有其他类型的群体作为比较;(c)代表信息的来源特性,暗含了测量中可能发生回旋或翻转;(d)代表目的性,其背后隐含着需要测量的维度,譬如为什么驱赶?(e)代表动作,它与"驱赶"(d)之间差异的形成也暗示着测量的必要性;(f)代表一种对事件中重要的数量性底线的描述,它暗含着现象的事件化,从而支撑研究的必要性。

可见,测量语言只能通过谨慎、严密的常规表述实现,并同时暗示测量的变量和可能的指标。譬如,上文例子中流浪犬的类型、袭击的数量和类型、信息的可靠程度等。随之而来的是测量原则及其表述问题。这在社会学中一般指涉通过对已有相关研究的分析提出自身的研究视角。对测量原则清晰而有说服力的表述表明研究视角的选取是有依据、有价值并且是可行的。"流浪犬现象"一文表述了三个维度:一是环境社会学是理论支撑与背景,阐明研究的学科性;二是动物行为学是关于动物行为的研究,以支撑对流浪犬行为的测量;三是藏族的动物文化为研究现象表述中的主要变量的测量提供文化背景。这三个维度测量原则的表述是靠逻辑生成并相互连接的,而非某种模板语言。

测量过程的表述需要借助数据和逻辑语言来实现,当然亦可由逻辑语言独立实现,但完全依靠数据则很难达到。在表述中,研究者的问题切入视角以及逻辑起点至关重要,二者很大程度上决定了测量过程的可能路径,因此测量过程语言的变数主要受到二者的影响。在对"流浪犬现象"的测量中,笔者以现象表述中的范畴与边界为解构对象,可将它们归入三类测量中:第一类,对模糊性范畴和界定的测量,包括"绝大多数"(Ⅰ,a)到底指的是什么,食物的来源到底如何(Ⅰ,a),存在的程度或概率有多大(Ⅴ,a),如何偏向、偏向程度如何(Ⅱ,b),谁说以及依据是什么(Ⅱ,c;Ⅳ,c);第二类,对指向性与动作性范畴和边界的测量,包括驱赶的数量、为何驱赶(Ⅲ,d),袭击的数量、发生的情境、为何袭击(Ⅲ,e);第三类,对数量性底线的测量,包括这一数量特征是如何形成的,它的可能指向有什么(Ⅵ,f)。问题的切入点是现象背后的结构与机制问题,而逻辑起点是对现象的解构。

根据研究逻辑,这些测量被嵌入不同的环节之中,并通过适当的测量语言进行展现。譬如,从逻辑上,先关注这些流浪犬的生存压力,再到袭击为何发生以及其背后的关联机制,最后到清理流浪犬运动的形成机制,依据这一逻辑链条,则可以运用如下测量语言:不同类型流浪犬的生存压力,袭击数量及其与不同类型流浪犬的关系,驱赶、袭击背后的发生机制(被夸大的威胁),治理模式的生成机制(来自结构的压力),等等。

可以发现,参与观察研究中的测量语言虽无定式,但它必须紧紧围绕研究对象及嵌于对象中的重要问题而生成;同时,它又不是可以随意排放的,在整体研究逻辑下,测量逻辑是串联测量语言的核心线索。应注意,测量逻辑并不是一蹴而就的,而是需要在一个持续的互动中抽丝剥茧般实现的。在有着广泛宗教影响的西藏开展社会学、人类学和民族学研究,这一原则也是适用的,而且显得更为重要。后文对此有进一步的讨论。

(二) 测量单位的生成与运用

规范、有效和统一的测量单位可以使测量更加精准和易操作,并且为测量的可重复性提供有效支撑。测量单位的重要性是对研究对象和主要变量而言的,在具体指标测量中测量单位的重要性则要大大低于前者。经济学是一门规范性很强的社会科学,布洛维称经济学是一种范式性科学①,有很强的工具特性。杨继国指出,马克思经济学具有科学性与阶级性相统一的特点,这一特点"使经济学能够摆脱形形色色的偏见和束缚,成为一门完整、成熟、严密和系统的科学"②。经济学已经发展出较为完备的测量语言、测量单位和测量逻辑,强工具性特征使其与自然科学极为相似;在测量单位的创造中也是如此。但经济学的测量是否可以移植到其他学科,譬如社会学呢?完全肯定的答案是值得怀疑的。公地悲剧 (the tragedy of the commons)③ 在西方广为人知,它与亚当·斯密关于个人追求自身利益会促进公共利益的市场自由主义倾向有关,并被其追随者不断放大,而"悲剧"就在于这种过于理性化的计算不是个体人人生的悲惨那样简单,亦可能与怀特海(Whitehead)

---

① 参见[美]麦克·布洛维《公共社会学》,沈原等译,社会科学文献出版社2007年版,第45页。
② 杨继国:《政治经济学:马克思经济学原理》,厦门出版社2014年版,第22页。
③ 其中著名的阐述之一由人类生态学家加勒特·哈丁(Garrett Hardin)于1968年12月13日发表于美国《科学》上。目前,对这一话题的讨论和对该测量模型的运用仍在继续,譬如 Daniel Short 的 The tragedy of the commons [Teaching Science: The Journal of the Australian Science Teachers Association, 2016, 62 (1)],阳晓伟、杨春学的《"公地悲剧"与"反公地悲剧"的比较研究》[载《浙江社会科学》2019 (3)]。

意义上的"悲剧"相关,具有"深嵌于生活冷酷运行的严肃性"①。怀特海似乎从哲学的高度指出了西方经济学纯理性假设的弊端所在:生活的有机性以及结构的广泛存在在它的假设中被搁置了。而在社会学家看来,那些被搁置的东西可能潜藏着解决问题的关键,因为"悲剧"的发生更可能与权力和结构相关,而不是简单的放牧谋利问题。

其他社会科学亦同此理,不再过多讨论。这里笔者试举一例:西藏"放生羊现象"研究中的测量单位的生成问题。人们观察到的"放生羊现象"引发了笔者的研究兴趣,但当笔者发现这种现象背后是另一幅图景时,便发生了"现象的嵌套",只有深入到两个"现象"之中,并不断对其中的关键环节进行总结、对比和反思,把主位和客位知识相结合,方可能把二者相剥离,并发现核心的测量单位。与当地牧民的互动使笔者进一步关注到现象背后的地方性知识,这种知识具有稳定性,而且笔者的参与激发了当地牧民对知识的使用②,通过比较、反思,笔者提炼出两类认识论和四类相应的知识(见表 15–1)。

表 15–1 "放生羊现象"的发生机制与逻辑

认识论前提	四类知识	伦理表达	放生羊的类型(核心变量)		内因:内在需求	外因:外在可行性	
			大类	亚类		实体目标的可行性	价值目标的可达性
身体认识论	众生以类分并相互依存转化	放生羊现象	半放生式(Ⅰ类)	半放生自养(Ⅰ-ⅰ类)	较强	最高	高
	身体目标:成佛			半放生寄养(Ⅰ-ⅱ类)	强	高	高
灵魂认识论	"识神"与"蕴身":中阴得度		全放生式(Ⅱ类)	—	强	高	一般
	身体的意义:灵魂不断走向"菩提心"		精神伴侣式(Ⅲ类)	—	最强	较高	最高

---

① A. N. Whitehead. *Science and the Modern World* (New York: Mentor, 1948).
② 2016 年我在西藏阿里牧区工作,每月逢藏历十五和三十,当地一位以杀羊为生的老者告知我他要杀羊,我有意向几位牧民告知了此事。结果,每当老人举起锋利的刀时,都有人站出来以较高的价格买下了待宰杀的羊,使其成为放生羊。

那么，测量中如何把握具体的测量单位及其特征呢？应主要依靠逻辑。笔者深入当地牧民的生活中，参与他们的行动，体验并交流行动的意义，经过多次参与放生行动，在过程－事件①和事件－过程逻辑下，地方性知识的地位、作用和逻辑逐步被剥离出来，"放生羊的不同"被凸显了出来。沿着这一逻辑，笔者进一步参与了不同的放生羊被饲养和照顾的过程，并结合当地经济社会的结构性因素，发现了不同的放生者关于放生的内在需求与外在可行性的差异。在测量中，对应的测量单位是通过反思性的逻辑并通过实践过程得以推进和确立的，这一逻辑发现放生羊的类型是测量中的核心变量，测量单位也就得以确定。回到"流浪犬现象"的研究中，这一逻辑也是其测量的关键，针对测量语言所提供的范畴和边界，笔者运用实证逻辑②和反思性逻辑发现了流浪犬的三个类型：乡里流浪犬（Ⅰ类）、牧业点流浪犬（Ⅱ类）和荒野流浪犬（Ⅲ类）以及每一类下的亚类。在这种深入参与的过程中，随着逻辑的深入，测量过程语言得以生成，测量逻辑也逐步清晰。

很多时候，研究变量的确立对应着测量单位的确立，这与上文强调找到核心变量的重要性相契合。彭玉生使用费孝通先生的"差序格局"和"团体格局"来说明寻找变量的一个重要维度。他认为，有研究者混淆了变量的取值，并忽视了变量本身。两个"格局"本是对中国和西方的关于"人际关系模式"的取值。③显然二者的测量语言是在不同语境下的。如此而言，"人际关系模式"则是一个可以结合二者的测量单位，即核心变量。

（三）实验与逻辑的关系及运用

辩证看待社会科学研究中实验落后于推理的制约性更具启发性。它虽然制约了量化测量的开展，但在一定程度上激发了质性测量的运用。研究者常常无意识地推进着这一进程：努力而深刻地开展着系统的观察，形成有力的逻辑链条，以支撑起研究的开展。黄宗智《华北的小农经济与社会变迁》④一书便是极好的例证。他使用的资料是20世纪30年代日本的研究者在冀－鲁西北平原搜集的关于33个村落的实地调查资料。黄先生依据研究逻辑把

---

① 参见孙立平《迈向实践的社会学》，载《江海学刊》2002年第3期。
② 本文中的实证逻辑主要指在研究过程中把社会现象当作客观事物，注重现象与指标的"规范化"，以主要回答"是怎样的"和"为什么"等问题。
③ 参见彭玉生《"洋八股"与社会科学规范》，载《社会学研究》2010年第2期。
④ 参见黄宗智《华北的小农经济与社会变迁》，中华书局1986年版。

这些村划分为七个类型。从这些村子的多维度数据可以得到很多有用的信息，笔者也是这样做的。但整体上，这些数据处于次级地位，逻辑链条才是该作品的主要支撑。对作者而言，虽然他占有丰富的材料，但再次开展跨时空的社会实验是无法完成的，因此作品并未纠结于此。当然，笔者也进行了广泛的比较，譬如对清代前期经济研究的引入，这样也在一定程度上刻画了时空差异下的影响，产生了类似实验的效果。作品的整体逻辑建立于对不同阶层小农的类型化区别，并综合形式主义、实体主义和马克思主义学派的理论来分析理解中国华北农村的演变，依此逻辑，作品又生成了三个分支逻辑链条：一是小农出现了阶级分化，并形成了经营农场和家庭农场之分，这对应着雇用与租佃之间的关系。这一状况进一步导致社会的分化，使小农半无产化现象加重，从而导致中国农村独特的发展历程。二是谋求生存的需求导致经济作物种植量的上升和家庭手工业的发展，商品化受到了一定的刺激，但这种商品化又处于小农不断分化，尤其是半无产化状态下，当帝国主义入侵后，这种商品化进一步走向畸形。三是对土地利用方面的内卷化，出现土地的高投入率和低生产率之间的矛盾，农业内卷化意味着边际效率下降，它与畸形商品化、小农的半无产化相结合，使经济内卷，从而阻断了资本主义模式的生成。黄宗智的研究表明，当逻辑链条与资料的分析有机结合，研究便呈现出魅力。当然，逻辑链条和资料的分析是始终处于互动状态的，逻辑链条始于资料的分析与理论基础运用的结合，在研究推进中二者保持着信息互通并不断调整姿态。当一个成型的研究出现时，二者应该是交融到一起了。

实验在社会科学中有时可以先行，但笔者的尝试表明：它仍然依托于逻辑；在研究的发端阶段以及对具体指标的测量中，它具有较好的应用性。譬如，在对西藏阿里地区"神鱼现象"的研究中，观察到人们对鱼的不同行为后，笔者作为参与者大量接触了相关事件，并对人们的态度进行了回溯，从而产生了这样的启发：现象背后并非如人们所说的是由宗教信仰决定的，而是在宗教与人的行为选择之间有某种中介物存在。为了验证这一假设，笔者做了两类实验：实验Ⅰ，在当地，把拾到的鱼分别交给有宗教信仰的群众和无宗教信仰的乡政府工作人员；实验Ⅱ，到当地的党员家中和群众家中去购鱼。实验Ⅰ中，二者均主动把鱼放回河里。在实验Ⅱ中，共走访了五位党员家庭、十个普通群众家庭，他们家中均有晒干的"神鱼"。除了主动讲述鱼汤的功用外，他们向我表示在价格合适的情况下可以出售。实验表明，某种中介物非常靠近人们的日常生活，或者说对日常生活的选择产生了直接的影响。随后，笔者深度参与到当地的文化、经济和生活之中①，在分析大量材料信息的过程中，研究逻辑逐步清晰。

以上分析启发了一个有益的思路：在具备条件的情况下，可根据研究对象进行探索性实验，以获取更丰富和深刻的启发；但实验更多是辅助性的，或者说是有限的实验，要始终坚持的原则是这种实验是可行的和有效的；有限实验的主要目的是推进逻辑的形成和修正。布洛维的话在此更具启发意义："社会科学与人文和自然科学的不同之处就在于它们既与工具性知识又和反思性知识相结合——这种结合本身就是变化的。"② 也就是说，把实验与逻辑做这样的界定是建立于社会科学的特性之上的。

四、反思性逻辑链：测量与研究的快乐

拓展个案法（the extended case method）将反思性科学应用于民族志当中，力图在特殊—一般、微观—宏观之间形成动态机制，并形成时间轴，连接起"过去""现在"和"未来"。③ 在布洛维拓展个案法的研究中，他认为可以通过四个步骤更好地落实反思性科学的基本原则，"使得干预、过程、结构化和理论重构成为可能"④。布洛维的研究可以启发对测量的反思。在布洛维的反思性科学的四个步骤中，前三个是关于如何实现系统观察或测量的重要武器。他也阐述了拓展个案法的四种"权力效应"限制，因此，在研究方法上，研究者最终要做的是"何时、何地以及为何"采取反思性方法或实证方法中的一种。⑤ 这一论断也具有价值，它对测量的启示来自如何选择量

---

① 当时笔者作为西藏阿里普兰县驻村工作队成员，与当地群众同吃同住同工作，并走遍了村中的绝大多数家庭。关于"神鱼"现象的机制问题，具体可参见拙作《"神鱼现象"：藏族原生态文化解释的一种机制隐喻》，载《原生态民族文化学刊》2019 年第 4 期。

② [美]麦克·布洛维：《公共社会学》，沈原等译，社会科学文献出版社 2007 年版，第 43 页。

③ 参见[美]麦克·布洛维《公共社会学》，沈原等译，社会科学文献出版社 2007 年版，第 79～80 页。

④ [美]麦克·布洛维：《公共社会学》，沈原等译，社会科学文献出版社 2007 年版，第 78 页。

⑤ 参见[美]麦克·布洛维《公共社会学》，沈原等译，社会科学文献出版社 2007 年版，第 78 页。

化和质性研究。但正如前文的讨论，量化和质性的结合更有利于研究。布洛维实际上也肯定了如何更具灵活性和有效性地开展测量：

> 我提出了一种方法论的二重性，亦即两种科学模式——实证科学和反思性科学——的共存和相互依赖。实证科学主张将主体从对象中分离出来，而反思性科学则将对话（dialogue）提升为它的界定原则，并将参与者和观察者之间的互为主体性（intersubjectivity）作为它的前提假设。①

布洛维把分离出来的主体和互为主体性相结合，这是一种优化的状态，但他更强调的是重视反思性科学以及如何利用它。前文的讨论表明，在一个完整的研究体系中，把实证性的和反思性的逻辑有效结合是可能的，也有着重要价值。在质性研究中，反思性科学具有更为重要的意义，用布洛维的话说："在既不放弃民族志也不放弃科学的情况下，它为探索广泛的历史类型和宏观结构提供了条件。"② 这里，他所强调的两个维度：民族志与科学的结合，历史类型与宏观结构的结合，在测量逻辑中恰恰有重要的地位，后文将对此进一步展现。

在社会科学研究中，测量无处不在，但它常常如同幽灵一般，让人难以掌控。一个原因在于：研究者处于研究对象之外，固有的知识体系和不自觉的客观、静态的观察常常使其想找到一把尺子完成丈量，但处于历史中、结构中并无时无刻不受到人们的选择和行为影响的研究对象似乎并不配合。杰克·凯兹关于实证科学的4R原则似乎很难实现：避免影响的进入、获取和筛选可靠数据、规范标准以保证其他研究者的可重复性以及保证研究片段对整体的代表性。③ 此时，研究者的灵活变通是必要的，基于此，反思性逻辑更像是人类永不停止的一个探索和变通的逻辑，把创造出来的规范和方法都融入自己不确定的框架之内。

---

① ［美］麦克·布洛维：《公共社会学》，沈原等译，社会科学文献出版社2007年版，第97~98页。

② ［美］麦克·布洛维：《公共社会学》，沈原等译，社会科学文献出版社2007年版，第82页。

③ 参见 J. Katz. A theory of qualitative methodology: The social system of analytical fieldwork. In: Robert Emerson. *Contemporary Field Research*, *Prospect Heights* (Illinois: Waveland Press, 1983)。

在西藏牧区生态文化的研究中，笔者遇到的最大的问题是如何清晰地把握住现象和研究对象。长期的研究表明，在特定地理环境、特定历史进程和特定社会结构下的日常世界中的生活逻辑才是我们可以依赖的基础。只有在历史与结构相结合的维度下，发现那里地方性知识的变动及其与实践的关系，才能把握住流浪犬、放生羊、"神鱼"、牛粪等现象的多维度脉络，如此，通过经济、社会、政治和生态的结构性话语，研究对象被型塑成一个有机体，它充满了活力，在许多维度上透露出丰富的血肉联系。

当研究对象变得如此生动之后，反思性便很难被压制，因为把研究对象用测量语言描述出来，并仔细推进测量的过程是一个让自己参与其中不断对话、不断相互感染的过程。多数时候，随着测量单位的确立，变量也会更加清晰并得以确定，而后再深入到指标中，抽丝剥茧一般（包括数量计算的细腻和手工劳作的工艺）向前向深挖掘，直到这种挖掘让研究者露出微笑。那么这种细腻的劳作要达到什么程度呢？这时，"精度"问题就凸显了出来。当它在整体研究逻辑中被认可为最佳的解释精度时，它就成了"适恰精度"，当然，此时它在反思性测量逻辑中的位置一般也是适恰的。这种过程超出了"公共悲剧"纯理性框架的测量范畴。在科学与艺术之间，测量变得富含弹力，从指标到变量，再到研究对象，一种闭合的回旋是必要的，这代表着研究者对测量的反思性审视并带着成功的果实重新融入整体研究逻辑。

至此，笔者以测量的过程为线索，尝试建立两个逻辑图式。在图式Ⅰ（见图15-2）中，以提出问题-对象为测量的发端，以测量的总结式回旋为测量的总结，在其间，反思性逻辑形成一个贯穿始终的呈现交错状态的链条，主要特征为连贯性与动态性。总结式回旋勾画出一个相对具有约束力的封闭图形，也就是可行的主要路径。在封闭图形内，则是适恰精度的存在空间，根据研究问题、研究对象以及研究者的反思性判断来确定适恰精度，当精度确定后，测量的总结以及回旋就会相应变化。

适恰精度并不是指数据的精度，因为在社会科学中，数据的精度无法保证研究的可靠性，如果测量错误或选择变量或指标错误，那么即使结果非常精确也是徒劳的。同时，数据的精确度越高越好并不是真理[1]，譬如精确到小数点后两位与保留整数之间的差异对测量一个年收入超过50万元的家庭

---

[1] 参见嘎日达《方法的论争：关于质的研究与量的研究之争的方法论考察》，文津出版社2008年版，第150~152页。

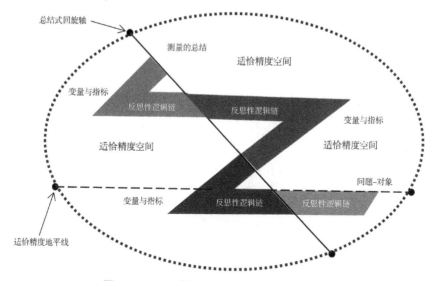

图 15 - 2　反思性逻辑链与测量的总结式回旋

的年收入来说是无意义的。适恰精度是指对现象、变量、指标的测量深度在某一研究中达到较为理想的状态，这种状态意味着测量产生的总结和回旋检验可以较好地支撑对研究问题的回答。总体上，适恰精度是客观化的和主观化的反思的产物。当然，在很多研究中，适恰精度看似是个无边界的状态，即越深入的测量越有利于研究的开展和达到研究目标，但这种状态显然非良好的研究状态，因为它可能忽略了研究问题、研究目标和测量成本等众多研究的关键问题而盲目地在测量中取乐。

　　作为特定的反思性逻辑，譬如参与观察，它会形成一个三层的逻辑圈，即图式Ⅱ（见图 15 - 3）。其中心层是研究者结合自身能力和需求形成的核心逻辑，并向外扩展到变量层和测量实践中，研究者要努力保持逻辑在三个层面上同时运转，尤其在测量变量实践中，通过参与或干预产生不同的角度（视角）并相互切换至关重要，最终形成一个自恰的动态测量微观体系。孙立平在面向实践的社会学讨论中强调，事件性的实践过程具有一种创造性的机制，并且是可接近的，研究中的社会事实是动态的、流动的。[①] 该研究可以为本文的两个思维图式提供一定的支撑，即事件性的实践过程很大程度上关乎测量应具有的品质，测量本质上就是要找到这种实践的特性，如果把二者剥离，那么就会加大研究中"刻舟求剑"的风险。

---

① 参见孙立平《迈向实践的社会学》，载《江海学刊》2002 年第 3 期。

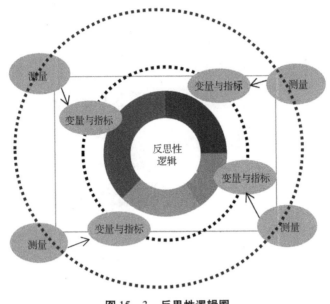

图 15-3　反思性逻辑圈

两个图式呈现出：由反思性逻辑引发的测量的不确定性是一个显著特征，也就是说，无论测量的方法是什么，假定一个确定的、完全符合真实的测量结果无法从二者中得到证明。这两个图式契合"结论的不确定性"这一社会科学研究中的永恒主题，它们融合于整体研究之中，并为其服务，所以，研究者必须在这个不确定性的基础上做出理论的推断。[1] 如果他把位置"站死"了，那么就可能事先扼杀了测量本身的意义以及研究的快乐。

这里的反思性逻辑来自布洛维。他无意间向我们展示了该测量逻辑链。这一逻辑链体现于他对反思性科学四项原则的讨论中。

其一，他认为，"在反思性科学看来，干预不仅是社会科学不可避免的部分，而且是一个值得深入开发的长处。干预的确制造了紊乱，但那不是要予以消除的噪音，而是值得欣赏的音乐，因为它传递出参与者世界中的隐性。"[2] 这一论断表明，进行必要的干预的目的是为了并且可以有效获得研究对象的信息。关于用实证的办法获取有用信息的路径，布洛维认为，即使调查研究这种最典型的实证方法，也因"情境效应"违反了它自己的原则。他说道：

---

[1] G. King, R. O. Keohane, S. Verba. *Designing Social Inquiry: Scientific Inference in Qualitative Research* (Princeton: Princeton University Press, 1994).

[2] [美] 麦克·布洛维：《公共社会学》，沈原等译，社会科学文献出版社 2007 年版，第 98 页。

我们要么生活在实证原则和实践的裂缝中，一直努力着去将它缝合；要么，发展出一种替代性的科学模式，将情境作为自己的出发点，使我们研究的这个世界中"我们在场"（our presence）成为主题。①

其二，通过过程，即"移动参与者的空间和时间，来揭示那些体验的意义"②，对个案进行多维度解读，"并把它们聚集成社会过程"③，这实质上涉及测量的维度及与现象变动相关的过程性。

其三是结构化，因为访谈发生于外部场所，而场所具有变动性，实证科学的重复性目标受阻。④ 把日常世界看作各种外部"力量场"型塑的结果，这是结构化的立场。它指向测量应具备结构化特征，即关注测量过程之间的广泛联系。

其四是对理论的"重建"。他认为反思性科学并不担心个案的独特性，因为研究者对它的理论"重建"的贡献感兴趣，而不是它的"代表性"⑤，其路径是"不触动事先存在的理论的核心假定，而是谨慎地吸收进反常的事物，提供新颖的视角"⑥。但显然，这已经是测量完成之后的事了，或者说是建立于测量基础之上并依据逻辑升华了测量成果。

我们强调的"反思性"是以布洛维意义上的反思性为核心，同时突出研究者在该项研究中对自身的不断反思，即研究者的反身，或者也可以扩展至吉登斯意义上三个维度的"反身性"⑦，形成"行动—社会科学—社会"的自我反身且内在有机的结构。当然，吉登斯意义上的"反身性"（Bartlett 列

---

① ［美］麦克·布洛维：《公共社会学》，沈原等译，社会科学文献出版社 2007 年版，第 83 页。
② ［美］麦克·布洛维：《公共社会学》，沈原等译，社会科学文献出版社 2007 年版，第 99 页。
③ ［美］麦克·布洛维：《公共社会学》，沈原等译，社会科学文献出版社 2007 年版，第 100 页。
④ ［美］麦克·布洛维：《公共社会学》，沈原等译，社会科学文献出版社 2007 年版，第 100 页。
⑤ ［美］麦克·布洛维：《公共社会学》，沈原等译，社会科学文献出版社 2007 年版，第 101 页。
⑥ ［美］麦克·布洛维：《公共社会学》，沈原等译，社会科学文献出版社 2007 年版，第 102 页。
⑦ 参见［法］皮埃尔·布迪厄、［美］华康德《实践与反思：反思社会学导引》，李猛、李康译，中央编译出版社 1998 年版，第 40 页。

举了"反身性"的70多种内涵和用法①）更多的是反身性的类型学,它有力地支撑着研究者的自我反身性。本文的"反思性"强调测量逻辑不能置身于现象之外,甚至观察者要参与、干预现象,以发现其背后更深的机制。这与戈夫曼的主张颇为相似,即要成为一个观察性的参与者,而不是参与性的观察者,呈现出参与者的主导特征。但巴比提醒,该方法的危险是参与之后的"入乡随俗"②,此时研究者对自身的反思或反身将产生极重要的作用。"反思性"亦强调测量的多维度性,并把这些维度放入历史进程及细微的过程视角进行审视。另外,它还关注社会结构的影响,回到结构性视角的测量更具有反思性,而其中的权力维度尤其重要。

需要注意的是,布洛维的讨论是限定在拓展个案法中的,他把反思性模式运用于参与观察的技术中产生出拓展个案法。本文前面的讨论亦主要是围绕着参与观察研究展开的。就这一点而言,反思性逻辑链的讨论还有广阔的空间,有许多问题值得进一步探讨。科林斯早在1994年就质疑社会学缺乏连贯的技术谱系（genealogies of research technologies）,由此导致无法捕捉快速发展的研究前沿,他认为人工智能技术提供了希望。③ 人工智能对社会科学研究的影响看似无法阻止,但关于这种改变发生于怎样的维度、达到何种程度,需要考量。目前来看,它在文献整理与分析、量化数据的收集与分析中将具有良好前景。但如张庆熊所言,始终不要忘记,人工智能依据的是过去,而人类社会则总要面对未来,它的前景是开放的,因此,"机器的决策永远不能够取代人的决策"④。

此时,出现了另一个问题,即反思性逻辑在测量中如何与实证逻辑相处? 本文在量化研究与质性研究关系的讨论中已经展现了一种理路。这里再从布洛维的研究中做进一步分析。在布洛维看来,反思性科学是与实证科学相对的,但并不是绝对的两极。他说,"参与观察和访问的技术,既可以遵照反思性的方法,也可以遵照实证的方法"⑤,如果参与观察按反思性的研究

---

① 参见 S. J. Bartlett. *Varieties of Self-Reference*. In: *Self-Reference: Reflections on Reflexivity* (Dordrecht: Martinus Nijhoff Publishers, 1987)。
② 参见［美］艾尔·巴比《社会研究方法》,李银河编译,四川人民出版社1987年版,第205页。
③ 参见 Collins, Randall. Why the social sciences won't become high-consensus, rapid-discovery science. *Sociological Forum*, 1994 (2)。
④ 张庆熊:《大数据时代社会科学方法论探讨》,载《社会科学》2018年第9期。
⑤ ［美］麦克·布洛维:《公共社会学》,沈原等译,社会科学文献出版社2007年版,第119页。

模式，就形成拓展个案法；若按实证的研究模式，则形成扎根理论，测量中因参与者的存在而形成的影响则被视为偏差，此时研究者真正关心的是去情境，从而得到一个相对一般的结论。这里的关键就是偏差到底是什么，又如何处理偏差。依据统计学的一般理论，测量变量的真实值与测定值之间的关系就是偏差。其处理方法多是通过取多次测定值的平均值，再对各次测定值与平均值进行比较实现的。统计学发展出了一套控制偏差和误差的程序，譬如最大似然法，"它使人们去构造具有最佳性质的估计量"①。其处理规则是通过技术控制并设法使测量结果可接受。在社会科学中，主要运用数学、统计学方法考察事物及其之间的联系的研究被归入定量研究之列。因而在定量研究中，偏差是研究者必须面对和处理的事情，这也加剧了数学和统计学成为测量工具的态势。布洛维依据其中客观化的程序性将其称为"科学工业"。

布洛维认为，以客观的程序收集知识是一种"过程保证生产的工业模式"，调查研究是其代表。在其中，理论与调查实践是分离的，因为后者所依据的是事先定义好的程序并进行操作，细致的分工和等级化结构排序都从属于调查问卷，而研究的目的只是"通过刻画出收集知识的程序，来获得这个世界尽可能精确的图式"②。这些程序中产生了偏差，也控制着偏差，因为它的核心是"以程序来获得图式"。

反思性科学通过干预、过程、结构化和重建产生一种嵌入性的客观性（embedded objectivity），它"住"在理论中。布洛维将其称为"知识生产的手工模式"。与"过程保证生产的工业模式"相反，它是产品决定过程，而非过程决定产品，不是要去建立权威"事实"，而是要与理论对话并产生影响。其中，知识的设计者也是知识的执行者，研究过程并不随意专断，也不能简化为一系列始终不变的程序。总之，无论与理论的对话结果是什么，它重点看的是产品。③ 两种模式背后，前者是一种工具理性，后者是沟通理性。④ 他曾在探讨社会学的危机时强调，美国社会学作为一个权力场域，工具性知识压倒了反思性知识，使社会学的反思性维度处于危险之中，但从长

---

① ［西德］西格蒙德·布兰特：《数据分析中的统计和计算方法》，国防工业出版社1983年版，第1页。
② ［美］麦克·布洛维：《公共社会学》，沈原等译，社会科学文献出版社2007年版，第123页。
③ 参见［美］麦克·布洛维《公共社会学》，沈原等译，社会科学文献出版社2007年版，第123页。
④ 参见［美］麦克·布洛维《公共社会学》，沈原等译，社会科学文献出版社2007年版，第124页。

远看，工具性知识离开反思性知识的挑战将无法繁荣。① 从社会学知识类型而言，反思性知识不可缺少而且意义重大。

工业让人产生敬畏，而手工则更深入生活，具有情怀。戈夫曼是在这种情怀之下，把自己视为面对面互动领域的探索者而开拓他的微观世界研究的。② 两类过程虽然有着重要区分，但这种区分是理想类型下的，在现实生活中，理性总可能打破疆界，也可能会上升到灵性，这就为通过反思性逻辑链进一步推进"适恰精度"提供了可能与舞台，而此时，实证逻辑也正在朝着"适恰精度"而努力，二者使测量在恰当的深度可信、有效地展现出来。当研究者认真地投身于研究问题-研究对象，并努力接近它时，他理所当然地需要有约束性的范式作为支撑，但他不能因循守旧，更不能放弃怀疑和批判精神③，当这种逻辑链条把他引到一片开阔地，那么，此时他就在享受着创造科学研究的快乐。

五、结语

测量是科学研究中的一个系统，而不是独立出去的一部分，它深深融入研究过程与研究逻辑之中。把量化研究、质性研究作为是否要进行测量的标准偏离了社会生活与社会科学研究的本质，本文认为，把二者视作无关的对立的这个前提本身就是有问题的。其正常逻辑应是测量需要依靠二者的结合才可以有效实现。可这样总结：测量是量化研究与质性研究有机结合的纽带，从而形成了二者关系的"二元有机连续统模型"。

通过参与观察研究可知，社会科学研究中，无论是量化还是质性，无论是实证还是归纳、推理，忽略反思性逻辑都存在着巨大的风险。风险在于对反思性的忽视意味着对研究对象、研究者以及历史性过程、微观性过程和社会结构不知不觉地采取了一种静态的研究逻辑，而这一逻辑往往在社会科学研究对象和众多变量的复杂性面前显得苍白无力。笔者提出的测量的两个逻辑图式展现了参与式观察研究中测量的动态性及其机制，对它们的讨论表

---

① 参见［美］麦克·布洛维《公共社会学》，沈原等译，社会科学文献出版社2007年版，第33～36页。
② 参见王晴锋《戈夫曼社会研究方法述评》，载《中国社会科学评价》2018年第3期。
③ 参见陆益龙《定性社会研究方法》，商务印书馆2011年版，第11页。

明，在研究中静态化的逻辑实际上很难匹配相应的测量。

由于测量是针对研究问题-研究对象和变量的系统性观察，因此，它就成为构建中层理论的基础要素，处于经验感知与中层理论之间，并有效联结二者。如果测量出现问题，那么不是理论构建受挫，就是与经验感知的内容错位，二者的脱节导致研究的失败。这也正是 Davis 所强调的。这可视为另一个启发。

至此，似乎我们已经探讨了社会科学研究中的测量，但有一个更大的问题随之出现。当研究者获得特定的研究材料，那么可能就会着手研究工作，此时，可能会想到所用案例的典型性或代表性，也可能没有考虑。这是社会科学研究中的一个常态。周雪光在使用他的个案时有这样的交代："我们关注乡村中国的这一个角落，并不是因为这个乡镇的村庄选举在中国农村有代表性；我们也不认为这里观察到的事件或行动者之间的关系一定适用于其他地区或领域。我们的目的是通过个案研究方法的优势来对这些动态过程和参与者有一个深入的了解把握，澄清研究课题，识别相关的制度逻辑。"① 这展现出一个忠于测量逻辑的取向。孔飞力作品《叫魂》中的"叫魂事件"的典型性或代表性如何呢？显然，在清朝乾隆年间有事件比"叫魂事件"更能刻画清代的中国社会和中国官僚体制，譬如清代皇帝出巡，尤其是乾隆皇帝在位期间出巡更是达到极致，以六巡江南最突出；对文字使用的管控以致文字狱的出现同样产生了巨大的影响。阎云翔作品《中国社会的个体化》中的下岬村是否是一个有良好典型性或代表性的中国村庄呢？该村地处黑龙江省南部边陲，据作者自述，1971—1978 年间，他在该村作为一个农民生活和工作了 7 年，在后来不同的 10 个年份，他又多次重访该村②，把该村作为研究田野似乎更主要在于作者对该村的深入了解。

以上分析表明，在社会科学研究中，案例的典型性与深入的反思性逻辑之间，似乎后者更具现实"骨感"和学术启发性。在以上著名的研究中，反思性逻辑在案例分析中显示了统摄作用。以《中国社会的个体化》为例，作者长期深入下岬村，从民族志的角度深入剖析了他所掌握的资料，把村庄放在历史中展现其众多的维度：农村改革对经济与社会分层的影响、日常生活中的权力关系、家庭关系的结构性转变、实践性亲属关系、农村青年和文

---

① 周雪光:《中国国家治理的制度逻辑:一个组织学研究》，生活·读书·新知三联书店 2017 年版，第 383 页。

② 参见阎云翔《中国社会的个体化》，陆洋等译，上海译文出版社 2012 年版，第 1 页。

化、青年女性与父权、个体能动性与彩礼以及如何做一个好人,等等。这种丰富的人类学分析以及对大量有影响的理论的梳理和结合,加之对中国与西方、中国的不同时代之间进行对比分析,使作品得出了富有启发性的结论:今天的中国文化正在见证并孕育着一种新的个体主义,它既充满希望又让人担忧。虽然作品中的不同章节对不同的变量进行了测量,但显然,大量的测量均在一种深度参与、深度互动和深度反思的逻辑下实现。

当然,社会科学研究在任何时候都不能忽视理论,如彭玉生所言:"如果没有理论演绎和假设验证,我们永远处于搜集事实、积累假设的阶段。"① 这就需要在研究逻辑之上有明确的或相关的理论,这是社会科学界的主流观点;同时,以经验材料发展出理论,即扎根理论也具有可行性。但彭玉生认为,"如果一个研究者从其经验分析中归纳出了一个全新的天才理论,不能从现有理论演绎出来,那么这个时候理论就是个新的假设,需要用不同的数据进行再证实"②。本研究重点并非理论,在此提及理论问题只是要明确反思性逻辑链与测量是作为整体研究中的一部分;同时,整体研究中,无论采取理论演绎还是理论归纳,都不能缺少理论,并且这些要素应该而且能够组建成一个有机整体。

进一步而言,把反思性逻辑看作一种"研究介质"③ 似乎具备必要性,因为它解决的是如何有效推进测量、支撑研究,并对理论进行拓展或修正,集方法与能量传导于一体,从而能够有效避免测量技术的简化和借用,笔者使用的"反思性逻辑链与测量的总结式回旋"图式(见图15-2)的用意也在于此。经济学测量技术垄断时尤其要引起警惕。技术专制常常导致"回旋镖效应"的发生,美国2001年的"9·11"事件似乎是一个有力的注解:作为全球化的"主体"计算着如何对"客体"产生更大影响,却加大了"客体"对它的反作用。④ "杰文斯悖论"也可以看作技术专制的后果。杰文斯(Jevons)在1865出版的《煤炭问题》中提出了这一悖论,他"具有说服力

---

① 彭玉生:《"洋八股"与社会科学规范》,载《社会学研究》2010年第2期。
② 彭玉生:《"洋八股"与社会科学规范》,载《社会学研究》2010年第2期。
③ 介质一般指的是物质在其间存在和现象在其间发生的某种物质。空气、各种流体和固体均可以成为某种介质,譬如,地震波在某种岩石中传播,该岩石即为地震波的介质。所以,介质指向的是"广延的实物"。本文使用的"研究介质"借用介质的一般概念,强调一项研究在其中得以发生和推进,具有广延性而不具有唯一性。
④ 参见[俄]戈尔巴乔夫基金会《全球化的边界:当代发展的难题》,赵国顺等译,中央编译出版社2008年版,第250页。

地阐述了资源需求将会由于这种资源使用效率的提高而增加"①,也就是能源效率的提高不但没能降低能源消费量,反而增加了需求和能源消耗。

以上分析表明,整体上而言,如果沿着布洛维的思路把反思性与实证性相对来界定反思性逻辑链,那么就把它当成一种纯粹的研究方法,这就不自觉地压缩了它的功用。从此意义上说,除了与典型性、代表性进行对话之外,反思性逻辑还可以与更多科学研究要件对话。笔者相信,这样的对话可以进一步提升对反思性逻辑等研究要件的认识,也有助于推进社会科学研究中对测量的认知和进一步应用。

[本文发轫于美利坚大学(American University)肖晨阳教授组织的一次关于测量问题的讨论。测量"精度"的提法由肖教授提出。在讨论中笔者受到诸多启发,在此向肖晨阳教授和众多参与讨论的同门博士表示感谢。本部分原发表于《西藏研究》2020年第5期。有改动]

---

① [美]约翰·M. 波利梅尼等:《杰文斯悖论:技术进步能解决资源难题吗》,许洁译,上海科学技术出版社2014年版,第180页。

第十六章 重识"盲人摸象":社会科学研究中的"共同知识"

发现真理、运用真理,是研究与行动的终极取向。但是很多时候,我们还只是处于一种捍卫共同认识的阶段——我们所相信与认可的还只是一种"共同知识"(后文中逐步引出对"共同知识"的界定)。对人类而言,这些共同知识是重要的,因为它常常是通往真理的可能途径,所以,我们有必要重视共同知识,思考如何对待共同知识,如果方法是正确的,那么将有助于我们走向真理。

在中国,"盲人摸象"是一个广为人知的寓言故事。在冀教版的小学语文课本中,"盲人摸象"是一个通俗版本的故事,说的是四个盲人摸到大象的不同部位,就把大象说成他们各自摸到的部位的样子。故事有可笑之处,但也说明:"人类对科学知识的探索正如盲人摸象一样,需要猜测,'盲人摸象'正是一种发现科学理论的正确方法。"[1] 虽然在科学研究中,人类总是在摸索着前进,但如果在这种"发现科学理论的方法"中,每个人都固守着摸索的"所得",彼此对立,彼此争吵,那么,就会大大削弱大家所开展的探索和研究工作的价值,甚至会使许多人误入歧途,增加发现真理的困难。

在佛教文献中,盲人摸象故事比以上的通俗版要复杂得多,譬如《长阿含经》(卷十九)、《大涅槃经》(卷三十二)等里面记载的故事。以《长阿含经》(卷十九)为例,其中有更确切的人物:镜面王、生盲人(天生盲),有更为复杂的故事情节以及镜面王和生盲人的问答内容等。有研究者认为,《长阿含经》(卷十九)中的盲人摸象故事表明:"由于人先天存在认识感官的局限性,因此在经验的常识世界观、科学世界观中,'盲人摸象'的错误是不可避免的,'执象而求'必然会'咫尺千里','是什么''似什么'都不能回答究竟。"[2] 笔者并不准备把这种观点作为讨论的对象,而只是将其作

---

[1] 张冀峰:《从"盲人摸象"看科学的局限性》,见中华读书报,2016年5月18日第16版。

[2] 张冀峰:《从"盲人摸象"看科学的局限性》,见中华读书报,2016年5月18日第16版。

为本研究的一个背景。这样做的原因在于，它提醒着我们：以文本呈现的同一个故事的内容可能会存在多种形式，在开始研究问题之初，就要避免陷入"盲人摸象"之中；同时，我们需要时时刻刻地谦恭地反思。当我们不问所以然就采用"最有效"的思维和举动时，说明我们正处于无助和危险之中。

米尔斯把个人的困境或者困扰与社会结构中的公众议题相联系，那些看似纷乱的公众议题可以从个人困扰中得以呈现[1]，但是，把二者相区分是社会学想象力的一个重要标志，既"是社会学想像力的基本工具，也是所有社会科学经典研究的一个特征"[2]。虽然我们要讨论的是社会科学研究的方法问题，但离不开个人困扰与公众议题的联系。譬如当个体研究者的研究发现被其他许多研究者触碰到（对话、运用或其他形式）时，就可能出现关于"大象是什么"的公众议题，而与学术议题的研究与讨论直接相关的学术论文的发表则是另一种公众议题。把个人困扰与公众议题相区分并进一步把二者相联系，是本文的一个基本立场。

一、社会科学中的"盲人摸象想象"

与康德"物自体"的不可知论相反，抽象经验主义认为经过科学化的方法是完全可依赖的。在米尔斯看来，抽象经验主义是"科学方法严格限定了人们所选择研究的问题和表述问题的方式"[3]。在抽象经验主义中，由于一些研究者对自己的方法抱有十足的信心，所以套路、公式、模型等"组装"起来的武器被赋予了决定性的意义，米尔斯称其为"科学哲学倾向"，方法论似乎决定了问题。米尔斯反感这种倾向，就如同反感那些"宏大理论"一样，但偏偏二者在现实中又相互支持，似乎形成了一种"双方垄断"的霸权："它们将对社会科学的学术前景构成巨大威胁。"[4] 在盲人摸象故事中，

---

[1] 参见［美］米尔斯《社会学的想像力》，陈强、张永强译，生活·读书·新知三联书店2001年版，第9页。
[2] ［美］米尔斯：《社会学的想像力》，陈强、张永强译，生活·读书·新知三联书店2001年版，第6页。
[3] ［美］米尔斯：《社会学的想像力》，陈强、张永强译，生活·读书·新知三联书店2001年版，第61页。
[4] ［美］米尔斯：《社会学的想像力》，陈强、张永强译，生活·读书·新知三联书店2001年版，第127页。

其实抽象经验主义和宏大理论两种取向均隐藏在里面：在故事中，人们都回避了历史，回避了比较，在一个自我的心理空间中完成了对大象的建构。

把大象的某一部分视作那一部分或者整体的大象，都存在一个"这就是"的界定，无论出于康德的主观意识与"物自体"的结合，还是胡塞尔的具有决定意义的"现象"，抑或梅洛-庞蒂的基于身体的基础性的认知构建，似乎都没有否定这种界定的广泛存在，但他们在对"这就是"生成的逻辑和方法上未能给出操作性的方案。即使布迪厄强调的"实践"的限制性或者说"实践感的模糊逻辑"，也未把对概念生成与输出的方法逻辑交代清楚。实践感先于认知，且所有的感觉、知觉和意识要汇集于实践感，并通过它生成实践，但是，实践逻辑的最大问题在于"只可以提炼到特定的程度，一旦超出这种程度，其逻辑便将失去实践意义"①。

从认知世界的角度来看，"这就是大象"实际上直接与社会科学逻辑中的求真与求全的取向相联系。在被构建的想象空间中，"真"和"全"代表着科学性与权威性。当"这就是"的判断出现时，它背后所追求的就是充分肯定这是一个真理，不容置疑，无须对话。

在社会科学研究中，"求真"是一个效度问题，效度越高意味着与"物自体"越是接近，直到相符。当然，从康德的认识论来说，这是一个假命题，因为"物自体"本身是不可知的，所谓的"真"总是一种加工过的后果。"自在之物"与"自我意识"相结合是一切知识和可能的前提。"求全"是一个覆盖度问题，越全意味着覆盖度越大，即可以进行更大范围的推论，解释力也相应地越强。一种理想是二者均处于高水平，那么此时的理论似乎就成为一个价值性很高的理论。迈克尔·曼利用他的 IEMP 模型想做的就是追求社会权力来源解释的高水平。② 在现实世界中，这种理想化状态很难实现。"求真"一般层次较低，或者直接与人们的感官、知觉与日常逻辑相联系，也是我们日常生活的一个重要评价标准。我们总是在生活中"求真"。盲人摸到的大象的不同部位，也是在"求真"，而且效度很高，就这一点而言，他们是成功的。但他们以"真"而推到"全"或者追求"全"，也就是从他们摸到的推论到"这就是大象"，风险便产生了。要做这种推论，他们首先要面对的是关于"大象是什么"的共同知识。在特定的范畴内，大象是

---

① [法]皮埃尔·布迪厄、[美]华康德：《实践与反思：反思社会学导引》，李猛、李康译，中央编译出版社1998年版，第24页。

② 参见[英]迈克尔·曼《社会权力的来源》第1卷，刘北成、李少军译，上海人民出版社2002年版。

被文化定义过的现象，而不是一个纯粹的动物。所以，他们关于"大象是什么"所得到的"真"与"全"并不在一个层次，其中的社会文化的数量、层级以及内在逻辑都是有差异的。

进一步而言，对大象"求真"与"求全"的问题在操作上又转化为一个对大象的测量问题。大象是盲人们的研究对象，但他们测量的是大象的某一个部分，并从被测的部分直接推论出"大象是什么"。这种操作在测量中犯了一种以部分推论整体的错误。但是要注意，我们能够这样说的前提是，研究者作为关于大象共同知识的拥有者，已经明确了"大象是什么"这个问题，即对此已经有了"答案"。而如果研究中失去了这个前提，那么我们很难发现这样的"错误"存在。

另外，盲人们在"测量"大象的过程中，基本忽视了技术性的手段和限制，几乎完全依靠手的触觉，而嗅觉、味觉以及语言等完全被排除在外。在社会科学研究的测量中，常常面临着三类主要限制：系统测量语言缺乏、测量单位贫乏以及思想观念上实验落后于推理。虽然这种限制性在以量化研究为主的社会科学研究中并非十分明显，但在以质性研究为主的研究中表现突出。当然，研究者可以通过多种手段弱化，甚至突破其造成的限制。① 不过，只凭手的触觉对大象进行测量似乎更多的是一种构建的想象。

对于突破了诸多限制的测量，我们也无法抱以十足的信心。因为测量的技术手段以及突破限制的方法、手段都是研究场域中的产物，我们无法把它们作为完全客观、真实的东西，也就是说它们也是文化和权力的构建产物。库恩认为，正是这种构建造就了一系列的规范、模式，用于指导在特定领域中的研究者，并被他们所接受和使用。② 库恩把这些规范、模式称为"范式"（后文将进一步交代）。虽然"范式"在常规科学中的作用被科学家和研究者们广泛认可，认为其对研究的推进和科学革命的到来产生了重要的积极影响，但不要忘记而且需要时刻警惕，"范式"与人类文化密切相关，或者说，"范式"作为一种共同知识是科学家和研究者们共同构建的范畴，不能等同于客观存在。"测量"亦不能被划定成一种完全公正客观的测量，因为测量的出现以及测量的过程、结果都包含着丰富的文化元素。

---

① 参见赵国栋《科学与艺术：测量在社会科学研究中的应用：兼论西藏社会科学研究中测量逻辑的运用》，载《西藏研究》2020年第5期。

② 参见T.S.库恩《科学革命的结构》，李宝恒、纪树立译，上海科学技术出版社1980年版，第8~9页。

二、"大象是什么":共同知识的构建

在自然科学中,大到宇宙星体,小到昆虫、病毒,那些无穷无尽的要被认识的对象,在我们当下的科学范畴内被认为都具有一定的"实体"或者具备具体的实体性关系。我们或许可以将其视作具备形态实体的大象。但在社会科学中,社会的实体性显得并不那样充分。在对社会的研究范式中,有以迪尔凯姆为代表提出的社会事实论,有以韦伯为代表的社会理解论,有以科塞为代表的社会冲突论,有以布迪厄为代表的社会关系论,有以帕森斯为代表的社会整体论,以及以迈克尔·曼为代表的权力网络论,等等,这些理论无论多么生动有趣或富含解释力,都无法给出一个社会的"实体"形象。就此,迈克尔·曼甚至直接说,大量的经典研究把社会视作一个整体的做法都是错误的,导致人们看不到社会的本质;相反,他认为根本就不存在作为系统的或者作为整体的社会,社会本质上是存在的网络,人在其中只具有社会性,而不能说是社会的。① 或许在迈克尔·曼看来,社会这头"大象"其实只是人们根据破碎的片断在想象中的一个拼图,既看不到,也摸不到。这就给我们做出判断带来了困难,我们如何判断接近或者发现了"真",接近或者实现了"全"呢?这个问题虽然重要,但是更重要的是:多数时候,我们并未去尝试着做这样的判断,而把主要精力放在我们摸到的东西能给我们带来何种权利和利益,以及如何将这种权利和利益巩固与扩大上了。

权利、利益的存在和结构是一种特定时空下的秩序,而且需要用力量加以维持,否则就会被其他力量冲击而发生较大改变。布迪厄形象地将这种结构性的存在比喻成"场域"。在社会科学研究的场域里,存在着各种权利、利益的争夺和游戏。这种看似无可避免的现象在左右着研究者的视野和雄心。"场域"的视角虽然有助于我们理解权利、利益的争夺给科学研究带来的消极影响,但并不能给我们有效展现出各类研究成果是如何被构建"成为"大象的。

在吉登斯看来,共同知识对社会科学研究来说是极为重要的,共同知识

---

① 参见 [英] 迈克尔·曼《社会权力的来源》第 1 卷,刘北成、李少军译,上海人民出版社 2002 年版,第 19 页。

"被看作进入社会科学研究主题必不可少的方式,不能基于社会科学的发现来矫正,相反恰恰,是这些知识构成了研究者能够得出发现的前提条件"①。由于共同知识的存在,"社会分析者必须尊重信念的本真性"②。他所强调的是:共同知识被构建出来的机制与发挥作用的价值,哪怕这些知识是错的亦是如此。譬如,"常识"并不被当作知识,"而是作为可能出错的信念的共同知识"③。巴西中部的博罗罗人(the Bororo)称:"我们是红鹦鹉。"这是人类学中著名的案例,同时也是一个共同知识的案例。吉登斯认为,理解这种说法至少需要分析:谁表述了这些信念,在怎样的环境中采用了哪一种话语风格,以及表述的动机是什么。④ 这些属于构成该说法的共同知识的基本要素。

一个盲人摸到大象的腿,形成了一个"大象如同大柱子"的结论,这还不是共同知识;同样,一个人摸到大象的鼻子得出的结论也不是共同知识。但是,如果有足够数量的人都得出了这样的结论,并相信它是真实有效的,那么再通过其他文化与实践的强化就会得到相应的所谓"常识",在一定限度内成了共同知识。在盲人摸象中,关于"大象是什么"的共同知识本身只是一个群体性的共识,对我们既"识"又"知"大象的旁观者来说,他们的这种共识是错误的。但要警惕的是:在社会科学研究中,常常无法找到这样的旁观者,在各个学科相互屏蔽对方的情况下更是如此。所以,无论在自然科学还是社会科学研究的场域中,如同盲人们自得其乐一样,一些研究者怀抱着"象腿""象鼻""象耳"做着各种关于"大象"的阐述,并陶醉其中。

---

① [英]安东尼·吉登斯:《社会的构成:结构化理论纲要》,李康、李猛译,中国人民大学出版社2016年版,第316页。
② [英]安东尼·吉登斯:《社会的构成:结构化理论纲要》,李康、李猛译,中国人民大学出版社2016年版,第316页。
③ [英]安东尼·吉登斯:《社会的构成:结构化理论纲要》,李康、李猛译,中国人民大学出版社2016年版,第316页。
④ 参见[英]安东尼·吉登斯《社会的构成:结构化理论纲要》,李康、李猛译,中国人民大学出版社2016年版,第319页。

三、共同知识陷阱：范式与壁垒

在库恩眼中，常规科学是一个极为重要的范畴，它与范式有着密切的联系。在科学研究中，库恩所说的"范式"可理解成"科学研究共同体在实际科学活动中形成的、为多数实践者所公认的范例和模式，其中包括人们公认的定律、理论、应用范围和方法"[1]。常规科学是要界定和明确那些普通的、平常的科学研究的本质、方法等诸多方面。一般而言，在常规科学研究中的活动具有较高的确定性，是按着一定的范式开展的。[2] 库恩直言："科学家的目标按常规并不是发明新理论，他们也往往不能容忍别人的这种发明。"[3] 超越了常规科学，就进入了科学革命，新的范式也随之出现，旧范式转换成新范式。陆益龙教授总结道：按库恩的观点，在常规科学研究中，研究活动被确立了既定的轨道，"在新范式和旧范式之间，常规科学家似乎只能因循守旧"[4]。

常规科学的研究似乎被置于一个尴尬的境地，进退两难，并成为一种被默认的常态。但在这种被广泛接受的状态下，隐藏着一种风险，这种风险有可能让我们偏离真理或者长期阻隔我们接近真理。当一个学术共同体深信自己所占有的研究范式，坚定、坚决地长期坚守着他们的共同知识时，他们可能就在有意无意间屏蔽着学科间的对话，阻碍着共同知识的成长。这并非危言耸听，而是大量存在的现象。譬如，一些学术刊物的标准化、专业化、模式化的论文模板，尤其是对本领域权威观点、权威人物、权威期刊的引用要求似乎就隐藏着这种风险。又比如一些学术会议，权威评议人的评议可能决定会议论文的走向，因为评议人一般由一个学科里的精英担任。若一个学术共同体坚守的共同知识是有问题的，或者说是一种错误下的"正确"，那么，此时的范式会带来什么呢？

陆益龙教授警告说："研究者在范式的基础上，还需要认识到范式所可

---

[1] 陆益龙：《定性研究方法》，商务印书馆2011年版，第10页。
[2] 参见陆益龙《定性研究方法》，商务印书馆2011年版，第10页。
[3] T. S. 库恩：《科学革命的结构》，李宝恒、纪树立译，上海科学技术出版社1980年版，第20页。
[4] 陆益龙：《定性研究方法》，商务印书馆2011年版，第10页。

能构筑的知识壁垒,以及各种可能的偏见,并努力去超越和克服范式对揭示社会世界本质及认识的全面性所构成的障碍。"① 如果我们过于相信我们的共同知识,范式的壁垒风险似乎是无法避免的。从本质上说,理论、方法的主要功用在于为人们澄清观念、简化程序②,而不是保证某种真实的必然性。米尔斯主张,千万不能把方法当成方法论,不然就会僵化,而应在实践中让方法和研究工作保持密切的联系,"切勿因为他人的方法论而放弃自身的尝试"③。

虽然范式隐藏着壁垒的可能,但壁垒的产生并不是完全由范式决定的,因为学术人和学术共同体有自己可以支配的意识。此时,米尔斯的警告值得格外注意:除了不能轻易放弃自己的尝试外,还需要什么呢?他认为,还需要对话。我们可以从两个方面来理解米尔斯所强调的学术对话。一是反思性问题。关于这一点,布迪厄做出了杰出的贡献。他指出反思性"根植于分析工具和分析操作中的社会无意识和学术的无意识"④,并将其视为一项集体的事业,其目的是"扩大社会科学知识的范围,增强它的可靠性"⑤。而在米尔斯看来,反思性离不开"从一个视角转换到另一个视角的能力,并且在这个过程中建立起对整个社会及其组成部分的充分认识"⑥。二是总体性社会科学问题。布迪厄强调,我们需要的是维持人类实践基本统一性的"总体性社会事实",这种事实涉及各类学科片段、经验领域和观察分析技术。⑦ 米尔斯同样强调,要解决我们这个时代的任何一个主要问题,都需要从多学科中汲取材料、概念和方法。由反思性和总体性社会科学两个视角产生的学术对话无疑是重要的,它关系着研究者和学术共同体打破壁垒的可能;反之,这两个方面的缺陷或缺失将为壁垒的出现与加重提供温床。

---

① 陆益龙:《定性研究方法》,商务印书馆2011年版,第62页。
② 参见[美]米尔斯《社会学的想像力》,陈强、张永强译,生活・读书・新知三联书店2001年版,第129页。
③ [美]米尔斯:《社会学的想像力》,陈强、张永强译,生活・读书・新知三联书店2001年版,第132页。
④ [法]皮埃尔・布迪厄、[美]华康德:《实践与反思:反思社会学导引》,李猛、李康译,中央编译出版社1998年版,第39页。
⑤ [法]皮埃尔・布迪厄、[美]华康德:《实践与反思:反思社会学导引》,李猛、李康译,中央编译出版社1998年版,第39页。
⑥ [美]米尔斯:《社会学的想像力》,陈强、张永强译,生活・读书・新知三联书店2001年版,第230页。
⑦ 参见[法]皮埃尔・布迪厄、[美]华康德《实践与反思:反思社会学导引》,李猛、李康译,中央编译出版社1998年版,第29页。

社会科学的壁垒催生了一种坚挺的"范式":套路论文。一些期刊助长了套路论文的大量出现。套路论文按着固定的套路产出,所要做的是更换综述文献,更换研究对象。这些论文多会得到高度认可,因为它们总是和那些权威论作"相符"。这样的论文有价值吗?当然有,并且在扩大和巩固着某些共同知识。有局限吗?是价值大还是局限大?笔者觉得,这些问题值得关注。至少面对局限与风险,我们不能不反思,不能只是沉迷于模式化的权威和规范。从长远来看,尤其如此。米尔斯在反思"抽象经验主义"时强调:沉迷于概念和固有逻辑是一种有害的垄断,而如果论文精英们长期沉迷于某种套路规范,漠视对话、漠视实践,又会带来何种后果呢?

技术的规范性可以在一定程度上保证工具的严谨,让人们增加对它的信任。所以社会科学技术化的进步在大多数研究者、学者和专家看来是大势所趋。定量研究技术的不断深入和广泛采用亦已经彰显了其优越性。但是,如同米尔斯所言,科学不能等同于人类的认知全部与生活全部,即使它可以居于社会的中心位置,也不能断定人们必然完全执行科学理性,也不能排除人类社会不再有神话甚至迷信。总之,在人类社会中,不存在什么"技术基督再临人世"(a technological Second Coming)[1]。人类无法脱离交流的必要,尤其是思想的交流,这是技术以外的东西。从研究质性、量化的方法来说,在社会科学研究中,继续争论质性、量化哪个更重要,或者二者的组合类型似乎意义已经很微弱了,譬如,在对农村进行研究时使用混合方法已经越来越多。[2] 研究它们在实践中结合的方式是未来应关注的研究取向。[3] 这并不仅是研究方法的对话与结合的问题,更是人类实践、人类文化在学术中实现对话的问题。

---

[1] 参见 [美] 米尔斯《社会学的想像力》,陈强、张永强译,生活·读书·新知三联书店 2001 年版,第 183 页。

[2] 参见 D. Strijker, G. Bosworth, G. Bouter. Research methods in rural studies: Qualitative, quantitative and mixed methods. *Journal of Rural Studies*, 2020 (78)。

[3] 参见 F. Y. Lo, A. Rey-Martí, D. Botella-Carrubi. Research methods in business: Quantitative and qualitative comparative analysis. *Journal of Business Research*, 2020 (115)。

四、钩深极奥:从共同知识继续向前

(一) 多样性的人类社会与多样化的共同知识

人类社会的多样性是社会科学研究的基本出发点,这种多样性不但构成了人类社会的过去、现在和未来,而且包含着多样化的个体,社会科学家应以有序的方式来理解人类的多样性。① 多样性的人类和人类社会决定了共同知识的多样化。因此,忠实于我们研究发现中的多样性,是一个具有基础意义的理念。怀着这种理念,我们有必要反思个案研究中的代表性、典型性问题。我们不是不需要个案的代表性和典型性,若能一孔窥全豹,那当然是好,若不能,至少我们也可以从孔中看到些什么。代表性、典型性在社会科学研究中不能被视作决定性的,这是对多样性存在以及研究者在研究中努力付出的一种尊重。

忠诚于我们的研究和发现,谦恭地开展学术研究,是学术人品格的基本要求。韦伯在评价自己关于资本主义精神的研究时强调:"我们至少必须告诫那些迄今未得门径的读者不要夸大我们这些考察的重要性……我们只希望他们在核心论点上找不出根本性错误。"② 很多时候,研究者似乎不应该在一个问题值不值得研究上过度徘徊。③ 我们所应坚持的,是把论文和著作写在人类社会的大地上,写在祖国的大地上,与它们同呼吸共命运。

面对多样的生活和多样的共同知识,我们需要丰富的想象力,尤其是社会学的想象力,以帮助我们在探索中少走弯路。米尔斯对社会学的想象力充满期待,同时也知晓其获得之不易。他说:

> 正是这种想像力使得社会科学家不再局限于单纯的技术专家。几年

---

① 参见[美]米尔斯:《社会学的想像力》,陈强、张永强译,生活·读书·新知三联书店2001年版,第142~143页。
② [德]马克斯·韦伯:《新教伦理与资本主义精神》,于晓、陈维纲等译,陕西师范大学出版社2005年版,第12页。
③ 参见赵国栋《科学与艺术:测量在社会科学研究中的应用:兼论西藏社会科学研究中测量逻辑的运用》,载《西藏研究》2020年第5期。

时间就可以训练出合格的技术专家。社会学家的想像力也是可以培养的，但如果没有大量的常规研究，则这种情况一定很少发生。[①]

社会学想象力的养成在于不断地训练、不断地深入田野、不断地进行研究，还要不断地写作，这些是米尔斯所说"大量的常规研究"的必然要求。这样做，也会使研究者不断反思、不断对话。米尔斯所倡导的社会学想象力与布迪厄、吉登斯所倡导的反思性有着相通之处，它们都希望在现有的共同知识基础上向前一步。但哪怕只是小小的一步，也充满艰辛，极为困难。只"浸泡在文献中"可以做出好学问，有助于社会学想象力的养成吗？米尔斯认为，这是不行的。他警告说："过度沉浸于文献中是不太好的，你可能在里面'溺死'，就像阿德勒一样。也许关键在于你要知道什么时候应该阅读而什么时候不要阅读。"[②] 所以，研究与文献阅读并不是简单的对应关系，研究的进取性更在研究之外。

（二）共同知识对话的媒介与纽带

吉登斯在西方理论界享有盛誉，他的理论也具有广泛的影响。吉登斯认为，他自己所建立的理论不属于哪个学科，若非要归类，可归于"社会理论"（social theory）范畴。刘少杰教授对此指出：吉登斯的理论超越了传统学科分类，是跨学科的综合性学术理论。[③] 但问题来了：如同吉登斯这样，没有哪个学科范式规范的研究成果，如何发表呢？如果吉登斯以一个助教或讲师的身份来发表他背离某一学科范式的论文成果，会不会成功呢？以现在的形势看，绝大多数"较好"的专业刊物，应该不会轻易接受这样的作者和论文吧。

1. 学术期刊

对于一个核心类的专业期刊（譬如中文核心期刊、CSSCI 期刊）来说，接受那些看似"不符合规矩"的论文是有相当风险的，这可能涉及期刊规范

---

① ［美］米尔斯：《社会学的想像力》，陈强、张永强译，生活·读书·新知三联书店 2001 年版，第 230 页。
② ［美］米尔斯：《社会学的想像力》，陈强、张永强译，生活·读书·新知三联书店 2001 年版，第 233 页。
③ 刘少杰：《后现代西方社会学理论》，社会科学文献出版社 2002 年版，第 340 页。

性评价要求,也直接与匿名评审者的专业要求有关。在促进共同知识对话方面,综合性学术期刊更具有优势。一方面,它们可以涵盖更广泛的论题;另一方面,可以涵盖更广泛的学科。二者对于关心该刊物的研究者来说是一种较好的进行共同知识对话的机会。下面以《西藏研究》为例简要讨论。

《西藏研究》是西藏社会科学院主办的综合性学术刊物,创刊于1981年,双月刊,每期刊发论文18~22篇。2018—2019年,该刊共刊发论文194篇(不包括两期专刊)(见表16-1),按论题范畴可分为29类。其中"学习与讨论"范畴内的发文量相对稳定,2年达到14篇,表明该刊对对话讨论的重视;设置了专门的争鸣栏目,所有文章均以西藏为主题或与西藏相关,这样就加大了研究和对话的针对性。另外,该刊亦鼓励对社会科学研究方法的探索与创新,譬如,2020年第5期刊登了笔者的这类文章:《科学与艺术:测量在社会科学研究中的应用》。

表16-1　《西藏研究》2018—2019年发文情况统计

2018年论题范畴	学习与讨论专栏(5)、历史(16)、经济(7)、人类社会(社会学、人类学、社会调查)(15)、文化(5)、文学(5)、文献(5)、"一带一路"(6)、格萨尔(3)、语言(3)、精准扶贫(3)、宗教(6)、民族政策(1)、图书馆(3)、教育(1)、政治(4)、争鸣(1)、人物(1)、新闻传播(2)、翻译(1)、法律(2)、考古(2)
2019年论题范畴	学习与讨论专栏(9)、历史(17)、人类社会(社会学、人类学、社会调查)(12)、文化(7)、文学(2)、文献(5)、"一带一路"(1)、格萨尔(1)、语言(1)、宗教(8)、图书馆(1)、教育(1)、政治(4)、争鸣(1)、翻译(3)、法律(1)、考古(3)、名家访谈(5)、"三农"(5)、民俗(1)、国外藏学(1)、艺术(2)、综述(2)、民族理论(2)
第一作者年龄	20~30岁(21)、31~45岁(112)、46~60岁(53)、61岁及以上(8)
第一作者学历	硕士(12)、博士(68)、其他(76)、博士研究生(28)、硕士研究生(10)
第一作者职称	中级(48)、副高级(58)、高级(45)、其他(45)

注:(1)2018年第5期为"庆祝改革开放40周年专刊",2019年第2期为"西藏民主改革60周年专刊",二者均未统计在内。(2)无职称、无学历或未明确标出的,均归入"其他"项中。(3)译文、译注,均按译者信息统计。(4)2019年第4期《吉隆县青噶石窟调查报告》作者为"西藏自治区文物保护研究所",无第一作者及年龄等信息,故在相关统计中未统计在内。

从该刊的作者特征来看，年龄在20～30岁的有21人，中级职称48人次，占比超过24%。在作者学历情况中，有10名硕士研究生。可见，《西藏研究》为年轻研究者提供了较多的机会，不但有助于青年研究人才的成长，为较低学历、较低职称而专心做学问的青年学术人才提供了平台，而且为激发对话与思想的碰撞提供了更鲜活的力量。另外，该刊对学历、职称在论文刊发中的要求的淡化，吸引了高校和研究机构之外的更多研究爱好者加入研究和对话行列，扩大了共同知识内的对话，也有利于推进共同知识。

《西藏研究》秉持审稿人与作者之间的对话原则，注重把审稿人的意见及时反馈给作者，并给予作者阐述自己观点的机会。笔者在该刊刊发的所有文章均收到了审稿人的意见。这对学术文章和作者本身都是一种促进和鼓励。在审稿人与作者的对话过程中，以学术论文体现出的共同知识得到多次的多维度的审视，这无疑是有益的。与此相反，可能受到诸多限制和影响，一些期刊并没有使用这种审稿人与作者间的对话模式，似乎选择达到"要求"的论文并刊发出来成了唯一目的——此时，不能不让我们想到韦伯关于"工具理性"的描述与警告：它正在成为围困人类的牢笼。

《西藏研究》这种重视对共同知识推进的选文、刊文模式在以传统文本为主导形式的情况下效果是明显的，读者或研究者把刊物拿到手上，翻阅的过程就是对话的过程，也是激发灵感的过程。而随着电子文本的快速发展，定向搜索的出现对明确需要何种研究的研究者寻找文献是有利的，但会削弱不同论题范畴间的对话，削弱对研究者跨学科研究的灵感激发。应对这一问题，应在进一步打造精品学术期刊的基础上，推进刊物的传播平台建设，使读者和研究者能够通过期刊更容易地实现学术对话；同时，继续坚持并推进审稿人与作者间的对话，必将有助于促进学术对话，有助于刊物声誉的进一步提升。

2. 学术研讨会

"范式是社会科学家们可以选择的参考框架，而不是必须遵循的指导规范。"① 也就是说，范式本身并不是一把尺子，无法按着尺子的刻度对研究成果、学术作品进行丝毫不差地丈量，它也不能如同剪刀一般对研究设计或成果进行裁剪，范式更多的时候只是为研究者提出可供选择的路径，而且是多种路径，从这个意义上说，范式也隐含着鼓励探索和创新的取向。

---

① 陆益龙：《定性研究方法》，商务印书馆2011年版，第51页。

学术会议是推进共同知识的重要渠道，它可以使研究成果，尤其是论文可以"动起来"，不同的研究者可以就共同的论题或研究对象进行对话。但有些学术会议并没有收到这样的效果，缺少必要的学术对话，或使对话流于形式。所以，对于一个真正的研究者来说，需要有选择地参加学术会议。

学术会议一般都会围绕一个主题（可包括多个论题或研究对象）展开研讨和交流。但以学科划分或组织这些会议就会产生一定的阻隔效应，譬如，经济学的学术会议基本是经济学界的研究者参加，法学、政治学等领域的研究者很难参会。围绕主题，以某类学科为主并排除学科限制，允许并邀请其他领域的研究者参加，这样有利于产生更有启发性的交流和研讨效果。

这样的交流既可以是共同知识内的，也可以是共同知识之间的，目的是为了更接近"大象"，让学术研究从现有的共同知识继续向前。波普尔的证伪逻辑强调找到经验材料对理论进行证伪对科学发展的重要性，而关于共同知识的对话，并非只是为了通过证伪来推进科学的前进，它还有补充、协调、深化等功用。不同学科对同一问题的研究之间的对话显现了重要性。

学术会议中有一个关键角色，那就是"评议人"。评议人的作用是对论文给出评议，具体就是指出优点或者不足，并提出供参考的意见。评议当然有好处，可以让作者更深入地思考自己的论文，但似乎对学术共同体的作用并不显著；同时，不能忽视评议人有一种共同知识支配的取向，即按既定的范式提出评价，虽然其危害性并不明显，但值得关注。目前，一些会议已经把"评议"方式改成"与谈"方式，相应地，"评议人"也就成为"与谈人"。在学术会议中，对作者和其他研究者来说，可能更需要对话以激发灵感、打通阻隔，而不是判断性的评价。在"与谈"中，研究者之间是平等的，是在共同知识内、共同知识间的对话，而"评议"则似乎是一场独角戏。至于"与谈"模式如何发展，还要看实践当中的摸索，但从推进不同学科之间的对话的角度，设置三位"与谈人"似乎更有利于产生这样的效果，其中一人为与谈论文学科内的，另外两人来自相关学科或与该学科差异性较大的学科（如何选择需要根据具体情况，并与发言者沟通），以实现更有效的思想的碰撞。

从推进学术发展，推进人类"求真与求全"的角度，学术会议模式的改革有其必要性，但是改革的成效如何主要在于组织学术会议、研讨会议的组织方。组织一次会议本身是极其辛苦的事，而要把其中核心的环节——交流与对话提升到一个新的层次，还需要做大量的中期和后期工作，譬如选择与谈人，收集、整理、加工对话成果，宣传对话成果，等等。只凭一个组织方,很难实现这样的要求。因此,学术会议的改革需要学术氛围的整体改良。

五、结语

共同知识对于人类是重要的,即使它是错的亦是如此,因为,它代表着人类的一种共同努力,是人类追求未来的基础。若没有这个基础,人类的一切可能都不会向好,甚至会陷入危机之中,直到自我瓦解。共同知识向我们展示的,是人类命运共同体的一种机制,没有人可以否定或视而不见。

实际上,盲人摸象的故事暗含了一个假设,即人处于只承认感官的低级阶段,缺失理性和逻辑。可以说,即使人类成为"盲人类",也不会完全由手的感官系统支配判断;况且,失去视觉反而会激发其他器官的功能,大象的呼吸、心跳、轻轻的挪动等,都会激发出逻辑链条。在物种进化过程中,人类不应该也不会沦落到只承认手的感官性的地步。如果这种判断成立,那么就给了我们希望。人终究为人,思维和逻辑是人类最重要的武器之一。或许正是这一点可以回应研究经典版本的盲人摸象的研究者提出的问题吧。

但是,正如布迪厄所说:"当我们开始探讨社会世界时,所遇到的困难和危险是无论怎么估计也不会言过其实的。"① 我们何以确定人类没有在做着相互封闭的盲人摸象的事呢?这一提问中有一个可怕的逻辑,细思而极恐。面对无穷尽的物质世界、面对茫茫宇宙,我们如同渺小的尘埃,只能小心翼翼地求证与探索,并保持着积极进取的交流与对话,任何盲目、封闭、自大,都将断送人类的未来。

---

① [法]皮埃尔·布迪厄、[美]华康德:《实践与反思:反思社会学导引》,李猛、李康译,中央编译出版社1998年版,第377页。

后　记

本书是笔者在做博士论文期间的习作的汇编。攻读博士学位之始，恩师洪大用教授就支持笔者在青藏高原方向上的研究，并对笔者的习作以及调研进行指导。在西藏牧区调研期间，恩师也再三叮咛关照。这一幕幕常常浮现在我的眼前。在肖晨阳老师主持的每周例会的学习中，我也学习和领悟到许多，对学术研究有了更深刻的认知。谨以此书向两位恩师致以最诚挚的感谢！

本书虽是习作汇编，但均是基于对西藏牧区调查的一手资料，并以牧区生态与发展及二者之间的关系为核心。希望本书所讨论的问题对青藏高原牧区研究有所启发，对青藏高原牧区生态与发展的实践有所助益。

本书的完成要感谢西藏民族大学的各位同事、朋友，在我遇到困难时，大家给了我很多支持和帮助。

感谢中山大学出版社的嵇春霞老师和其他相关老师的支持。中山大学出版社编辑们的认真负责是对研究者的最大支持。

感谢我的父母家人，你们是我前进的动力。

由于学识有限，敬请朋友们对书中的不足甚至错讹批评指正，或交流探讨。作者邮箱：guodongz@foxmail.com。

赵国栋
于古都咸阳
2020.12